大学生物流赛事优秀作品集

黄先军　徐俊杰　主编

Excellent Collection of
College Student Logistics Competitions

中国科学技术大学出版社

内 容 简 介

本书由编写组对安庆师范大学学生近几年参加国家及安徽省省级物流设计大赛部分获奖作品加工整理而成。共分3篇：第1篇以顺丰速递(集团)有限公司为研究对象，设计出基于时间-成本策略的物流网络优化设计方案，通过对顺丰快递企业的航空运输网络、陆地运输网络、信息网的改造和融合设计，实现对其快递业务流程的优化；第2篇以上海郑明现代物流有限公司为研究对象，设计出基于信息集成策略的配送车辆协同调度平台设计方案，通过整合第三方平台、开发回程配货客户群、融合固定车载终端及移动APP等，最终实现配送车辆的协同调度；第3篇也以上海郑明现代物流有限公司为研究对象，设计出郑明冷链物流可视化智能信息系统优化方案，通过综合使用RFID技术、GPS技术、GIS技术、大数据技术对郑明公司冷库管理环节、运输管理环节和客户服务环节等进行优化设计，最终实现物流的全程可视化、智能化。

本书可供高校物流管理专业学生及物流从业人员参考。

图书在版编目(CIP)数据

大学生物流赛事优秀作品集/黄先军，徐俊杰主编. —合肥：中国科学技术大学出版社，2021.8

ISBN 978-7-312-04472-4

Ⅰ. 大… Ⅱ. ①黄… ②徐… Ⅲ. 物流管理—设计方案—汇编 Ⅳ. F252.1

中国版本图书馆 CIP 数据核字(2019)第 087336 号

大学生物流赛事优秀作品集
DAXUESHENG WULIU SAISHI YOUXIU ZUOPIN JI

出版	中国科学技术大学出版社 安徽省合肥市金寨路 96 号,230026 http://press.ustc.edu.cn https://zgkxjsdxcbs.tmall.com
印刷	合肥华苑印刷包装有限公司
发行	中国科学技术大学出版社
经销	全国新华书店
开本	787 mm×1092 mm 1/16
印张	15
字数	380 千
版次	2021 年 8 月第 1 版
印次	2021 年 8 月第 1 次印刷
定价	80.00 元

前　言

在国家深入推进供给侧结构性改革、促进实体经济发展的关键时刻，物流业的持续、快速、健康发展将发挥着愈发重要的作用。而高素质优秀物流人才的缺乏，又严重制约了我国物流业的发展，如何通过物流教育为社会输送优质的物流人才，成为摆在所有物流教育者面前的一项艰巨任务。目前，我国物流教育尤其是高等教育，虽然规模很大，但质量良莠不齐，很多高校在物流人才培养方面，普遍过于倚重课堂教学和理论传授，形式较为单一，在创新创业能力和专业实践应用能力培养方面存在较明显的短板。安庆师范大学物流管理专业历来十分重视实践教学，通过引导和组织师生参加各类学生竞赛来提升教师教学水平和学生综合能力，并在全国大学生物流设计大赛、"挑战杯"全国大学生学术作品竞赛等赛事中获得优异成绩。基于此，编写组对安庆师范大学学生近几年参加的物流管理专业相关赛事获奖作品，进行了归类整理，编写了本书。本书也是一套主题鲜明、组织严密、条理清晰和图文并茂的案例集。

全书共分3篇，皆为物流设计大赛作品。第1篇为基于时间-成本策略的顺丰物流网络优化设计方案，主要通过对顺丰快递企业的航空运输网络、陆地运输网络、信息网的改造和融合设计，实现对其快递业务流程的优化；第2篇为基于信息集成策略的配送车辆协同调度平台设计方案，主要通过整合第三方平台、开发回程配货客户群、融合固定车载终端及移动APP等，设计出基于信息集成策略的配送车辆协同调度平台设计方案；第3篇为郑明物流冷链物流可视化智能信息系统优化方案，主要通过综合使用RFID技术、GPS技术、GIS技术、大数据技术，对郑明物流冷库管理环节、运输管理环节和客户服务环节等进行优化设计，最终实现物流的全程可视化、智能化。

本书的出版得到安庆师范大学经济与管理学院各位领导和师生的大力支持与帮助！也感谢中国科学技术大学出版社的编辑在本书出版过程中的辛苦工作！

编　者

目 录

前言 ·· (i)

第1篇 基于时间-成本策略的顺丰物流网络优化设计方案

摘要 ·· (3)

第1章 绪论 ·· (5)
1.1 顺丰概况 ··· (5)
1.2 顺丰物流网络的发展环境分析 ··· (6)
1.3 本章小结 ··· (11)

第2章 三网"和",达天下 ·· (12)
2.1 三网优化设计总体思路 ·· (12)
2.2 时间-成本动态平衡指标体系 ··· (13)
2.3 本章小结 ··· (15)

第3章 顺丰天网——航空网络优化 ··· (16)
3.1 天网现状分析 ··· (16)
3.2 天网优化的战略选择——非严格中枢辐射式航空网的构建 ············· (17)
3.3 严格中枢辐射网的构建 ·· (18)
3.4 非严格中枢辐射网的实现 ··· (32)
3.5 优化结果效益分析 ··· (35)
3.6 顺丰未来航空布局——四个枢纽点的设想 ···································· (39)
3.7 本章小结 ··· (40)

第4章 顺丰地网——陆地网络优化 ··· (41)
4.1 粤闽干线优化设计方案 ·· (41)
4.2 华东区地网优化设计方案 ··· (50)
4.3 顺丰发展高铁快递的研究 ··· (54)
4.4 本章小结 ··· (58)

第5章 天地无缝对接——节点作业流程改造 ·································· (59)
5.1 点部作业方式创新举措 ·· (59)
5.2 分拨中心作业流程改造——以深圳为例 ·· (61)
5.3 快速"集散"实现天地无缝对接 ·· (67)
5.4 本章小结 ··· (67)

第6章 顺丰信息网——信息流领跑实物流 …………………………………………（69）
  6.1 信息网现状分析 …………………………………………………………………（69）
  6.2 信息网优化战略方向 ……………………………………………………………（70）
  6.3 信息网优化升级的实现 …………………………………………………………（76）
  6.4 本章小结 …………………………………………………………………………（85）

第7章 方案总结 ………………………………………………………………………（86）

第2篇 基于信息集成策略的配送车辆协同调度平台设计方案

摘要 ………………………………………………………………………………………（89）

第1章 方案设计背景 …………………………………………………………………（90）
  1.1 引言 ………………………………………………………………………………（90）
  1.2 郑明物流配送车辆调度管理的现状介绍 ……………………………………（91）
  1.3 郑明物流配送车辆调度管理存在的问题 ……………………………………（93）
  1.4 本章小结 …………………………………………………………………………（96）

第2章 方案设计总览 …………………………………………………………………（97）
  2.1 方案设计目的 ……………………………………………………………………（97）
  2.2 方案设计思路 ……………………………………………………………………（97）
  2.3 调度平台简述 ……………………………………………………………………（99）
  2.4 技术路线图 ………………………………………………………………………（106）
  2.5 可行性分析 ………………………………………………………………………（106）
  2.6 本章小结 …………………………………………………………………………（109）

第3章 多元化信息集成策略 …………………………………………………………（110）
  3.1 车辆信息的集成 …………………………………………………………………（110）
  3.2 业务流信息的集成 ………………………………………………………………（112）
  3.3 第三方信息的集成 ………………………………………………………………（114）
  3.4 信息的维护方式 …………………………………………………………………（116）
  3.5 本章小结 …………………………………………………………………………（117）

第4章 车辆综合调度平台 ……………………………………………………………（118）
  4.1 订单业务管理 ……………………………………………………………………（118）
  4.2 回程任务管理 ……………………………………………………………………（124）
  4.3 车辆调度算法 ……………………………………………………………………（127）
  4.4 调度指令生成 ……………………………………………………………………（135）
  4.5 本章小结 …………………………………………………………………………（135）

第5章 调度执行与反馈 ………………………………………………………………（136）
  5.1 手机 APP 智能终端设计 ………………………………………………………（136）
  5.2 接货管理 …………………………………………………………………………（139）
  5.3 在途控制 …………………………………………………………………………（140）
  5.4 交付管理 …………………………………………………………………………（142）

5.5 回程管理 …… (142)
5.6 本章小结 …… (143)

第6章 风险预估及应对方法 …… (144)
6.1 信息安全管理 …… (144)
6.2 回程配货延误 …… (145)
6.3 整合外部平台 …… (145)
6.4 服务责任划分 …… (146)
6.5 资金投入管理 …… (146)
6.6 大数据的应用 …… (147)
6.7 本章小结 …… (149)

第7章 方案总结 …… (150)

第3篇 郑明物流冷链物流可视化智能信息系统优化方案

摘要 …… (153)

第1章 总论 …… (154)
1.1 背景介绍 …… (154)
1.2 郑明物流信息系统现状分析 …… (155)
1.3 郑明物流信息系统存在的问题 …… (157)
1.4 可视化智能信息系统优化思路 …… (158)
1.5 本章小结 …… (158)

第2章 可视化智能信息系统关键技术 …… (160)
2.1 RFID技术 …… (160)
2.2 可视化跟踪技术 …… (165)
2.3 信息集成和信息融合技术 …… (168)
2.4 可视化智能决策信息系统 …… (170)
2.5 本章小结 …… (173)

第3章 冷库可视化智能信息系统优化方案 …… (174)
3.1 郑明物流冷库信息系统现状分析 …… (174)
3.2 库存管理可视化智能信息系统优化 …… (176)
3.3 商品出入库可视化智能信息系统优化 …… (181)
3.4 可视化仓储智能监控预警信息系统优化 …… (188)
3.5 本章小结 …… (193)

第4章 运输调度可视化智能信息系统优化方案 …… (194)
4.1 郑明物流运输调度信息系统现状分析 …… (194)
4.2 运输路径可视化智能信息系统优化 …… (195)
4.3 运输过程可视化智能信息系统优化 …… (199)
4.4 外部车辆管理可视化智能信息系统优化 …… (205)
4.5 本章小结 …… (211)

第 5 章　客户服务可视化智能信息系统优化方案 ……………………………(213)
5.1　郑明物流客户服务信息系统现状分析 ………………………………(213)
5.2　客户查询可视化智能信息系统优化 ……………………………………(214)
5.3　客户关系维护智能信息系统优化 ………………………………………(221)
5.4　客户评价反馈智能信息系统优化 ………………………………………(228)
5.5　本章小结 ……………………………………………………………………(230)
第 6 章　方案总结 ………………………………………………………………(231)

第1篇
基于时间-成本策略的顺丰物流网络优化设计方案

比赛名称:"顺丰杯"第三届全国大学生物流设计大赛

比赛时间:2011年4月28日

比赛成绩:一等奖

指导老师:黄先军

参赛团队:飞凡设计团队

团队成员:岳莉沙(队长)、苏宗军、陶翠荣、王欢、张俊峰

摘　　要

物流网络是快递企业赖以生存和发展的基础,它是快件运输投递的实际载体,可以说谁能及时根据市场环境变化和自身业务发展状况不断地调整优化物流网络,谁就能在激烈的快递竞争中掌握"战争"主动权,先发制人,立于不败之地,因为"网控"就是一个快递企业的核心竞争力所在。因此,我们选择顺丰物流网络作为对速递集团有限公司(以下简称"顺丰")优化设计的主要对象,所选案例为2、3、5、14(比赛方提供的赛前材料,本书未列入)。

物流网络是一个非常复杂的系统。为了能够系统化多层次地优化顺丰网络,我们提出了"三网"的概念,即天网——航空运输网络,地网——陆地运输网络,信息网——信息系统。这种划分是有一定依据的,因为快递网络就是一个典型的多式联运网,它需要"天上"一张网,完成长距离的干线运输;"地上"一张网,完成中短距离的二次干线和支线运输;同时还需要那张隐藏在背后但又始终贯穿在天地网之中的信息网。在此我们借助于我国传统的"和"文化思想,提出了"三网'和',达天下"的设计主题,即通过优化,一方面实现三网作为独立个体时网内的和谐运作,另一方面实现三网作为一个整体时网间的和谐协作,特别是天地运输网的有效对接,它需要快件在各个节点之间的快速递运和信息网的有效引导。因此,这里我们提出的"三网"是一个系统性的概念,而不仅仅限于网络线路的优化,对于网络中节点内部的作业流程我们也进行了较为系统的改造,以实现天地无缝对接,最终完成快递的全程投递,通达天下。

网络优化是一个较为抽象的运作过程。为使优化更具有目标性,我们首先建立了时间-成本指标体系,将其作为一切优化结果效益分析的衡量标准。因为时间和成本是衡量快递企业效益的两个主要因素,物流网络的优化调整旨在处理两者之间动态平衡关系。而对于三网具体的优化,我们基本上采用的是定量和定性相结合的设计方法,根据线性规划理论,建模编程求解,然后根据实际情况对模型优化结果进行适当的定性调整,得出更为符合顺丰实际发展状况的优化方案。

对于天网,我们主要是打破顺丰目前的点对点式直飞和环飞模式,采用MAHMLP模型和划区域选中心法从顺丰17个航空城市中选择3个城市建立枢纽点,将直飞和中转飞行有效地结合起来,打造一张非严格的中枢辐射式航空网。而地网,由于案例提供的可用数据有限,我们主要是对华南—东南的粤闽干线和华东区进行优化,同样提出了中转的思想,建立集散点,改变点对点的干线对开,实行干支中转运输。接下来是对天地网中的节点作业流程进行系统改造,以实现货物在各个节点的快速传递,达到天地无缝对接,如点部的CDP派送方式和电子打单,分拨中心的小件集大件包装、塑料箱镶嵌电子标签及彩色订单等逐步接轨全自动化分拣举措。最后,针对作为天地网运行的支持网——信息网,我们提出了系统融合、功能延伸、平台统一的优化思路,实现顺丰各系统模块的优化升级,数据信息的及时更新和同步共享反馈,并重点突出打造业务量监测系统、智能化运单生成系统,和条形码、RFID、GPS、GIS 四位一体的新 EMAP 系统等。

我们相信,通过对以上三网的优化必定可以实现顺丰网内和谐运作,网际和谐协作,并最终提升顺丰的核心竞争力,使其在激烈的快递竞争格局中立于不败之地。"三网'和',达天下",网控乃制胜之道也!

第1章 绪　　论

1.1 顺 丰 概 况

1.1.1 集团简介

顺丰速递(集团)有限公司成立于1993年3月,是一家主要经营国际、国内速递及报关、报检等业务的民营速递企业,总部设在深圳。它在中国大陆、香港、台湾地区都已建立了庞大的信息采集、市场开发、物流配送、快件收派等业务机构,能为广大客户提供快速、准确、安全、经济、优质的专业物流服务。

1.1.2 发展历程

◆ 创业起步期(1993~1997年):艰难起步,成功创业

以1993年公司创立为起点,业务逐步拓展,通过片区承包等方式拓展了业务网络,并在珠三角地区扎根。

◆ 业务整合期(1997~2002年):成功整合,初具规模

从1997年开始逐步收回各地片区承包权,并自投资金拓展华北和华东市场,业务突破珠三角向全国拓展并初具规模。

◆ 管理优化期(2003~2007年):时不待我,风雨兼程

2002年年中成立总部,并开始在2003年开始租用专机,在管理和业务上开始提升;2004年底提出并从2005年开始执行"优化三年、脱胎换骨"计划;2005年起实施了ERP系统管理;2006年开始筹建航空公司,实施组织变革,全面推动总部管理能力提升和大区片管理模式,加强了各职能部门的建设和对全网络业务区域的管控。

◆ 竞争领先期(2008年至今):厚积薄发,迎接挑战

经过前一阶段的优化,公司的管理水平得到提升、业务能力大大加强;公司的管理规模仍然持续取得突破性增长;预计自主航空公司能够较快投入运营;为满足业务的高速增长,稳步推进全网络优化和资源整合,提升企业的核心竞争力,强化客户忠诚度,初步确立在国内市场的领先地位并积极拓展国际市场。

截至2009年,经过短短十几年时间,顺丰已经发展成为一家年业务量达3.1亿票、年平

均增长50％以上、基层营业网点2500多个、服务网络覆盖全国32个省市区(含直辖市及香港、台湾、澳门地区)、员工7万2千多人、自有营运车辆4千余台的大型综合性速递企业,并积极地开拓国际快递业务,形成了集团本部、航空公司、呼叫中心、华南区、东南区、华东区、华中区、华北区、海外区的业务组织管理格局。在国内速递企业中,顺丰的经营规模、网络覆盖和市场份额仅次于中国邮政集团公司,排名第二位。

1.2 顺丰物流网络的发展环境分析

快递隶属于第三产业,它提供的一般不是物质产品,而是服务,这种服务是通过各种物流网络(包括信息网络)来开展的。如果快递企业没有一张系统、完善且具有弹性的物流网络,就无法满足对客户的高时效和优质服务的要求。面对当今激烈的快递竞争格局,快递企业必须做到能实时地优化调整自己的网络,否则它就无法在激烈的市场竞争中生存下去。因此,"网控"应该是顺丰的制胜之道。

下面我们将分别采用PEST分析法和SWOT分析法对顺丰内外环境进行分析,来说明对顺丰物流网络进行优化整合设计的必要性及可行性。

1.2.1 PEST分析——宏观环境分析

PEST分别表示四类影响企业战略制定的因素:政治(political)、经济(economic)、社会(social)和技术(technological)。PEST是外部战略环境分析的基本工具,用于分析企业所处宏观环境对战略发展决策的影响,顺丰的物流网络优化和整合设计是一项庞大的系统工程,不是一蹴而就的,它是企业改革发展战略的一种选择,需要充分论证和逐步推进实施。

1.2.1.1 政治环境

1. 国家、地方政策的支持

大力发展现代物流业,对于推动和提升相关产业的发展,提高国民经济运行质量和效益,增强综合国力和企业竞争力具有重要意义。为此,近年来国家逐步加大对物流业发展的政策支持:2008年,提出将物流业纳入国家十大产业发展规划中,明确了物流业在国民经济发展中的重要地位;2009年,国务院颁布了《物流业调整和振兴规划》,进一步指明了物流业未来若干年内的发展方向及发展目标;2011年,多个省市将物流业发展纳入"十二五"规划纲要中来。而快递业作为物流产业中重要组成部分,必将在国家宏观政策的助推下获得大量的发展契机。

2. 国家监管更加严格

随着快递行业的快速发展,消费者对快递服务的投诉也日益增多,2009年10月1日,我国新修改的《邮政法》和《快递业务经营许可管理办法》同步实施,首次在法律上明确了快递企业的地位,并对快递企业的准入门槛、监督管理等作出了更为具体的规定。门槛的抬高,使得中国80%规模较小、经营不规范、管理不善的快递企业不得不解决资金、管理等问题。这些都为每个快递企业敲响了警钟,随着快递领域法律的进一步完善,顺丰必须对自己的网络进行整合优化,进一步规范经营活动。

3. 国家大力推进运输网络调整,节约社会运力

我国是一个地域大国,陆地航空运输网络错综复杂。由于历史等多方面原因,运输网络存在诸多不合理的地方,社会运力浪费严重,进行道路运输网络结构的调整是一项势在必行的长期工作。快递是依托运输来实现客户物品的空间位置移动的,而且讲求高时效性和优质服务性。因此,运输网络就是其基础。在国家大力调整运输网络的大背景下,顺丰也应该适时地根据业务发展进行自身物流网络的优化调整,充分利用企业资源,节约运力,降低成本,增加利润,让利客户。

1.2.1.2 经济环境

1. 快递业发展迅速且前景广阔

从1987年起步至今,中国快递服务经过20多年的发展已取得了长足的进步。2006年年底,中国经营快递服务的法人企业已达2422家,快递服务业务量已达到10.6亿件,实现业务收入约300亿元,分别是1987年的693倍和375倍。2007年中国快递行业的业务收入达380亿元,增长速度超过25%,明显高于第三产业的平均水平。2009年全国规模以上快递公司企业业务收入累计完成479亿元,同比增长17.3%。随着GDP的稳步增长,快递需求将会进一步增加,快递企业的发展前景十分广阔。同时,巨大的业务需求对快递企业物流网络也提出了新的要求,特别对于以"高时效、优服务"为宗旨的顺丰公司,搭建一个快速有效的物流网络是其满足客户需求的基础。物流网络是一个需要不断优化整合的网络,在现代企业生产成本居高不下的经济环境下,面对巨大的业务发展前景,自身网络的优化和资源的整合是制胜之关键,也是快递企业抓住商机的"资本"。不能时刻从未来业务发展的视角来不断优化网络和整合资源的企业,即使是在一个前景十分广阔的行业中,也是无发展前途的。

2. 快递业竞争激烈

据资料显示,中国的快递业以每年30%的速度增长,形成了上百亿的市场,对于这样一个新兴的朝阳行业,其竞争也是十分激烈的。在本土,邮政凭借其完善的基础服务设施,始终坐在中国快递业的头把交椅上,而民营企业的竞争则更为残酷,基本形成了东有申通、北有宅急送、南有顺丰的"三足鼎立"局面。中国快递的竞争不仅来源于本土的竞争,随着中国加入WTO,快递业的全面对外开放,联邦快递、UPS、敦豪等国际快递巨头迅速登陆中国,它们凭借先进的管理思想和技术,快速在中国铺设网络、抢占市场。随着这些国际快递巨头在中国本土化进程的不断加快,中国快递业的激烈竞争将会愈演愈烈。邮政作为国有企业,依靠国家的强大后盾,也许不会受到太大的冲击,但是对于民营快递企业来说,这种竞争就会变得十分残酷,如果顺丰想要在这样激烈的竞争格局中稳住自己的市场,并不断地拓展,时势迫使顺丰要赶快行动起来,不断优化自身网络,整合资源,以求在新一轮的快递大战中抢占制高点。

3. 能源紧缺,油价飙涨

众所周知,快递是以飞机、火车、汽车为主要交通工具来快速投递客户包裹的,而这些交通工具都是需要耗费大量的能源(汽油、煤油)。然而世界油价近年来一路飙升,特别是伊战后油价上涨速度明显加快,2008年1月3日,国际原油期货价格盘中首次突破100美元。直至2011年,油价依旧在100美元徘徊且存在着不断上涨的趋势。虽然国家对油价作出多项调整措施,但在高油价的世界大背景下,未来石油等能源将成为运输业的主要制约因素,依托运输发展的快递企业,油价的居高不下,势必给快递企业的运输成本带来巨大负担。如何应对这一问题,优化物流网络,调整运输布局,整合自身未充分利用的资源就成为了顺丰解决问题的新思路。如果能够把目前的网络进行合理的优化,将闲置资源充分地利用,增加运载率,减少返程空载率,那么会使企业节约一大批运力,也就节省了大量的运输成本。

1.2.1.3　社会环境

1. 消费者对快递服务质量愈加关心

现代社会,随着消费水平和生活质量的提高,快递的总业务量也在逐年攀升。由于各快递企业发展水平参差不齐,很多快递企业不能提供良好的服务质量,快件延误、丢失时有发生,使得消费者权益严重受损。快递业之所以能够快速地发展起来,并有巨大的市场前景,就源于消费者对物件递送高时效、优质服务的需求,如果企业不能满足客户的这一基本需求,那么它也就无法稳固市场,建立客户对企业的忠诚。所以顺丰要坚守好自己的市场,并不断地拓展业务,强化客户忠诚度。只有优化自己的物流网络,为消费者实实在在地提供优质服务,才能在消费者对快递服务质量愈加关心的社会环境下立于不败之地。

2. 地区业务发展不均衡和时间不稳定性特点明显

由于经济基础条件、GDP总量、人口、消费水平等影响因素的不同,我国各地区的快递业务量极不均衡。例如,2008年,长三角快递服务业务收入占全国市场份额为36%,而珠三角地区规模以上的快递企业完成业务收入达70亿元,占全国的1/6以上,很多西部偏远地区基本没有网络覆盖,如青海省现在仍然是顺丰的服务盲区。此外,快递行业也存在着淡季和旺季之分。比如,节假日的业务量明显高于平时的业务量。针对这样的社会需求特点,顺丰就必须要进一步优化自己的网络,提高物流网络的可扩展性和弹性,为未来业务发展和网络的进一步拓展预留更大的优化调整空间。

1.2.1.4　技术环境

1. 现代快递技术逐步提高

随着时代的进步、科学技术水平的不断提高,物流系统和快递技术装备也是呈现出越来越先进的发展趋势。目前,我国快递企业的信息化和技术水平在逐步提高。信息技术已从条形码发展到二维码、IC卡、电子标签、无线标识、数字加密、数字水印等技术。物品管理引入指纹、声纹、视网膜、视觉识别、GIS、GPS等识别技术。物流信息化的关键技术、信息标准、服务规范等也取得了较大发展。

2. 快递技术发展水平仍较滞后

进入21世纪,经济全球化的进程明显加快,我国快递技术也得到了较快的发展,但总体技术水平还比较低,与发达国家相比,还是有很大差距。例如,计算机网络技术、机电一体化技术、语音识别技术、EDI、ECR、ERP等的使用还不是很广泛。快递是依托运输网络来实现货物快速、准确投递的,网络的构建和优化,运输调度的安排都必须合理,这样才能实现各作业环节的有效衔接、运力节约、效率提高,而这些都需要现代物流技术工具的积极运用。

我国的快递业起步晚,发展快,但是水平不高,大多是还依靠人海战术和员工经验,现代物流技术的运用较少。对于网络的构建和优化主要靠经验人员的主观判断,各种先进物流技术的应用较少,没有形成系统全面的物流信息网络。然而快递企业的高效运作除了需要不断优化运输网络,其背后的物流信息网络也是十分重要,没有这张看不见的网,快递企业也就无法真正做到及时响应客户需求,提供高效便捷的快递服务。

1.2.2 SWOT分析——微观环境分析

PEST分析是从宏观外部环境的角度阐述顺丰进行物流网络优化、资源整合是势在必行的战略选择,接下来我们就将运用SWOT分析法,从与企业息息相关的微观环境分析出发,来说明顺丰的网络优化是可行的,有优化的基础和空间。SWOT分析法主要是对企业的优势(strengths)、劣势(weaknesses)、机会(opportunities)、威胁(threats)四个方面进行综合分析的,一方面明确企业发展的内部有利条件因素(优势、机会),另一方面找出企业发展的不利条件因素(劣势、威胁)。通过对这些因素进行分析评估,以确定企业可行的战略决策,并在实施过程中做到扬长避短,抓住机遇迎接挑战。

1.2.2.1 优势

1. 市场占有率高,网络覆盖面广

顺丰从1993年成立,经过十多年的发展,现在其网络已经覆盖全国32个省市,并已经拓展到国际市场(韩国、新加坡),是我国民营快递业之首,在国内仅次于邮政。公司目前已经形成了深圳集团本部、航空公司、呼叫中心、海外区、华南区、东南区、华东区、华中区、华北区等业务区域,是一个网络覆盖较为广阔的快递公司,这为公司的网络优化奠定了坚实的基础。

2. 管理层决心坚定

随着业务的不断发展,历史原因形成的网络问题不断暴露,企业高层也深刻认识到了这些,优化网络,整合资源势在必行。网络优化就是一次企业变革,没有领导层强大的决心和支持是无法推进和取得成效的。因此,顺丰管理层的坚定决心为物流网络的优化提供了强大后盾。

3. 实力强大,资金充足

虽然说网络优化、资源整合是对现有网络进行的合理化改进,但这也势必会带来一次性资金投入的增加,如果公司没有充足的资金保证,优化是无法顺利实施的。顺丰公司经过十多年的发展,现已成为我国民营快递"三足鼎立"中重要的一足,其业务量在国内仅次于中国邮政。顺丰强大的实力和充足的资金为其物流网络的优化提供了强有力的保障。

4. 现代物流技术力量较强

物流信息系统是快递企业的神经网络,顺丰历来十分重视物流技术的开发和应用。目前,支持顺丰业务正常运作的信息系统达40余个,相关的IT规则制度达数百项,IT应用流程超过一百个,全职IT人员近300人,并成立了集团资讯科技本部,统一负责公司的信息网络开发维护管理,这些都为顺丰的物流信息网络的优化提供技术上的支持。

1.2.2.2 劣势

1. 网络变革带来巨大冲击

所谓的网络优化实质上就是一次企业的大变革。何为变革,也就是打破现有的格局,建立适合当前形势发展的新格局。所以,顺丰的网络优化势必会对当前运营的网络系统造成一定的冲击,甚至某些方面优化还是翻天覆地的。那么如何平稳地度过优化过渡期,这就需要我们在优化的时候选好切入点,区域示范,逐步推行,最终平稳成功地完成整个物流网络的优化改造。

2. 基层员工可能有抵触

正如以上所说,网络优化就是一次变革,必然对现有的物流网络造成冲击,特别是基层的具体操作。各干线的重新组合调整,给某些区域肯定会带来暂时的不便,如果不能很好地对基层员工进行教育,让其认识到网络优化对公司长远发展的重要意义,那么优化必定阻拦重重,各种调整方案在实施过程中也会大打折扣。所以,做好员工思想教育工作,统一行动步伐,建立员工对网络优化的共同认同感,是一切优化方案贯彻实施的前提要件。

3. 高时效性对优化提出挑战

顺丰一直以来以高时效为特点,它也是国内唯一一家隔日到的快递企业,网络的调整,特别是在过渡期间,如果想保持成本不过多增加,必定会对时效性产生一定的影响,这就对我们的网络优化提出更高的挑战。如何以某一地区为突破口,稳步推进全网络优化成为了顺丰物流网络优化的一个重要课题。

1.2.2.3 机会

1. 地方政策推动快递业的大力发展

近年来,伴随着快递业对国民经济以及缓解就业压力的贡献越来越大,以及国家一系列物流政策的制定,很多地方已经充分认识到快递业拥有千载难逢的发展契机,并纷纷乘势而上,出台了不少促进地方快递业发展的政策和规划,例如长三角地区推出的《长江三角洲地区快递服务发展规划(2009—2013年)》,对于抓住并用好战略机遇期,为长三角快递服务创造良好的发展环境,促进长江三角洲地区快递服务实现跨越式发展,具有十分重大的意义。这些无疑会给顺丰的发展带来更多的机遇。

2. 企业面临的市场需求日益旺盛

虽然2008年世界性金融危机的发生,给我国宏观经济发展带来了一定程度的冲击,但我国经济总量的增长势头并没有出现明显下滑的态势。据2010年的我国相关统计数据显示:全年国内生产总值达到39.8万亿元,同比增长10.3%;社会物流总额和物流业增加值分别达到125万亿元和2.7万亿元,与"十五"末期2005年相比,双双实现了总量翻番,年均分别增长21%和16.7%;我国物流业增加值占GDP的比重达到7%左右,占第三产业增加值的比重约为16%。可见,物流快递业不仅有力地支持了国民经济的发展,反之,国民经济的快速发展也为物流快递业带来了巨大的市场需求动力。

3. 电子商务的发展为快递业的发展提供了新的机遇

随着网络信息化的不断发展,电子商务业在我国也呈现迅猛发展的势态。2008年6月底,网络购物用户人数达到6329万,半年内增加36.4%。截至2008年12月,电子商务类站点的总体用户覆盖已经从9000万户提升至9800万户。网购平台可以解决电子商务的信息流和资金流,但物流则需要通过快递的方式去实现,这促使了电子商务和快递业务形成相辅相成的关系。电子商务的发展为快递行业的发展提供新的机遇。

1.2.2.4 威胁

1. 同行挖墙脚,大客户流失严重

中国的快递行业已经进入了战国时代,同行之间的竞争异常激烈,相互之间都在抢夺市场,更有甚者,展开了一系列价格战。近期顺丰的几个大客户(如CT公司和H公司)多次与邮政、联邦快递等接触,顺丰面临着大客户流失的严重威胁。在这样激烈的格局中,客户有了更多的选择,如果顺丰不能用自己高效的物流网络,切实保证客户对投递的高时效和优质服务,那么顺丰将极难稳固自己的阵地,更不要谈不断拓展业务了。

2. 客户需求差异化水平提高

当今是买方市场的天下,消费者是企业的上帝,这已是市场经济一条不变的真理,消费者的个性化需求也随着经济水平的提高而不断增加。企业如何满足消费者的个性化需求,成为业务营销的一个关键问题,而要实现这一点,构建系统、弹性的物流网络成为了企业的重中之重。物流网络是一个动态的过程,它是随着业务的不断发展,客户需求的不断变化而不断优化调整的。

1.3 本章小结

通过对顺丰目前的宏观发展环境的分析可知,顺丰面临的政治环境有:国家、地方政策的支持越发有力;国家监管更加严格;国家大力推进运输网络调整,节约社会运力。

利用PEST和SWOT两种分析方法,分别对顺丰目前的宏观和微观发展环境进行分析,可知对顺丰进行网络优化不仅是必要的,也是可行的。首先,从必要性方面看:优化企业物流网络是响应国家物流产业发展政策和发展规划的战略选择;是应对国家严格监管的必然诉求;通过整合资源,也是企业在快递业激烈竞争中取胜的重要条件;是应对油价上涨、成本上升的必要措施;是拓展业务、强化客户忠诚度和吸引消费者的基本前提;更是顺应现代物流技术发展潮流的大势所趋。其次,从可行性方面看:顺丰的高网络覆盖率为其物流网络优化提供了基础条件;顺丰管理层的坚定决心是物流网络优化的坚强后盾;顺丰强大的实力和充足的资金是物流网络优化的有力保证;顺丰技术部门及其IT人员可为物流信息网络的优化提供技术上的支持;电子商务的大力发展,通过其强大的产业辐射能力,为顺丰物流网络优化提供了强大的市场动力。

第 2 章 三网"和",达天下

孔子曰:"礼之用,和为贵。先王之道,斯为美。""和"是孔子思想的精髓,是中国传统文化的核心,也是中华民族不懈追求的理想境界。在中国传统文化中,"和"思想已融入到我们的血液,熔铸成了一个民族的性格。千百年来,作为世界"和文化"发祥地的中国,孜孜不倦地追求着政治和谐、社会和谐、人与自然和谐。近年来,我国提出的构建和谐社会主义社会和和谐世界的理念,就是传承和创新"和文化"的真实写照。在此,我们借助于"和文化"的深邃思想,针对案例中的网络优化问题,提出了"三网'和',达天下"的设计主题。即通过网线的优化和结点作业流程的改造,实现三网作为独立个体时网内的和谐运作,以及作为统一整体时网际间的和谐协作,从而提升顺丰的网控力,并最终通达天下,坐中国民营快递至尊之宝座。

2.1 三网优化设计总体思路

快递企业的物流网络是一张庞大而复杂的网,对其优化也是一项繁杂的工作,为了能够有层次、有系统、有条理地对其进行优化整合设计,我们在充分分析顺丰原有物流网络的基础上,提出了天网、地网、信息网的概念,天网即指顺丰的航空运输网络,地网为顺丰陆地运输网络,信息网则为隐藏在背后的顺丰物流信息系统。

这样的划分也有一定依据并是可行的,因为快递企业开展业务凭借的就是一个地地道道的多式联运网,它需要天上一张网,完成快件在全国及国外各大城市间的长距离干线运输;地上一张网,实现区域范围内二次干线和支线运输,最终把快件及时准确地派送给客户;而要实现天网、地网的这种协调运作,还需要那张隐藏在背后看不见,但又始终贯穿于天网、地网之中的信息网,只有信息流领跑实物流,才能够实现各作业环节的无缝衔接,节约运力,减少延迟,保证高时效。

此外,值得注意的一点是,网络主要是由网线和节点组成的,所以这里我们提出的"三网"是一个系统性的概念,我们不仅对天网、地网的运输线路进行优化设计,而且对网络中的各个节点的作业流程也会进行较为系统的改造,以实现快件在节点内的快速传递,减少快件停留时间。同时,节点作业流程改造也是天网、地网对接的关键所在,只有节点快速集散货物,才能保证高成本投入的航空运输带来的高时效优势不至于浪费,真正做到顺丰的快速准确投递。

由于大赛的新规定,所选案例不超过五个,所以本作品的三网设计内容主要涉及案例2、

3、5、14。三网优化总体上遵循的是一种从宏观到微观的设计思路,采用定量与定性相结合的设计方法。首先根据案例对三网现状进行分析,提出问题,明确优化的战略方向,提出具体的优化方案,对于可以量化解决的问题则建立数学模型,编程求解,得出优化的初步结果,然后根据实际情况作一定的定性调整,得出更为符合实际发展状况的优化结果,最后从时间和成本两个角度对优化的结果进行效益分析,说明其优化的合理性和可行性。

2.2 时间-成本动态平衡指标体系

物流网络优化就是在企业现有运营网络的基础上,根据市场环境的发展变化,对网络路线进行适当的调整,对节点作业流程进行合理的改造,以达到有效利用企业内外资源的目的。那么,怎样的优化结果才算合理呢?这就需要一个衡量的指标,为此我们建立了基于时间-成本策略的顺丰物流网络优化设计方案,将时间和成本作为我们一切优化结果的衡量指标。因为时间和成本是快递企业的两大生命支柱,公司所做一切优化和改造皆在处理两者之间的平衡关系,只有以较低的成本,快速准确的投递货物,才能够赢得客户的忠诚,为企业带来经济效益。

2.2.1 时间-成本"二律背反"效应

时间和成本是快递企业的两大生命线,两者相辅相成、密切相关、缺一不可,但是两者也并非总是那么和谐,相反,在很多情况下两者是对立的和此消彼长的,即物流中常说的"二律背反"效应。快递企业往往都期望以最低的成本,在最短的时间内将货物投递到客户的手中,但这只是一种理想的期望,一般是很难实现的;当降低成本时,投递的时间必定会有所延误,服务水平就会下降,企业就面临失去客户的危机;而要提高时效性,缩短投递时间,企业就需要投入更多的成本来实现,这样就会压缩企业的利润空间,降低了经济效益;当然如果优化不当,企业投入了大量的成本,投递的时间不减反增,这种"赔了夫人又折兵"的优化是最无效益、最要不得的。所以,在三网优化的时候,要坚持实事求是,并不是每一种优化调整都是可行的。

2.2.2 三网优化的具体指标

货物在投递的过程中并非时刻都处在运输的途中,相反,货物大多数时间是停留在网络的各个节点中的,业内人士分析指出:"快件的运输时间和停留时间是三七开的关系",即在一个快件投递周期里,货物进行空间移动的时间占据30%,而货物停留在分拨中心等网络节点中的时间占据70%。

由于快递的这种特殊投递过程,我们指标的设定也要从网线优化和节点作业流程改造两个方面分别加以考虑。下面我们针对成本时间指标体系可能出现的情况,分别归为A区、

B区、C区、D区四类情况(见图1.2.1、图1.2.2)。因B区体现的是两种指标最不合理的优化结果,所以被舍弃。A区表达的内涵是:通过较小的时效牺牲,实现运输成本的较大节省。通过网络路线的优化调整降低运费,虽然会造成时效一定程度的牺牲,但是牺牲的只是整个快件投递周期30%中的一部分,另外货物的实际运输时间往往都是很短的,即便是牺牲部分时效,也只是延迟很短的时间而已,相比整个快递周期来说,这只是很小的时效牺牲。C区表达的内涵是:在快件停留的节点区域内,以较少的成本投入,大幅缩短停留时间,因为它是在现有技术设备的基础上进行流程改造实现的,不需要大成本的投入,只要作业流程的设计改造科学合理,员工执行到位,是可以很大幅度地节约快件集散时间的,从而实现货物在各个节点的快速传递,减少货物在各个节点的停留时间,由于这是对快件周期70%停留时间的优化,所以这种节约是十分可观的。最后将这两个指标结合在一起,要想实现D区的理想指标也将是指日可待了,有了一定的实现基础。

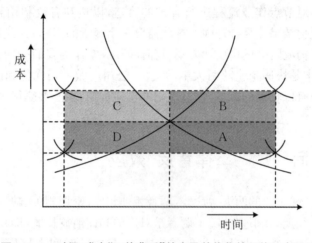

图1.2.1 时间-成本"二律背反"效应及其优化的可能组合区域

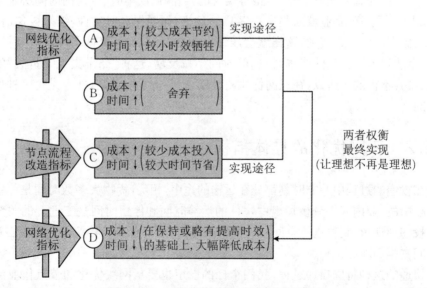

图1.2.2 三网优化时间-成本指标示意图

2.3 本章小结

  本章借助中国"和文化"的深邃思想,针对案例中的网络优化问题提出了"三网'和',达天下"的设计主题,通过网线的优化和节点作业流程的改造,实现网内和谐运作,网际和谐协作,提升顺丰的网控力,最终实现通达天下的目标。其中三网分别为天网、地网和信息网,天网即指顺丰的航空运输网络,地网为顺丰陆地运输网络,信息网则为隐藏在背后的顺丰物流信息系统。我们的三网优化总体上遵循的是一种从宏观到微观的设计思路,采用定量与定性相结合的设计方法。首先根据案例对三网现状进行分析,提出问题,明确优化的战略方向,提出具体的优化方案,对于可以量化解决的问题则建立数学模型,编程求解,得出优化的初步结果,然后根据实际情况作一定的定性调整,得出更为符合实际发展状况的优化结果,最后从时间和成本两个角度对优化结果进行效益分析,说明其优化的合理性和可行性。

第3章 顺丰天网——航空网络优化

众所周知,快递企业不同于一般意义上的货物运输,快递突出的就是一个"快"字,在全国范围内进行的物品投递活动,基本上都要求在2~3天内完成。我国地域广阔,南北东西运距横贯数千千米,要实现快速准确的货物投递,显然是困难重重。大多数快递公司都选择航空运输来完成长距离的干线运输,然后通过陆地汽车接驳运输来完成货物的后程投递,最终将货物派送到客户手中。因此,对顺丰航空网络进行优化是十分必要且重大意义的。可以说,一个快递企业能否达到"快"字要求,在一定程度上就取决于天上铺设的这张网,没有航空运输打头阵,陆地运输通常是很难独立满足客户对快件高时效需求的,快递企业也很可能就失去了其存在的价值,更不用谈如何在激烈的市场竞争中赢得一席之地了。本文所提的天网即为顺丰的航空网络。

3.1 天网现状分析

顺丰致力于为客户提供最快捷的快递服务,并提出了"隔日到"的投递目标,为了高效完成自己的投递使命,顺丰专门组建了自己的全货机航空公司——顺丰航空有限公司,投入了11架全货机航班,并于2009年年底实现了成功首飞,成为了我国民营快递中唯——家拥有全货机的快递企业。航空运输是顺丰快件运输的主要组成部分,也是顺丰"快"的标志所在,顺丰航空货量占公司总业务量的40%左右,且每年以40%的速度增长。

顺丰的航空货运主要是利用自己的全货机和散航的腹仓来实现的,为进一步提升顺丰快件时效及产品竞争力,顺丰将会持续加大全货机资源的投入。但是全货机资源的运营成本较高且属于稀缺资源,目前顺丰只能投入11架全货机。且现有的规划方法和规划手段相对比较原始,更多地依靠规划人员的经验以及对网络方面的成熟运营,而且每一次的规划调整耗时很长,难以适应外部资源及需求的变化。而要实现高效、科学的航空网络规划及评价,必须要借助一个有效的规划工具和评价工具来开展。同时,现有的全货机航线基本都是"点对点"以及"环形"飞行模式,航线覆盖面小,造成部分航段装载率过低,单向货运量很大,往返流向货运量极不平衡。

3.2 天网优化的战略选择——非严格中枢辐射式航空网的构建

通过以上对天网现状的分析,我们可以明显看出顺丰的航空运输基本上实行的是"点对点"的直飞和环飞,这在航空网络布局中是一种较为不合理的网络结构,也正是这种点对点式的飞行模式,一定程度上造成了网络的覆盖面小,往返运量不均衡,部分航段运载率低等问题。当然,顺丰航空公司刚成立不久,由于资金、技术、信息系统等各方面因素的限制,起初采用点对点的航线飞行是可以理解的。但是从长远来看,随着业务的不断扩展,网络覆盖面的不断扩大,航空站点的不断增加,顺丰的航空网络布局必然是要有所调整的,否则就很难满足不断增长的业务需求。为此,我们借鉴目前世界上比较流行的中枢辐射式航空网,结合顺丰作为快递公司航空运输的实际情况,提出了构建非严格中枢辐射式航空网的设想,将中转飞行和直飞有效地结合起来。

目前,中枢网络成为发达国家航空公司普遍采用的一种航线结构,位居世界前20位的航空公司几乎都是采用这种航空结构。这种航线的主要特征是将不同直通航线上的客、货流(Origin-Destination,O-D)在少数几个枢纽站之间集中后进行分流运输,网络中的每条O-D流按照起点站—枢纽站—终点站(单点中转)或起点—枢纽点—枢纽点—终点站(两点中转)的运输路线运动。随着现代物流技术和运筹优化理论的发展,为节约运营费用,中枢航线网络已经成为国内外航空运输业的重要竞争手段。但是事物总是有两面性的,没有任何一种航空网络结构是绝对完美的,下面我们将简单介绍中枢辐射式航空网的优缺点。

1. 中枢网的主要优点

(1) 形成枢纽港之间飞行的规模效益。依靠中小城市的客货流量,枢纽港之间的干线运输可以尽可能地用大型飞机载运,以维持较高的载运率,提高干线运输的规模效益,从而降低单位货物的运输成本。

(2) 减少飞机配置数量。假设一个由6个城市组成的航线网络,完全直通的网络是一个如图1.3.1(a)所示的六边星形图。如果让每条航线安排一架飞机,则图1.3.1(a)的航线

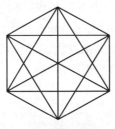
(a) 完全直通网络

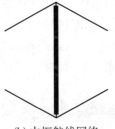
(b) 中枢航线网络

图 1.3.1　顺丰两种网络结构平面图

网络需要15架飞机。同时,如果将图1.3.1(a)改建成一个以6点钟和12点钟方位的两个枢纽机场组成的航线网络,如图1.3.1(b)所示,则在理想情况下只需要5架飞机就可以满足需要。

2. 中枢网的主要缺点

(1) 产生绕道运输。由于网络中每条O-D流必须经过一个或两个枢纽,因此飞行就增加了绕道成本。如图1.3.1(b)所示,从8点钟到10点钟的运输现在必须经过6点钟和12点钟两个枢纽机场,显然它们的运输距离远远大于8点钟到10点钟之间的直通距离。同时,绕道运输也意味着货物运输需要接受更长的到达期限和更多的搬运次数,因此会降低总体服务水平和质量。所以,只有科学地选择航空枢纽港和设计中枢航线网络,使得规模效益带来的节约成本大于增加的绕道成本,并且减少其他负面影响,才能真正地发挥中枢航线网络的效用。

(2) 增加起降次数与运营管理难度。中枢航线系统本身比直通航线系统要复杂得多,而系统的复杂性与脆弱性是并存的。同时,经过中转之后,原来直通的航线被迫增加起降次数与成本,顺丰的高时效性也很难得到保证。

通过对以上优缺点的分析,我们发现中枢辐射网也并非是尽善尽美的,虽然它是世界各国航空运输普遍采用的一种网络结构,但其也存在着一些自身无法克服的缺点,也正因为这些缺点的存在,我们为顺丰提出的是非严格的中枢辐射式航空网络而不是严格的中枢网。对于其优点我们要努力地达到和实现,充分地利用枢纽点干线运输的规模效益,降低成本,但也不拘泥于中枢网,一味地套用模型,对于一些业务量大,对时效性要求高的重点边缘城市之间的航线,还是要保持点对点的直飞或者环飞。

3.3 严格中枢辐射网的构建

非严格中枢辐射式航空网是在严格中枢辐射式航空网的基础上,根据顺丰航空点之间运输的实际情况做相应调整实现的,因此严格中枢网的构建是顺丰天网优化的第一步,也是最为重要的一步。中枢网虽然是一种比较流行的航空网络结构,但由于涉及的不确定因素很多,其规划设计也是一项十分复杂的工作,目前还没有一种统一的规划手法,主要都是通过建立数学模型,利用计算机遍历搜索来取得一个较为满意的结果。由于模型中的变量大多是建立在理想环境下的,舍弃了很多不确定因素,其优化的结果在很多情况下并不是很符合实际运输状况的。为此,我们提出了定量和定性两种优化方法,将模型优化和定性分析有效地结合起来,构建一个较为符合顺丰实际运输状况的中枢辐射网。

3.3.1 定量优化(模型优化)法

中枢航线网络设计的主要工作包括规模效益评价、航空枢纽港建站数量的确定、航空枢纽港的选址、辐射范围的确定四个内容(图1.3.2)。其中,前两个内容是航空枢纽选址模型建立的基础,但由于规模效益、建站数量、枢纽点选址之间的复杂关系等因素,目前还没有一种有效的模型和算法来实现全部三个目的最优解决方案。因此,我们将分而治之,逐步推进优化,借鉴发达国家航空运输行业发展统计年鉴的数据,结合顺丰实际发展状况,定性设定规模效益评估值和枢纽点的数量,将变量定性为常量,减少选址模型的不确定因素。这样虽然会造成某些数据和结果不是那么准确,但是这种定性设定常量降低模型复杂性的研究方法在模型研究中也是可行的,其编程解出的结果在一定程度上也是很有借鉴意义的。

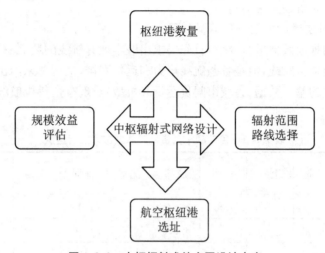

图 1.3.2　中枢辐射式航空网设计内容

3.3.1.1　顺丰航空网规模效益评估

规模效益的评估是指当中枢航线网络建成以后,依托支线流量的充实,干线运输费用将具有一定的折扣能力,在此我们假定其为 $\alpha(0<\alpha<1)$,形成 α 的最直接源泉是干线运输载运率的提高。规模效益的评估是确定航空枢纽建站数量和选址的前提,不同的规模效益水平将产生不同的建站数量和选址方案。一般情况下,折扣能力越强,规模效益带来的节约成本大于绕道成本的概率就越大,较少的建站数量就可以发挥中枢航线网络的优势。下面我们将根据顺丰现有全货机运输载运率及提高的可信区间来估计 α 的大致区间。根据顺丰现有全货机货运网络,下面归纳出顺丰的一些主要航线。

单航线:
① 上海→北京→杭州→成都
② 成都→杭州→北京→上海
③ 杭州→潍坊→深圳
④ 深圳→潍坊→杭州

环飞航线:
⑤ 深圳→潍坊→杭州→深圳

对飞航线:
⑥ 杭州↔沈阳↔深圳
⑦ 上海↔深圳

⑧ 深圳↔无锡
⑨ 杭州↔香港
⑩ 杭州↔深圳↔北京
⑪ 深圳↔北京

备注：网络图上仅有10条航线，但顺丰航空现有11个全货机航班，且3号单航线没有与之对应的返航线，据此我们推测出应该有第4号航线与其相对应（如1、2号航线），从而保证每个快递周期内航班的正常运行。

1. 现有全货机航线运力配备和运量分配

对中枢辐射网规模效益进行评估，首先要求出顺丰现有航线的装载率，以上我们已经归纳出了顺丰现有全货机航线，但是各条航线运力和运量安排，案例并未给出，所以接下来，我们将根据案例提供的基本数据（各城市间货运量和机型）对现有全货机航线进行运力配备和运量分配。

表1.3.1 目前顺丰全货机起降城市间的货运量 （单位：吨）

起点＼终点	北京	上海	杭州	成都	沈阳	深圳	无锡	香港	潍坊
北京	—	13.585	11.978	4.825	—	21.460	—	—	—
上海	20.425	—	3.810	—	—	21.265	—	—	—
杭州	23.857	—	—	9.145	9.332	58.370	—	18.852	13.788
成都	3.036	1.059	1.416	—	—	—	—	—	—
沈阳	—	—	2.997	—	—	4.188	—	—	—
深圳	53.138	44.075	63.753	—	14.984	—	48.691	—	24.409
无锡	—	—	—	—	—	33.784	—	—	—
香港	—	—	9.601	—	—	—	—	—	—
潍坊	—	—	5.672	—	—	12.446	—	—	—

各航线运力运量配备情况：
1号航：(B757&28T)

上海 →(20.425T)→ 北京 →(11.978T)→ 杭州 →(9.145T)→ 成都
         (4.825T)
         (3.81T)

2号航：(B757&28T)

成都 →(1.416T)→ 杭州 →(23.857T)→ 北京 →(13.585T)→ 上海
        (3.036T)
        (1.059T)

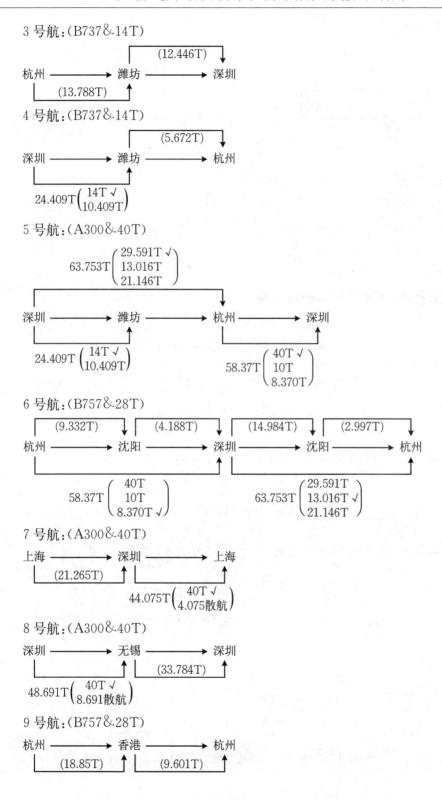

10 号航:(B757&28T)

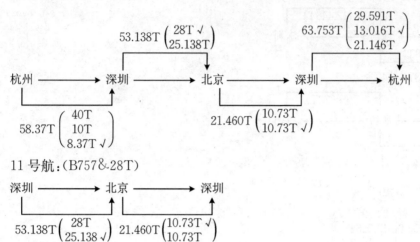

11 号航:(B757&28T)

深圳 ——→ 北京 ——→ 深圳

$53.138T \begin{pmatrix} 28T \\ 25.138 \checkmark \end{pmatrix}$ $21.460T \begin{pmatrix} 10.73T \checkmark \\ 10.73 \end{pmatrix}$

2. 顺丰现有全货机装载率 $\Re$(loading rate)

1 号航线:

$$\Re_{上海\to北京} = \frac{\theta_{上海\to北京} + \theta_{上海\to成都}}{28} = \frac{20.425 + 3.81}{28} \approx 86.6\%$$

$$\Re_{北京\to杭州} = \frac{\theta_{北京\to杭州} + \theta_{上海\to成都} + \theta_{北京\to成都}}{28} = \frac{11.978 + 3.81 + 4.825}{28} \approx 73.6\%$$

$$\Re_{杭州\to成都} = \frac{\theta_{杭州\to成都} + \theta_{上海\to成都} + \theta_{北京\to成都}}{28} = \frac{9.145 + 3.81 + 4.825}{28} \approx 63.5\%$$

$$\Re_1 = \frac{\Re_{上海\to北京} + \Re_{北京\to杭州} + \Re_{杭州\to成都}}{3} = \frac{86.6\% + 73.6\% + 63.5\%}{3} \approx 74.6\%$$

2 号航线:

$$\Re_{成都\to杭州} = \frac{\theta_{成都\to杭州} + \theta_{成都\to北京} + \theta_{成都\to上海}}{28} = \frac{1.416 + 3.036 + 1.059}{28} = 19.7\%$$

$$\Re_{杭州\to北京} = \frac{\theta_{杭州\to北京} + \theta_{成都\to北京} + \theta_{成都\to上海}}{28} = \frac{23.857 + 3.036 + 1.059}{28} = 99.8\%$$

$$\Re_{北京\to上海} = \frac{\theta_{北京\to上海} + \theta_{成都\to上海}}{28} = \frac{13.585 + 1.059}{28} = 52.3\%$$

$$\Re_2 = \frac{\Re_{成都\to杭州} + \Re_{杭州\to北京} + \Re_{北京\to上海}}{3} = \frac{19.7\% + 99.8\% + 52.3\%}{3} = 57.3\%$$

3 号航线:

$$\Re_{杭州\to潍坊} = \frac{\theta_{杭州\to潍坊}}{14} = \frac{13.788}{14} \approx 98.5\%$$

$$\Re_{潍坊\to深圳} = \frac{\theta_{潍坊\to深圳}}{14} = \frac{12.446}{14} = 88.9\%$$

$$\Re_3 = \frac{\Re_{杭州\to潍坊} + \Re_{潍坊\to深圳}}{2} = \frac{98.5\% + 88.9\%}{2} \approx 93.7\%$$

4 号航线：

$$\mathfrak{R}_{深圳\to 潍坊} = \frac{\theta_{深圳\to 潍坊}}{14} = \frac{14}{14} = 100\%$$

$$\mathfrak{R}_{潍坊\to 杭州} = \frac{\theta_{潍坊\to 杭州}}{14} = \frac{5.672}{14} \approx 40.5\%$$

$$\mathfrak{R}_4 = \frac{\mathfrak{R}_{深圳\to 潍坊} + \mathfrak{R}_{潍坊\to 杭州}}{2} = \frac{100\% + 40.5\%}{2} = 70.25\%$$

5 号航线：

$$\mathfrak{R}_{深圳\to 潍坊} = \frac{\theta_{深圳\to 潍坊} + \theta_{深圳\to 杭州}}{40} = \frac{10.409 + 29.591}{40} = 100\%$$

$$\mathfrak{R}_{潍坊\to 杭州} = \frac{\theta_{深圳\to 杭州}}{40} = \frac{29.591}{40} \approx 73.9\%$$

$$\mathfrak{R}_{杭州\to 深圳} = \frac{\theta_{杭州\to 深圳}}{40} = \frac{40}{40} = 100\%$$

$$\mathfrak{R}_5 = \frac{\mathfrak{R}_{深圳\to 潍坊} + \mathfrak{R}_{潍坊\to 杭州} + \mathfrak{R}_{杭州\to 深圳}}{3} = \frac{100\% + 73.9\% + 100\%}{3} = 91.3\%$$

6 号航线：

$$\mathfrak{R}_{杭州\to 沈阳} = \frac{\theta_{杭州\to 沈阳} + \theta_{杭州\to 深圳}}{28} = \frac{9.332 + 8.37}{28} \approx 63.2\%$$

$$\mathfrak{R}_{沈阳\to 深圳} = \frac{\theta_{沈阳\to 深圳} + \theta_{杭州\to 深圳}}{28} = \frac{4.188 + 8.37}{28} \approx 44.9\%$$

$$\mathfrak{R}_{6.1} = \frac{\mathfrak{R}_{杭州\to 沈阳} + \mathfrak{R}_{沈阳\to 深圳}}{2} = \frac{63.2\% + 44.9\%}{2} = 54.05\%$$

$$\mathfrak{R}_{深圳\to 沈阳} = \frac{\theta_{深圳\to 沈阳} + \theta_{深圳\to 杭州}}{28} = \frac{14.984 + 13.016}{28} = 100\%$$

$$\mathfrak{R}_{沈阳\to 杭州} = \frac{\theta_{沈阳\to 杭州} + \theta_{深圳\to 杭州}}{28} = \frac{2.997 + 13.016}{28} \approx 57.2\%$$

$$\mathfrak{R}_{6.2} = \frac{\mathfrak{R}_{深圳\to 沈阳} + \mathfrak{R}_{沈阳\to 杭州}}{2} = \frac{100\% + 57.2\%}{2} = 78.6\%$$

$$\mathfrak{R}_6 = \frac{\mathfrak{R}_{6.1} + \mathfrak{R}_{6.2}}{2} = \frac{54.05\% + 78.6\%}{2} = 66.3\%$$

7 号航线：

$$\mathfrak{R}_{上海\to 深圳} = \frac{\theta_{上海\to 深圳}}{40} = \frac{21.265}{40} \approx 53.2\%$$

$$\mathfrak{R}_{深圳\to 上海} = \frac{\theta_{深圳\to 上海}}{40} = \frac{40}{40} = 100\%$$

$$\mathfrak{R}_7 = \frac{53.2\% + 100\%}{2} = 76.6\%$$

8 号航线：

$$\mathfrak{R}_{深圳\to 无锡} = \frac{\theta_{深圳\to 无锡}}{40} = \frac{40}{40} = 100\%$$

$$\mathfrak{R}_{无锡\to 深圳} = \frac{\theta_{无锡\to 深圳}}{40} = \frac{33.784}{40} = 84.5\%$$

$$\Re_8 = \frac{100\% + 84.5\%}{2} \approx 92.25\%$$

9 号航线：

$$\Re_{杭州\to香港} = \frac{\theta_{杭州\to香港}}{28} = \frac{18.852}{28} \approx 67.3\%$$

$$\Re_{香港\to杭州} = \frac{\theta_{香港\to杭州}}{28} = \frac{9.601}{28} \approx 34.3\%$$

$$\Re_9 = \frac{\Re_{杭州\to香港} + \Re_{香港\to杭州}}{2} = \frac{67.3\% + 34.3\%}{2} = 50.8\%$$

10 号航线：

$$\Re_{杭州\to深圳} = \frac{\theta_{杭州\to深圳}}{28} = \frac{10}{28} = 35.7\%$$

$$\Re_{深圳\to北京} = \frac{\theta_{深圳\to北京}}{28} = \frac{28}{28} = 100\%$$

$$\Re_{10.1} = \frac{\Re_{杭州\to深圳} + \Re_{深圳\to北京}}{2} = \frac{35.7\% + 100\%}{2} = 67.85\%$$

$$\Re_{北京\to深圳} = \frac{\theta_{北京\to深圳}}{28} = \frac{10.73}{28} \approx 38.3\%$$

$$\Re_{深圳\to杭州} = \frac{\theta_{深圳\to杭州}}{28} = \frac{21.146}{28} = 75.5\%$$

$$\Re_{10.2} = \frac{\Re_{北京\to深圳} + \Re_{深圳\to杭州}}{2} = \frac{38.3\% + 75.5\%}{2} = 56.9\%$$

$$\Re_{10} = \frac{\Re_{10.1} + \Re_{10.2}}{2} = \frac{67.85\% + 56.9\%}{2} = 62.375\%$$

11 号航线：

$$\Re_{深圳\to北京} = \frac{\theta_{深圳\to北京}}{28} = \frac{25.138}{28} \approx 89.7\%$$

$$\Re_{北京\to深圳} = \frac{\theta_{北京\to深圳}}{28} = \frac{10.73}{28} \approx 38.3\%$$

$$\Re_{11} = \frac{\Re_{深圳\to北京} + \Re_{北京\to深圳}}{2} = \frac{89.7\% + 38.3\%}{2} = 64\%$$

$$\Re_{目前} = \frac{\Re_1 + \Re_2 + \Re_3 + \Re_4 + \Re_5 + \Re_6 + \Re_7 + \Re_8 + \Re_9 + \Re_{10} + \Re_{11}}{11}$$

$$= \frac{74.6\% + 57.3\% + 93.7\% + 70.25\% + 91.3\% + 66.3\% + 76.6\% + 92.25\% + 50.8\% + 62.375\% + 64\%}{11}$$

$$= 72.7\%$$

3. 折扣率 α 的计算

当顺丰建成一个中枢航线网络以后，所有的支线货运加入干线运输，因此最终的干线载运率达到 $85\%\sim95\%$ 也是一个可信的区间，如果顺丰的航空运载率从 72.7% 提高到 $85\%\sim95\%$，则其折扣率为

$$\alpha = \frac{\Re_{目前}}{\Re_{置信区间}} = \frac{72.7\%}{85\%\sim95\%} = 76.5\%\sim85.5\%$$

根据对上式两端极限值求均值,我们设定 α 为 0.8,也就是说优化后的航空运输总成本将下降 20%,这对顺丰来说可是节省了一大笔运输费用,具体节省状况我们将在后面的优化结果效益分析中进行具体探讨。

3.3.1.2 建站数量的设定

建站数量(用 p 表示)的设定也是一个难以决策的问题。建站数量过多,会导致分流过多而影响干线运输的折扣能力;建站数量过少,则意味着每条 O-D 流可选择的枢纽港路线有限,导致产生过多的绕道成本。在某些情况下,如果建站数量与规模效益水平都不高,则即使最优的选址方案也不能带来赢利,也就是说巨额的绕道成本始终大于节约成本。同样,由于缺乏有效模型和算法来解决建站数量的优化问题,也只能估计 p 的大小。在这个问题上,我们参考了美国航空公司运输业的发展经验,在美国航空枢纽港占总航空港的比例约为 10%,但是对于顺丰这样起步不久的航空网络来说,本身的航空点就很少,所以这个比例是美国的 2 倍才较为合理。因此,这里我们设定顺丰的枢纽港数量约为总航空港的 20%,根据之前我们整理出来的顺丰 17 个航空站点,即顺丰选择 3~4 个枢纽港较为合适。

3.3.1.3 枢纽港的选址——MAHMLP 模型

在评估了 α 和 p 的大小之后,就可以对航空枢纽港选址问题进行优化决策了,这也是中枢辐射式航空网最为核心的部分。航空枢纽港选择问题是枢纽站选址问题的具体实例,并且目前的研究以枢纽站中位选址问题为主,它研究如何选址以使得中枢航线网络的总运输成本最小化(当然优化受到多方面因素影响,这里为简化目标函数,我们选择单目标最优,即为全网最优)。另外,根据一个机场(起点或始点)的多条航线是否可以选择路过不同的枢纽站,可以将枢纽站中位问题分为单分配和多分配枢纽站中位问题,前者是指每个机场的 O-D 流只能同一个枢纽站集中和分配,后者是指一个机场的 O-D 流可以选择不同的枢纽站作为中转路线。

1. MAHMLP 模型概述

由于多分配枢纽站中位问题(Multiple Allocation Hub Median Location Problem,MAHMLP)在航空枢纽站选址问题中的应用较为普遍,本方案以 Campbell 于 1994 年提出的 MAHMLP 模型为依据设计顺丰的枢纽港。Campbell 的 MAHMLP 整数规划模型可以用文字表述为:在保证每对 O-D 流都能经过一个或者两个枢纽站的前提下,如何选址 p 个枢纽站以使中枢网络的总运输费用最小。在给定的航空网络 $G(N,A)$ 中,A 为所有已开通直航线的集合,$N=\{1,2,3,4,\cdots,n\}$ 为所有城市机场的集合。令 $d_{ij}=d_{ji}$ 表示机场 i 和机场 j 之间的最短路航线距离;h_{ij} 表示从机场 i 到机场 j 的货运量;$J=\{(i,j)|h_{ij}>0,i,j\in N\}$ 表示所有 O-D 点对应的集合;k,m 为一组枢纽点,当 $k\neq m$ 时表示多点中转,当 $k=m$ 时表示单点中转;X_{ij}^{km} 表示经过 k、m 两点间货运量 h_{km} 与 h_{ij} 的比例;$Y_k=1$ 表示在 k 点选址,否则 $Y_k=0$。再令 $C_{ij}^{km}=c_{ik}d_{ik}+\alpha c_{km}d_{km}+c_{mj}d_{mj}$ 表示 $i-j$ 流经过枢纽港 k、m 的单位流量运输费用,其中 c_{ij} 表示单位流量、单位距离上的运输费用;$\alpha(0<\alpha<1)$ 表示客流在枢纽之间运输产生的规模效益,即折扣率。于是,利用 MAHMLP 可以构建成如下模型:

$$(P1) \quad \min \sum_i \sum_j \sum_k \sum_m h_{ij} X_{ij}^{km} C_{ij}^{km} \quad (3.1)$$

$$\text{s. t.} \quad \sum_k \sum_m X_{ij}^{km} = 1 \quad (\forall i,j) \quad (3.2)$$

$$0 \leqslant X_{ij}^{km} \leqslant Y_m \quad (\forall i,j,k,m) \quad (3.3)$$

$$\sum_k Y_k = p \quad (3.4)$$

$$Y_k = 0,1 \quad (\forall k) \quad (3.5)$$

在 P1 中,目标函数(3.1)表示总运费最小化;约束式(3.2)表示所有航线上的货运流都通过枢纽港提供服务;约束式(3.3)、(3.4)确保只有当点 k、m 被选址建站时流 $i-j$ 才能看作被它们服务;约束式(3.5)表示枢纽港的设置总数限制。因为,每条 $i-j$ 流会自动选择运输成本最小的一个或一对枢纽港作为中转站,所以 P1 模型的满意解会自动使 X_{ij}^{km} 取值为 0 或 1。

2. 顺丰枢纽港选址的实现

我们将根据上述的 MAHMLP 模型进行顺丰枢纽港选址,该模型涉及的主要变量有折扣率 α、建站数量 p、货运量 h_{ij}、各航空城市间距离 d_{ij},其中 α 和 p 我们借鉴相关统计数据计算,已经设定为了确切数值,而 h_{ij} 案例中已经给出,至于 d_{ij} 则可以通过网络查询得出。

至此,模型中所涉及的变量已基本给出,接下来就是对模型编程求解,这里我们采用的是 MATLAB 编程求解法,编写相应的计算程序,然后通过计算机运行 MATLAB(7.9.0 版本)软件可以得到模型的解。为了试探模型在建站数量不同的情况下,枢纽点选址是否会有很大的出入,我们设定 p 为 3、4、5 分别调用程序进行了三次运行,具体运行结果如图 1.3.3~图 1.3.5 所示。

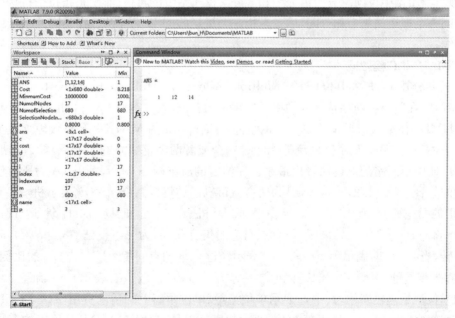

图 1.3.3 天网模型运行结果一($p=3$)

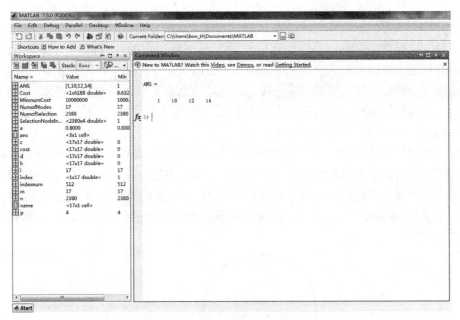

图 1.3.4 天网模型运行结果二($p=4$)

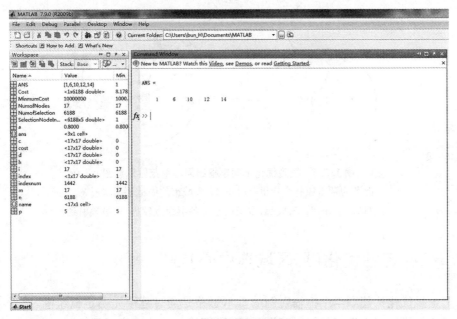

图 1.3.5 天网模型运行结果三($p=5$)

以上 ANS 的数值代表的是各个航空城市的编号,当 $p=3$ 时,枢纽港选址在北京、深圳、福州;当 $p=4$ 时,枢纽港选址在北京、潍坊、福州、深圳;当 $p=5$ 时,枢纽港则选址在北京、成都、潍坊、福州、深圳。从以上程序运行的三种不同结果来看,当建站数量不同时,被选中建站的城市也有所不同,但是北京、福州、深圳三个城市始终是在最优解行列之中,因此我们将模型优化法下较为适合作为顺丰枢纽港建站的城市就确定为北京、福州和深圳。

3.3.1.4 辐射范围的确定

我们是以枢纽港为圆心,一定的运距长为半径作圆得出的,圆饼即为中枢网辐射的范围,圆内的点则为辐射到的航空港城市。因此半径的确定在此就显得尤为重要,不同的半径得出的辐射区域不同,纳入到枢纽港中转飞行的城市也会有很大的差异。在此,我们主要是以美国中枢网辐射半径为参考,因为美国和我国一样都是地域大国,东西南北运距长,且其中枢网较为成熟,其辐射半径具有很大的借鉴意义。根据美国航空运输统计年鉴,它们的中枢半径一般是在 600～1000 千米,但考虑到顺丰航空网点布局较为分散、密度小、数量有限等实际状况,我们将顺丰的辐射半径设定为 900 千米。当然以此半径作圆,某些区域肯定会出现重叠,一个城市可能同时被两个枢纽点辐射到,对此我们秉承最短距离原则,将可同时划入两个区域的重叠城市纳入到支线运输最短的那个中枢点的辐射范围内。具体辐射情况如图 1.3.6 所示。

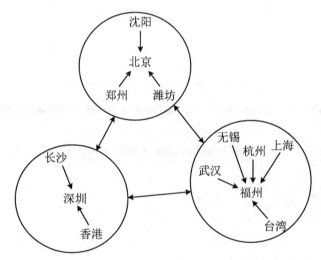

图 1.3.6 模型优化下顺丰枢纽网辐射范围示意图

此图为顺丰原有全货机起降的 17 个城市的中枢辐射状况,
其中乌鲁木齐、西安、成都、重庆由于离各枢纽点较远,未被辐射到

3.3.2 定性优化(划区域选中心)法

以上定量优化构建顺丰中枢辐射网的基本思路是通过建模先确定枢纽港,然后以一定的半径作圆最终确定中枢点的辐射范围,下面我们将打破这一常规思路,颠倒过来,根据顺丰现有航空港的分布状况先划分区域,然后依据各航空港的城市地理位置和货运量选定各个区域的中心点,我们将此种定性优化称为划区域选中心法。

3.3.2.1 辐射区域的划分

1. 划分大体区域

通过观察顺丰的 17 个全货机起降城市,我们不难发现,除了乌鲁木齐外,其他的 16 个城市还是相对比较集中的,考虑到枢纽港的集中性,乌鲁木齐是绝不可能成为枢纽点的,故在以下的讨论中,我们先将其作为一个孤立点,最后再做处理。根据东西南北的基本布局,以某些边角点为圆心,每两个城市的平均距离 $\bar{S}$ 为半径作圆画出大体辐射区域。

(1) 边角点选取原则

① 依据东西南北的基本布局来选取边角点;
② 边角点要尽量靠近边角;
③ 以该边角点作圆能够包含周边更多的点;
④ 以这些边角点作圆必须包含所有的点。

鉴于以上的选取原则,我们选定杭州、成都、深圳、北京四个城市分别代表东西南北四个方位的圆心。

(2) 平均距离 $\bar{S}$ 的计算

根据顺丰各航空港所在城市间距离,我们可以计算出每两个城市间距离的总和为

$$\begin{aligned}
S_\Sigma &= S_{北京\to 15} + S_{上海\to 14} + S_{重庆\to 13} + S_{沈阳\to 12} + S_{武汉\to 11} + S_{成都\to 10} + S_{西安\to 9} + S_{郑州\to 8} \\
&\quad + S_{无锡\to 7} + S_{潍坊\to 6} + S_{杭州\to 5} + S_{福州\to 4} + S_{长沙\to 3} + S_{深圳\to 2} + S_{香港\to 1} \\
&= 18320 + 12563 + 14310 + 19580 + 7815 + 13345 + 10160 + 7935 + 5255 + 7660 \\
&\quad + 3915 + 2255 + 2255 + 850 + 810 \\
&= 126998 (千米)
\end{aligned}$$

16 个城市,两两组合共计有 C_{16}^2 个方式,于是可以计算得

$$\bar{S} = \frac{S_\Sigma}{C_{16}^2} = \frac{126998}{120} = 1058.3 (千米)$$

以杭州、成都、北京、深圳四点为圆心,1058.3 千米长为半径分别作圆,便为其大体辐射区域。为了便于进一步说明,见表 1.3.2 所示的大体区域内所包含的城市(包括重叠的城市)。

表 1.3.2 大体区域内所包含的城市

区域 1	北京、沈阳、潍坊、郑州、无锡、西安、武汉
区域 2	杭州、上海、无锡、潍坊、武汉、长沙、福州、台湾
区域 3	香港、深圳、武汉、长沙、福州、台湾
区域 4	成都、重庆、西安、郑州、武汉、长沙

2. 确定最终区域

根据表 1.3.2 我们发现,有很多城市同时出现在不同的区域,这些重叠的城市有:潍坊、郑州、无锡、西安、武汉、长沙、福州、台湾。为了进一步确定这些城市的归属区域,我们在此引入了集散度的概念,所谓的集散度是指某一周边点被区域中心吸附的程度指数,实质也就是最短距离原则的量化表示,其数学定义如下:

$$\beta_i = 1 - \frac{S_{xi}}{r}$$

其中,S_{xi} 为待确定的 x 点到区域 i 圆心的距离,r 为圆的半径,在此即为 $\bar{S}$。β_i 越大,集中程度就越高,x 点被区域 i 圆心吸附的就越强,x 点归入区域 i 的可能性也就越大。

如潍坊:

$$\beta_1 = 1 - \frac{S_{潍坊 \to 北京}}{r} = 1 - \frac{430}{1058.3} \approx 0.594$$

$$\beta_2 = 1 - \frac{S_{潍坊 \to 杭州}}{r} = 1 - \frac{730}{1058.3} \approx 0.310$$

同理,可计算出其他重叠城市的集散度,如表 1.3.3 所示。

表 1.3.3 各重叠城市的集散度

	β_1	β_2	β_3	β_4	MAXβ_i 区域
潍坊	0.594	0.310			区域 1
郑州	0.414			0.055	区域 1
无锡	0.064	0.858			区域 2
西安	0.140			0.424	区域 4
武汉	0.008	0.466	0.131	0.074	区域 2
长沙		0.301	0.367	0.150	区域 3
福州		0.556	0.367		区域 2
台湾		0.443	0.235		区域 2

根据重叠城市到哪个区域的集散度越大,就将其归属于哪个区域的原则,我们可以得出最终的区域划分如表 1.3.4 所示。

表 1.3.4 最终区域内所包含的城市

区域 1	北京、沈阳、潍坊、郑州
区域 2	杭州、上海、无锡、武汉、福州、台湾
区域 3	香港、深圳、长沙
区域 4	成都、重庆、西安

3.3.2.2 枢纽点的确定

值得注意的一点是,杭州、成都、北京、香港是我们划分大体区域时作圆的圆心,而不是枢纽点,至于它们能否最终成为枢纽城市,还需要进一步探讨。一个城市能否成为枢纽点,主要取决于它的地理位置和货运量,因此下面我们将从这两个方面入手,希望能找出这两者完美结合的城市来作为顺丰的枢纽点。

1. 确定各区域位置中心

既然是位置中心,那么该点到周边各点的距离之和应该是最小的,这样才能获得最佳的飞行效益。依据这个思路,我们分别计算出区域内每一个城市到其他各城市间的距离之和,然后取距离和最小的那个。

表 1.3.5　各区域位置中心城市及最短运距

	中心城市	最小距离和（千米）
区域1	北京	1670
区域2	杭州	1940
区域3	深圳	675
区域4	重庆	810

2. 确定航空枢纽及其发散城市

以上得出的是各区域的位置中心城市，下面还需结合区域内各城市的货运量大小最终确定枢纽所在城市。根据顺丰各航空港间货运量，可以绘制饼状图 1.3.7。

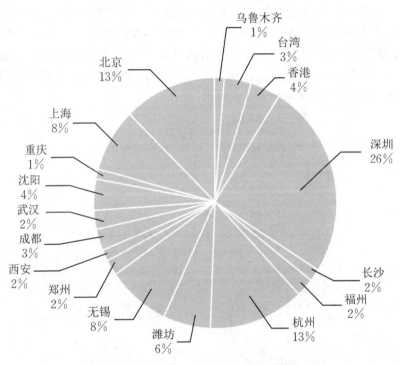

图 1.3.7　顺丰主要城市间航空货运量比例饼图

从图 1.3.7 可以明显看出，深圳、北京、杭州、上海四个城市的货运量所占的比重较大，结合前面得出的四个位置中心城市，可以作交叉图 1.3.8。

由图 1.3.8 可得顺丰航空网枢纽城市为北京、杭州、深圳，因为它们既是所在区域的位置中心又是货运量较大的城市，作为枢纽点当然是不二之选。至于剩下的成都、重庆、西安、乌鲁木齐，可以采用简单的就近原则进

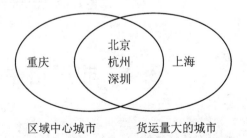

图 1.3.8　位置中心和货运量较大城市交叉图

行分配。最终得出顺丰的中枢辐射范围如表1.3.6所示。

表1.3.6 划区域选中心法下顺丰枢纽点及其辐射城市

航空枢纽	分配的城市
北京	沈阳、潍坊、郑州、乌鲁木齐、西安
杭州	上海、无锡、福州、台湾、武汉
深圳	香港、长沙、成都、重庆

3.3.3 总结

综合以上定量和定性两种优化方案，设定顺丰的三个枢纽港为北京、杭州、深圳，这里我们没有采用模型求解得出的福州作为枢纽点，是因为不管是从位置中心还是货运量大小来看，杭州都较福州更适合作为华南—东南区的枢纽港。另外，对于乌鲁木齐、成都、重庆、西安等特殊城市的处理，我们采用了定性优化的方案，按照简单的就近原则，将其划归到相应的辐射区域内，具体辐射状况如图1.3.9所示。

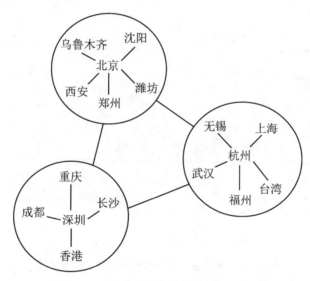

图1.3.9 顺丰中枢辐射式航空网示意图

3.4 非严格中枢辐射网的实现

通过上述优化研究，我们为顺丰构建起的是一个严格的中枢辐射式航空网，它要求辐射区域内的所有航空港都必须通过枢纽点进行中转运输，从而实现枢纽点干线运输上的规模效益，显然这是不符合快递企业时效性运输实际情况的。支线货运量汇聚干线进行规模运输固然是好,但是也不能不考虑时效一味地追求低成本运输,对于某些处于不同区域但距离较近的边缘城市间的货运是没有必要强制性中转到枢纽点再进行运输的,由于距离较近,完全可以采用直飞或改用其他运输方式。此外,离中枢点较近的区内城市,也是没有必要统一采用航空运输,陆地汽运就可以方便、轻松完成,时间和成本效益均俱佳。因此,要实现中枢网从严格到非严格的转变,就必须要处理好两方面的问题:一是网络中特殊城市的处理,二是各枢纽点间干线运力的配备,下面我们将逐一具体分析优化。

3.4.1 特殊城市的处理

这里我们所说的特殊城市是指处于不同辐射区域内但相距较近的城市(简称"边缘城市")和区内距离枢纽点较近的城市(简称"邻近城市")。边缘城市主要是从快递时效性的角度出发,对于处于不同区域但距离较近的边缘城市间的货运没有必要强制中转到枢纽点再飞往其他区,这样会增加很多的绕道成本,可以直接采用散航对飞;而邻近城市主要是从合理选择运输方式的角度出发,对于区内距离枢纽点较近的城市与其他区各城市间的货运可以陆运至枢纽点,再飞往目的地,因为短距离航空运输显然效益不如汽车运输。

3.4.1.1 区间边缘城市的处理

这里我们界定的边缘城市主要有西北地区的孤点乌鲁木齐,距离各枢纽点均较远,还有相互之间距离较近的西安、成都、重庆,以及相距较近的长沙、郑州、武汉,我们将这七个城市定位为特殊城市,对其中部分航段实行两点对开飞行。归纳罗列出 14 条基本的区间对开航线:

乌鲁木齐↔武汉	乌鲁木齐↔成都
乌鲁木齐↔重庆	乌鲁木齐↔长沙
成都↔西安	成都↔郑州
成都↔武汉	武汉↔西安
武汉↔西安	重庆↔西安
重庆↔郑州	重庆↔武汉
长沙↔郑州	长沙↔西安

3.4.1.2 区内邻近城市的处理

区内邻近城市,我们一般是指距离枢纽点航程 400 千米以下的区内城市,因为航程 400 千米,公路里程就将达到 800 千米,根据顺丰散航和公路运输方式选择的基本原则,800 千米以下尽量采用汽车运输,我们可以发现无锡、上海、香港即为这类城市,它们与其他区域城市的货运可陆运至枢纽点再飞往目的地。

3.4.2 枢纽间干线运力的配备——矩阵优化法

枢纽点间干线运输是中枢网规模效益所在,干线运力的配备实际上体现的就是对顺丰现有全货机的充分利用,这里我们主要采用运量矩阵平衡表来实现枢纽点间干线往返运量的基本平衡,为其配备合理的运力,提高全货机的装载率。

3.4.2.1 优化原则

第一,航线优化的主要内容是顺丰的全货机资源的合理配置,优先考虑的是枢纽港区间干线全货机的配置,对于区内支线运输,则更多的是使用散航。

第二,辐射区域内原本就飞往枢纽点的货运量和保持直飞的边缘城市间货运量不追加到平衡表中,因为这些运量是不会汇聚到枢纽港区干线运输上的。

第三,枢纽港区往返运量不平衡,以较小运量为基准进行全货机资源的配置,对于多出的无法运送的货物则以散航的方式处理,实现往返货运量的基本平衡。

第四,矩阵优化的是不同枢纽港区间货物运输的运力配备,对于区内城市间的货运则不加考虑,全部采用散航运输。

3.4.2.2 矩阵优化分析

这里我们优化的一个非常重要的思想就是枢纽港区之间的干线运量是否平衡,如果平衡或者相差较少则问题不大,这也能充分的使用全货机资源;如果往返差量较大,则以往返航线上较小货运量为准进行优化,根据顺丰可投入的全货机资源给每条干线配备货机型号及数量,以完成航线上的快件运输。

表 1.3.7 顺丰可投入的全货机情况表

机型	单小时成本			业载(吨)
	每天飞行 4 小时	每天飞行 6 小时	每天飞行 8 小时	
B737	4.5	4	3.5	14
B757	7.5	7	6.5	28
A300	8.5	8	7.5	40

1. 北京区—深圳区

两区间的货运量差为 66 吨,以 64T 为基准进行优化,则北京区与深圳区干线配备的全货机为:一架 40T 的 A300 飞机和一架 28T 的 B757 飞机,总业载为 68 吨,深圳区至北京区剩下的 62T 货物采用散航运输。

$\theta_{北京区 \to 深圳区} = 32566 + 6645 + 1922 + 2889 + 18712 + 1571 = 63914(千克) \approx 64(吨)$

$\theta_{深圳区 \to 北京区} = 60703 + 17049 + 5825 + 9788 + 28570 + 9315 = 130147(千克) \approx 130(吨)$

$\theta_{货运差} = \theta_{深圳区 \to 北京区} - \theta_{北京区 \to 深圳区} = 130 - 64 = 66(吨)$

2. 北京区—杭州区

两区的货运量差为 75 吨,以 86T 为基准进行优化,则北京区与杭州区干线配备的全货机为:两架 40T 的 A300 飞机和一架 14T 的 B737 飞机,总业载为 94 吨,杭州区至北京区剩下的 67T 货物采用散航运输。

$\theta_{北京区 \to 杭州区} = 46981 + 9565 + 2913 + 4293 + 21007 + 1227 = 85986(千克) \approx 86(吨)$

$\theta_{杭州区 \to 北京区} = 72007 + 24818 + 10274 + 10527 + 35362 + 8187 = 161175(千克) \approx 161(吨)$

$$\theta_{\text{货运差}} = \theta_{\text{杭州区}\to\text{北京区}} - \theta_{\text{北京区}\to\text{杭州区}} = 161 - 86 = 75(\text{吨})$$

3. 杭州区—深圳区

两区间货运量差为 25 吨，以 206T 为基准进行优化，则深圳区与杭州区干线配备的全货机为：四架 40T 的 A300 飞机和两架 B757 飞机，总业载为 216 吨，深圳区至杭州区剩下的 15 吨货物采用散航运输。

$$\theta_{\text{杭州区}\to\text{深圳区}} = 34986 + 5404 + 50365 + 93655 + 9384 + 16314 = 206234(\text{千克}) \approx 206(\text{吨})$$

$$\theta_{\text{深圳区}\to\text{杭州区}} = 52869 + 11969 + 57539 + 76473 + 4115 + 28332 = 231297(\text{千克}) \approx 231(\text{吨})$$

$$\theta_{\text{货运差}} = \theta_{\text{深圳区}\to\text{杭州区}} - \theta_{\text{杭州区}\to\text{深圳区}} = 231 - 206 = 25(\text{吨})$$

通过对航空货运量的计算，我们得出了航线的组织、线上开通的班次、机型等。全货机是顺丰非常重要的战略资源，目前顺丰准备投入 11 架货运机，上面我们也已经使用了 11 架全货机，充分地利用了现有的全货机资源。那么其他地区的航空站点，则根据业务的需要，全部采用散航运输。结合上面所提的边缘城市和邻居城市的优化方案，我们规划出了一个非严格的中枢辐射式航空网（所有线路均为对开模式）。

3.5 优化结果效益分析

非严格的中枢辐射式航空网已构建完毕，但是优化后的航空网与优化前的相比到底有何优势，又是否符合我们之前设定的衡量指标，下面我们将从时间和成本两个角度来进说明此网的科学性和有效性。

3.5.1 成本分析

顺丰是目前国内唯一一家自己拥有全货机的快递企业，这也决定它的航空成本主要由全货机成本和散航成本组成。对于全货机成本的计算，我们主要是根据机型和飞行时间，并结合案例中给出的顺丰可投入的全货机情况表，确定单位运输成本，从而计算出全货机成本，由于全货机航线相对较少且清晰明了，因此全货机的成本计算相对较为简单。而对于散航，我们采用货运量×单位运输成本×航程计算得出，由于其涉及的对开城市较多，加之中转运输带来的航线复杂程度增加，所以散航的成本计算较为繁杂。在此我们设定飞机航速为 800 千米/小时，散航成本为每千米 3800 元。

3.5.1.1 优化前顺丰航空成本

优化前的顺丰航空网络主要是点对点的直飞和环飞，部分业务量较大的城市间航线采用全货机运输，其他多数采用散航直飞。由于案例中未给出优化前全货机的具体运行状况，我们已在 3.3.1.1 节归纳出 11 条全货机航线，并为其配备了运力，因此该部分的全货机的成本将很容易计算出来。

1. 优化前全货机成本

根据 3.3.1.1 节中顺丰原有全货机运力的配备情况,我们可以很容易地算出顺丰原有全货机的飞行成本。例如:1 号航线:上海→北京→杭州→成都,总航程为 3735 千米,我们设定全货机平均航速为 800 千米/小时,可算得 1 号航线总飞行时间为 4.67 小时,该条航线上配备的是 28T 的 B757 型号的飞机,结合表 1.3.8 可知单位小时飞行成本为 7 万元,于是计算得 1 号航线全货机成本为 32.69 万元。同理可计算出其他航线全货机成本,见表 1.3.8,可知顺丰原有全货机成本为 338.94 万元。

表 1.3.8 优化前顺丰全货机成本表

航线	机型	航线用时（小时）	单小时成本（万元/架）	成本（万元）
1 上海→北京→杭州→成都	B757	4.67	7	32.69
2 成都→杭州→北京→上海	B757	4.67	7	32.69
3 杭州→潍坊→深圳	B737	2.97	4.5	13.365
4 深圳→潍坊→杭州	B737	2.97	4.5	13.365
5 深圳→潍坊→杭州→深圳	A300	4.28	8	34.24
6 杭州↔沈阳↔深圳	B757	9.08	6.5	59.02
7 上海→深圳	A300	3.02	8.5	25.67
8 深圳↔无锡	A300	2.96	8.5	25.16
9 杭州↔香港	B757	2.68	7.5	20.1
10 杭州↔深圳↔北京	B757	7.48	6.5	48.62
11 深圳↔北京	B757	4.86	7	34.02

2. 优化前散航成本

顺丰原来的散航网络是非常庞大复杂的,涉及多个城市间的对开,散航路线总长度较大。例如,北京↔重庆间的散航,往返业务量分别为 2339 千克和 750 千克,航程 1460 千米,散航的单千米成本为 3/800(元/千克),则北京↔重庆的散航成本=(2339+750)×1460×3/800=16912.28(元)=1.69(万元)。再如,北京↔沈阳的散航,往返业务量分别为 9219 千克和 6190 千克,航程 620 千米,则北京↔沈阳的散航成本=(9219+6190)×620×3/800=35825.93(元)=3.58(万元)。以此类推,便可计算出优化前顺丰的所有散航成本,见表 1.3.9。

综上可得:优化前顺丰的航空总成本=338.94+200.17+5.70=544.81(万元),其中,5.70 万元是优化前全货机无法运送完转为散航的运输成本。

3.5.1.2 优化后顺丰航空成本

优化后的顺丰航空网络是以北京、杭州、深圳为枢纽点的中枢辐射式航空网,主要由枢纽点间干线全货机运输和区内枢纽点与非枢纽点间支线散航运输配合共同完成快件的跨区运输。其成本也主要由全货机和散航成本组成,但值得注意的是优化后航空运输成本还需

表 1.3.9 优化前顺丰散航成本表

(单位:万元)

	北京	上海	重庆	沈阳	武汉	成都	西安	郑州	无锡	潍坊	杭州	福州	长沙	深圳	香港	台湾	乌鲁木齐	总计
北京	0.00																	0.00
上海	1.69	1.39																3.08
重庆	3.58	4.42	0.66															8.66
沈阳	2.51	1.28	0.25	0.59														4.63
武汉	0.00	0.00	0.00	1.15	0.61													1.76
成都	1.77	1.39	0.07	0.46	0.16	0.21												4.06
西安	1.21	1.10	0.15	0.44	0.19	0.34	0.10											3.53
郑州	10.31	0.00	1.08	3.50	1.01	3.54	1.37	1.00										21.81
无锡	3.39	3.68	0.56	1.20	0.52	1.60	0.43	0.32	2.88									14.58
潍坊	0.00	0.00	2.54	0.00	1.33	0.00	2.37	1.62	0.00	0.00								7.86
杭州	7.28	0.00	0.50	1.71	0.65	1.53	0.61	0.87	0.00	2.20	0.00							15.35
福州	1.82	0.99	0.06	0.42	0.00	0.40	0.10	0.13	0.74	0.69	1.07	0.39						6.80
长沙	0.00	0.00	3.54	0.00	5.60	8.67	3.92	6.76	0.00	0.00	0.00	0.00	3.30					31.79
深圳	3.03	5.59	0.08	1.39	0.20	0.20	0.11	0.17	6.57	3.10	0.00	2.11	0.19	0.00				22.75
香港	1.66	0.93	0.05	0.38	0.14	0.17	0.07	0.08	1.26	0.87	1.70	0.56	0.05	11.25	2.19			21.37
中国台湾	4.39	2.87	0.38	0.74	0.60	0.62	0.54	0.32	1.99	0.90	5.02	1.60	0.26	11.80	0.09	0.02		32.13
乌鲁木齐																	0.00	0.00
总计	42.63	23.64	9.91	11.99	11.04	17.28	9.60	11.26	13.43	7.77	7.79	4.66	3.81	23.05	2.28	0.02	0.00	200.17

加上邻近城市到枢纽港的陆运成本。虽然原来邻近城市到枢纽港没有航空货运量，但是因为中转运输的需要，邻居城市飞往其他区的货物首先要陆运至枢纽点再飞往目的地，因此这部分的陆运成本也需要追加到优化后的航空成本里。

1. 优化后全货机成本

例如，深圳区↔北京区的航线用时＝(1940/800)×2＝4.86 小时，它们间的运力配备为 1 架 B757 飞机和一架 A300 飞机，单小时成本＝7＋8＝15(万元/架)，则深圳区↔北京区的全货机成本＝4.86×15＝72.9(万元)。同理可得其他两条干线全货机成本，见表 1.3.10。

表 1.3.10 优化后顺丰全货机成本表

航线	航线用时(小时)	单小时成本(万元/架)	成本(万元)
深圳区↔北京区	4.86	15.00	72.90
北京区↔杭州区	2.85	21.50	61.28
深圳区↔杭州区	2.61	49.00	127.89
总计	—	—	262.07

由表 1.3.10 可得优化后顺丰全货机的总成本为 262.07 万元。

2. 优化后散航成本

优化后的散航成本较优化前更为复杂，但基本可以分为不变部分和变化部分，对于区内非枢纽城市间的对飞以及非枢纽点直飞到枢纽点的散航成本优化前后是不变的，另外还有区间边缘城市间的对飞也是不变的。而散航成本真正变化增加的是非枢纽点与其他区内城市间的货运运输和枢纽点干线全货机未运完散航处理的部分。经过计算，我们得出优化后的散航成本为 241.61 万元。

3. 汽运成本

邻近城市需要汽运至枢纽点的专线有三条：上海↔杭州(181 千米)、无锡↔杭州(212 千米)、香港↔深圳(45 千米)。根据顺丰各航空港间货运量，我们可以得出三条专线承担的陆运量，上海与杭州陆运量约为 57T，无锡与杭州陆运量为 55T，香港与深圳陆运量为 50T。根据顺丰现有的 7.3T 和 11.2T 两种货车吨位，我们为上海↔杭州专线配备 4 辆大车和 2 辆小车，无锡↔杭州专线配备 5 辆大车，香港↔深圳专线配备 4 辆大车和 1 辆小车。大车单位小时运输成本约为 4.5 元/km，小车 3 元/km。于是便可以计算的三条专线的陆运总成本为 1.01 万元，虽然成本较少，但也不可忽视，因为这是中转运输转嫁到陆地运输上的成本，忽略该部分则会使得优化前后的航空成本不具备可比性。综合以上情况，可以得出：

优化后的顺丰航空总成本＝262.07＋241.61＋1.01＝504.69(万元)

优化前顺丰的航空总成本＝338.94＋200.17＋5.70＝544.81(万元)

优化后日均可节约成本＝544.81－504.69＝40.12(万元)

3.5.2 时效性分析

中枢辐射式航空网主要是通过干线运量的集聚来实现规模运输，从而降低成本，通过以上的成本分析,我们已经用日均40.12万元的成本节约证明了这一点。但中枢网毕竟是通过中转来实现规模效益的,这对货运运输的时效性必然产生不良的影响,原有很多直飞或环飞航班为实现枢纽点间干线规模化运输,强制中转到枢纽点再飞往目的地,这样部分快件的运输时间肯定会有所增加。那么这个时间到底会增加多少,与节约的成本相比是否合算,又是否符合我们一开始设定的衡量指标,下面我们将从时间的角度来分析优化前后的顺丰时效性变化状况。

时效性分析,主要计算出优化前后顺丰的个航空点间货运时间,也就是航程/速度,各城市间直达距离表已经给出,另外根据民航客机的平均航速,我们设定顺丰的全货机速度为800千米/小时,这样优化前后的各航线飞行时间就可以很简单地算出,然后这里需要着重强调的一点是,上海、无锡、香港与枢纽点间的陆运时间(约为60小时),从优化前后航空时间可比性的角度来说,也是应该追加到航空运输时间里的。由于数据计算量较大,在此我们不一一赘述。

通过案例后的附表我们可以发现优化前顺丰全部航线日飞行时间为220.46小时,优化后为360.49小时,即每天顺丰全部航线延迟的时间累积达140.03小时,对照每日节约成本40.12万元,也就是说实效牺牲1小时,换来40/140=0.29万元(近3000元)的成本节约,这是完全符合我们在第2章中设定的较小时效牺牲较大成本节约优化指标的。况且货物在实际运输中延迟一两个小时并不会对快件投递准时性产生多大的影响,关键在于快件在各结点的停留时间有多长。因此,这里为顺丰构建的非严格中枢辐射式航空网是科学有效的,具有很大的现实指导意义。

3.6 顺丰未来航空布局——四个枢纽点的设想

以上的航空网络优化设计是基于北京、杭州、深圳三个枢纽点构建起的中枢辐射式航空网,通过中转运输来实现枢纽点间干线运输的规模效益,以日均牺牲一个小时换来了3000元的成本节约,基本达到了我们之前设定的时间-成本指标。但是相比折扣率 α 为0.8时,20%的成本节约来说,这里的成本节约还是小巫见大巫。三个枢纽点的中枢网,只能说是在案例中给出的17个航空城市和11架全货机等限制性条件下的一种较为满意的优化方案,但是从顺丰未来实际的发展状况来看,四个枢纽点应该才是真正符合未来业务发展战略的一种优化方案。

三个枢纽点的中枢网固然可以满足现有的航空业务需求,但是其也存在着一些自身无法克服的缺陷。从3.3节严格中枢网的构建来看,采用三个枢纽点时,两种优化方法对乌鲁木齐、西安、成都、重庆等特殊城市的处理都未给出较为妥善的处理,模型中以900千米半径作圆无一枢纽点能够辐射到这四个城市,而定性分析中简单地采用最短距原则将其归入相应枢纽港的辐射范围,显然也不够严谨。由于这四个城市距离目前的三个枢纽点都比较远,如果强制中转,绕道带来的费用会明显大于干线规模运输节约的成本,所以这里我们考虑在西南区域相对比较集中的成都、重庆、西安这三个城市中再设立一个枢纽点,建立一个新的辐射区域。西部地区历来是各大快递企业的服务盲区，服务点少，投递时间长，但随着中东部地区快递竞争的日益激烈，企业必然要把目光聚焦到西部地区，因此大力开发西部市场是顺丰未来业务发展的一个必然趋势，为了奠定好这个市场开发的基础，在西南地区设立一个枢纽点就显得异常必要和意义重大了。根据图1.3.5，我们设定成都为西南地区未来大力打造的枢纽港，并将重庆和西安纳入其辐射范围。虽然成都区目前与各枢纽区的货运量不大，但枢纽点对周边城市的货运量也有很强的集聚能力，我们相信随着业务的不断发展，纳入到成都区的辐射点也会越来越多，与其他枢纽点的干线货运量也会不断增加。至于乌鲁木齐，由于是西北地区的孤点，周边也无较大城市，应该说在未来较长的一段时间里，乌鲁木齐还将划归北京区，或者与其他各点直接对开直飞。

值得强调的是，四个枢纽点的中枢网我们只是作为一种未来业务发展设想，就目前案例中给出的业务量和可投入的全货机资源来看，四个枢纽点的规模效益显然是体现不出来的，因为没有足够的航空城市可辐射和业务量做支撑。我们初步计算过，目前航空网络状况下，四个枢纽点至少需要12架全货机方可以完成干线运输，且全货机运量为728T，干线散航处理量201T，这相比三个枢纽点时的732T和128T，显然当前条件下三个枢纽点的中枢网是较为符合案例要求的，但是从网络动态规划的设计思路来说，网络不是一成不变的，随着快递业的不断发展，竞争的日益激烈，西部市场的不断开拓必然有更多的航空城市融入到顺丰的天网中，届时三个枢纽点的中枢纽就无法满足业务需求，四个枢纽点的中枢网规模效益就得到的巨大发挥，甚至需要五六个或更多的枢纽点来满足迅速增长的业务需求，这个过程也就是一个企业物流网络不断优化调整的过程，谁拥有这种强大的"网控力"谁就能在激烈的快递竞争格局中立于不败之地。

3.7 本章小结

顺丰是我国民营快递中唯一一家拥有全货机的快递企业，航空运输对于其从事快递任务意义重大。但顺丰现有的全货机航线基本都是"点对点"以及"环形"飞行模式，这是一种较为不合理的航空网络布局结构，一定程度上造成了网络的覆盖面小，往返运量不均衡，部分航段运载率低等问题。本章借鉴目前世界上比较流行的中枢辐射式航空网的运营模式，结合顺丰的实际情况，提出了构建非严格中枢辐射式航空网的设想，将中转飞行和直飞有效地结合起来。由于严格中枢辐射式航空网的构建是顺丰天网优化的第一步也是最为重要的一步，为此，本章采取定量和定性相结合的优化方法，构建了一个较为符合顺丰实际运输状况的中枢辐射网，得到三个枢纽点分别为北京、杭州和深圳。在此基础上，对乌鲁木齐、成都等特殊城市或边缘化城市进行处理，构建了更加切合实际的非严格中枢辐射式航空网。并且通过时间-成本指标进行分析，证明了方案的可行性和合理性。最后，着眼于顺丰的未来发展需要，提出四个枢纽点的优化方案，并通过分析认为成都具备成为第四个枢纽点的有利条件。

第4章 顺丰地网——陆地网络优化

目前对快递企业来说,陆地运输在整个快递运输网络中还是占据较大比重的,特别是公路运输,由于其"门到门"的便捷性,一直以来备受快递企业的青睐。顺丰市场定位是中高端市场,而中高端市场对时效要求高,航空资源的大量投入虽然可以大大降低长距离干线运输的时间,但是如果没有合理高效的地面网络予以配合,航空的时效就会大打折扣。

顺丰作为一家大型快递企业,其陆地网络覆盖很广,已经包含32个省、直辖市和香港、台湾地区(除青海省),基层营业网点2500多个,并自有营运车辆4千余台,如此广大的陆地网络,不加区分地进行整体分析显然是不合理的。深圳作为一级分拨中心,也是华南最大的分拨场,它一方面与航空相连,另一方面也是作为集散中心与周围的各地有着复杂的地面网络,而华东区的杭州、无锡、上海作为快递流量较大的城市,对这些城市所在网络进行分析具有很强的示范意义。由于数据以及相关资料的缺乏,无法对顺丰的大部分网络进行优化,本节对粤闽干线地网详细优化,同时对华东区进行大致的网络铺设来体现本方案的地面优化思想。

4.1 粤闽干线优化设计方案

4.1.1 粤闽干线现状分析

目前粤闽两地间还没有全货机航线运输,主要通过陆运干线和散航进行的。其他区域的大部分至福建的快件也是通过华南分拨区中转,由陆运进入福建的三个中转场。福建的三个中转场(厦门、泉州、福州)和广东的深圳中转场均为两点对开。即主要包含深圳—泉州干线(3组对开)、深圳—福州干线(1组对开)、深圳—厦门干线(1组队开),共五组。

1. 业务量与运力冲突加剧

顺丰业务量以50%的增长速度不断攀升,深圳是顺丰最大的集散中心,其附近地网的业务量也在不断增加。粤闽之间业务量的不断增加使得现在所分配的运力难以满足逐渐发展的业务要求。

2. 车辆资源利用率低

由表 1.4.1 我们可以看到日均装载率最低低至 51%（福深），最高达到 92%（泉深），广东至福建的日均装载率为

$$\Re_{广东—福建} \frac{6378.40+6951.92+9428.24+5756.64+6083.60}{7300+7300+11200+7300+11200} = 78.1\%$$

表 1.4.1　粤闽干线对开线路状况一览表

序号	干线名称	日均票数	票均重量	重量(kg)	车辆吨位数(T)	总里程
1	泉深 1630	2364	2.68	6335.52	7.3	720
2	泉深 1900	2129	2.68	5705.72	7.3	720
3	泉深 0000	1447	2.68	3877.96	11.2	720
4	厦深 0030	927	2.68	2484.36	7.3	650
5	福深 0050	582	2.68	1559.76	11.2	840
6	深泉 1630	2380	2.68	6378.40	7.3	720
7	深泉 2330	2594	2.68	6951.92	7.3	720
8	深福 0300	3518	2.68	9428.24	11.2	840
9	深厦 0230	2148	2.68	5756.64	7.3	650
10	深泉 0400	2270	2.68	6083.60	11.2	720

福建至广东的日均装载率为

$$\Re_{福建—广东} \frac{6335.52+5705.72+3877.96+2484.36+1559.76}{7300+7300+11200+7300+11200} = 45.1\%$$

总体运力资源利用率为

$$\Re_{总体} \frac{\Re_{广东—福建}+\Re_{福建—广东}}{2} = \frac{78.1\%+45.1\%}{2} = 61.6\%$$

日均装载率不宜过高，过高不能很好解决某些天业务量明显高于日均装载率的风险，造成快件无法准时送达。从而影响顺丰声誉，还会带来其他麻烦。日均装载率也不能过低，造成车辆资源大量浪费，成本上升。但有上面数据可以看出装载率普遍较低，造成这种低装载率的主要原因是车辆往返业务量不均衡，网络规划不合理，并非现有资源短缺。

4.1.2　优化方案的选择

4.1.2.1　可行方案的陈述

目前解决以上现状的可行方案有两种：

第一，改变现有的串接和多点对开模式，转变为以深圳—泉州或深圳—厦门为干线集散中心，结合支线运输的集散模式。

第二，通过班次的压缩整合，实现干线路由与产品时效相匹配。要求：① 确定派送时

间,从而确定路由;② 将时间接近的班次合并,重新划分;③ 整合原有运力资源,将运力不足的班次改换车型。见图 1.4.1。

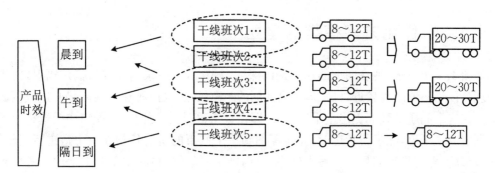

图 1.4.1 粤闽干线班次压缩优化方案示意图

4.1.2.2 方案的优选

1. 方案一

优点:第一,对网络进行优化,将运力在干线和支线中合理分配,提高现有运力资源的利用率;第二,优化后的网络可运营较长的时间,立足于长远,具有很高的战略价值;第三,由于不需要更换车型,从而一次性投入成本很低。

缺点:第一,会牺牲部分快件的成本;第二,此方案对现有的集散模式冲击大。

2. 方案二

优点:第一,根据路由压缩班次,提高部分运力资源利用率;第二,路由不变,对现有集散模式冲击小。

缺点:第一,同样会牺牲部分快件的投递时效;第二,此方案只能解决当前的问题,不具有前瞻性;第三,必须将运力不足的车型再次更换,这样就大大提高了成本;第四,当业务量增加到一定量时还得更换车型,浪费原有的资源;第五,现有资源已经足够,无须压缩班次更换车型而造成更大的浪费。

方案一和方案二的比较见表 1.4.2。

表 1.4.2 粤闽干线两种优化方案优劣势对比

方案 比较内容	方案一	方案二
优点	① 提高运力资源利用率,立足于长远; ② 投入成本低	① 提高部分资源利用率; ② 对现有的集散模式冲击小
缺点	① 牺牲部分快件时效; ② 对现有集散模式冲击大	① 牺牲部分快件时效; ② 只解决当前,不具有前瞻性; ③ 需要随着业务量的变化更换车型,浪费原有资源; ④ 现有资源已经足够无须压缩班次更换车型

由表1.4.2可直观地看出方案一明显比方案二优越。因此,粤闽干线的优化采用方案一,建立集散点,改多条干线对开为干支中转运输。

4.1.3 优化方案模型的建立

如图1.4.1所示,现在四地的速运是以深圳为中心,并向泉州、厦门、福州辐射,由于泉州、厦门、福州三地距离较近,且三地距离深圳的距离较远,故此种速运线路势必造成资源的浪费。在这个问题上我们提出主干道方案,即在泉州、福州和厦门三个城市中挑选一个城市和深圳组成主干道,在进行货运时,先将深圳到三个城市的所有货物在主干道进行运输,到达该城市后,再将货物向另两个城市转发,反向则是先集结,再在主干道上运输。考虑到运输成本,调整后到达时间的变化,车辆的数目和吨位的限制,并且最大限度地利用资源,不能轻易确定哪个城市作为组成主干道的城市,对此,我们将问题简化,以运输成本为目标函数,以到达时间和车辆条件作为限制条件构建一个单目标规划的数学模型,并用MATLAB软件进行求解,最终求出最优路径。

1. 条件假设

① 四个城市之间的货运干线班次可改变,即可以增加或者减少其班次,但总体的车辆数目不会增加;

② 两种吨位的车辆可以任意调动;

③ 车辆的计费是以路程为依据的,并且两种吨位的车辆费用不同;

④ 假定汽车运行速度是相同的。

2. 符号说明

① w_1:吨位是7.3吨的汽车的运输费用,单位是元/km;

② w_2:吨位是11.2吨的汽车的运输费用,单位是元/km;

③ v:汽车的运行速度;

④ S_{ij}:从i地到j地的汽车行驶路程;

⑤ n_{ij}:从i地到j地使用的7.3吨位汽车的辆数;

⑥ N_{ij}:从i地到j地使用的11.2吨位汽车的辆数;

⑦ M_{ij}:从i地到j地所要运输快件的总重量,单位是吨;

⑧ T:由于路线更改造成延迟的能接受的最长时间;

⑨ C_i:第i条路线的总费用。

3. 模型的求解

按照上述问题分析的思路,我们将四个城市抽象为四个点,设深圳为O点,另外一个与其组成主干道的设为X点,其余两个点设为Y点和Z点。只要X点确定,其他两点也就确定了,在此,我们构建一个规划模型,求解X点,具体步骤如下:

它们在主干道上即O到X和X到O的运输总费用(包括往返)为

$$C_1 = S_{OX}[(n_{OX} + n_{XO})w_1 + (N_{OX} + N_{XO})w_2]$$

类似地可以确定X与Y之间的运输总费用为

$$C_2 = S_{XY}[(n_{XY}+n_{YX})w_1 + (N_{YX}+N_{XY})w_2]$$

另外，X 与 Z 之间的运输的总费用为

$$C_3 = S_{XZ}[(n_{XZ}+n_{ZX})w_1 + (N_{ZX}+N_{XZ})w_2]$$

故由此可确定目标函数为

$$C = C_1 + C_2 + C_3$$

由于车辆数目有限，故存在车辆数的限制，即

对于 7.3 吨位的汽车：$n_{OX}+n_{XO}+n_{XY}+n_{YX}+n_{XZ}+n_{ZX} \leqslant 6$

对于 11.2 吨位的汽车：$N_{OX}+N_{XO}+N_{XY}+N_{YX}+N_{XZ}+N_{ZX} \leqslant 4$

另外，汽车的总运送量必须大于快件的总重量：

如在 X 点和 O 点之间：

$$n_{OX} \times 7.3 + N_{OX} \times 11.2 \geqslant M_{OX}$$
$$n_{XO} \times 7.3 + N_{XO} \times 11.2 \geqslant M_{XO}$$

其余各点之间的约束均类似，分别如下：

$$n_{XY} \times 7.3 + N_{XY} \times 11.2 \geqslant M_{XY}$$
$$n_{YX} \times 7.3 + N_{YX} \times 11.2 \geqslant M_{YX}$$
$$n_{XZ} \times 7.3 + N_{XZ} \times 11.2 \geqslant M_{XZ}$$
$$n_{ZX} \times 7.3 + N_{ZX} \times 11.2 \geqslant M_{ZX}$$

货运线路的更改必然会造成 Y 点和 Z 点到货时间的延时，考虑到顾客的感受和公司的信誉，我们确定一个延迟上限值 T，即货物到达时间最多只能延迟 T 小时，故又有两个时间限制条件：

$$\frac{S_{XY}+S_{OX}}{v} - \frac{S_{OY}}{v} \leqslant T$$

$$\frac{S_{XZ}+S_{OX}}{v} - \frac{S_{OZ}}{v} \leqslant T$$

S_{OX} 是个未知量，但确定了它的值，X 点的位置也就确定了，对于 S_{OX} 也有限制，就是它只能在 $S_{深圳-厦门}$，$S_{深圳-泉州}$ 和 $S_{深圳-福州}$ 中取一个。

故综合上述所有的目标函数和约束条件，可构建一个单目标规划模型，求解出使得总费用 C 最小的 S_{OX} 的值，接着即可确定 X 点是哪个城市。模型如下：

目标函数：

$$\min C = S_{OX}[(n_{OX}+n_{XO})w_1 + (N_{OX}+N_{XO})w_2] + S_{XY}[(n_{XY}+n_{YX})w_1 + (N_{YX}+N_{XY})w_2]$$
$$+ S_{XZ}[(n_{XZ}+n_{ZX})w_1 + (N_{ZX}+N_{XZ})w_2]$$

约束条件：

$$\text{s. t.} \begin{cases} n_{OX} + n_{XO} + n_{XY} + n_{YX} + n_{XZ} + n_{ZX} \leqslant 6 \\ N_{OX} + N_{XO} + N_{XY} + N_{YX} + N_{XZ} + N_{ZX} \leqslant 4 \\ n_{OX} \times 7.3 + N_{OX} \times 11.2 \geqslant M_{OX} \\ n_{XO} \times 7.3 + N_{XO} \times 11.2 \geqslant M_{XO} \\ n_{XY} \times 7.3 + N_{XY} \times 11.2 \geqslant M_{XY} \\ n_{YX} \times 7.3 + N_{YX} \times 11.2 \geqslant M_{YX} \\ n_{XZ} \times 7.3 + N_{XZ} \times 11.2 \geqslant M_{XZ} \\ n_{ZX} \times 7.3 + N_{ZX} \times 11.2 \geqslant M_{ZX} \\ \dfrac{S_{XY} + S_{OX}}{v} - \dfrac{S_{OY}}{v} \leqslant T \\ \dfrac{S_{XZ} + S_{OX}}{v} - \dfrac{S_{OZ}}{v} \leqslant T \\ S_{OX} = S_{深圳-厦门} \times d_1 + S_{深圳-泉州} \times d_2 + S_{深圳-福州} \times d_3 \\ S_{OX} = 1 \\ N_{ij} \geqslant 0, n_{ij} \geqslant 0, M_{ij} \geqslant 0 \\ d_1 \in \{0,1\}, d_2 \in \{0,1\}, d_3 \in \{0,1\} \end{cases}$$

4.1.4 优化结果的实现

基于以上的数学模型编程,然后运行 MATLAB 软件得出如图 1.4.2 所示的结果。

图 1.4.2 地网模型运行结果一(小车数量≤6)

由图 1.4.2 可知,此时模型无解,经进一步分析发现,导致这一结果的一个重要原因是中转运输,势必会带来运输车辆的增加,因此这里我们将约束条件中的小车限制改为 7 辆,在此运行程序,结果如图 1.4.3 所示。

此时模型有可行解,其中 ind=2 代表选中的城市是泉州,几个城市的编号分别是 1 代表深圳、2 代表泉州、3 代表厦门、4 代表福州。另外结果中的 ans 是运力,顺序分别是 nox,nxo,nxy,nyx,nxz,nzx,Nox,Nxo,Nxy,Nyx,Nxz,Nzx,其结果可用表 1.4.3 来说明。

图1.4.3　地网模型运行结果二(小车数量≤7)

表1.4.3　粤闽干线优化后干支线往返运力配备情况

	小车(7.3T)	大车(11.2T)
深圳↔泉州	2	2
泉州↔深圳	0	2
泉州↔厦门	1	0
厦门↔泉州	1	0
泉州↔福州	2	0
福州↔泉州	1	0

陆地运输线基本上都是双向对开的,以保证往返货物的及时运送,而上述模型是分别独立给往返线路进行运力配备的,因此实际所用的车辆必定会超过模型限制的车数。根据上表粤闽干线(深泉线)配备4辆小车4辆大车,泉厦支线配备2辆小车,泉福支线配备2辆小车,结合表1.4.3,我们很快发现泉福线配置2辆小车显然是没有必要的,采用1辆大车就完全可以代替。

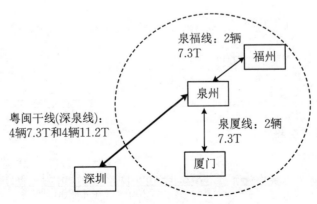

图1.4.4　粤闽干线优化结果示意图

这样粤闽干线地区共计使用了 12 辆汽车,其中 11.2T 的大车和 7.3T 的小车各 6 辆。虽然车辆数比优化前多出了 2 辆大车,但是车辆的投入是一项长期的投资,会恩泽未来很长的一段时间。

4.1.5 优化结果效益分析

4.1.5.1 装载率有所提高

粤闽干线原先深泉、深福、深厦三条干线对开的运输方式,不仅造成运力大浪费,同时各线路的装载率也十分低下,下面我们主要通过对优化前后的装载率进行比较分析,来说明优化后的粤闽干线更为可靠。

1. 优化前装载率分析

(1) 深圳↔泉州

$$\Re_{深泉} = \frac{\theta_{深泉}}{\theta_{深泉运力}} = \frac{6378.4 + 6951.92 + 6083.6}{7300 \times 2 + 11200 \times 1} \approx 61.7\%$$

$$\Re_{泉深} = \frac{\theta_{泉深}}{\theta_{泉深运力}} = \frac{6335.52 + 5705.72 + 3877.96}{7300 \times 2 + 11200 \times 1} \approx 75.2\%$$

$$\Re_{深圳↔泉州} = \frac{\Re_{深泉} + \Re_{泉深}}{2} = \frac{61.7\% + 75.2\%}{2} = 68.45\%$$

(2) 深圳↔厦门

$$\Re_{深厦} = \frac{\theta_{深厦}}{\theta_{深厦运力}} = \frac{576.64}{7300 \times 1} \approx 78.9\%$$

$$\Re_{厦深} = \frac{\theta_{厦深}}{\theta_{深厦}} = \frac{2484.36}{7300 \times 1} \approx 34.03\%$$

$$\Re_{深圳↔厦门} = \frac{\Re_{深厦}}{\Re_2} = \frac{78.9\% + 34.03\%}{2} = 56.5\%$$

(3) 深圳↔福州

$$\Re_{深福} = \frac{\theta_{深福}}{\theta_{深福运力}} = \frac{9428.24}{11200 \times 1} \approx 84.2\%$$

$$\Re_{福深} = \frac{\theta_{福深}}{\theta_{福深运力}} = \frac{1559.76}{11200 \times 1} \approx 13.9\%$$

$$\Re_{深圳↔福州} = \frac{\Re_{深福} + \Re_{福深}}{2} = \frac{84.2\% + 13.9\%}{2} = 49.05\%$$

$$\Re_{总装载率} = \frac{\Re_{深圳↔泉州} + \Re_{深圳↔厦门} + \Re_{深圳↔福州}}{3} = \frac{68.45\% + 56.5\% + 49.05\%}{3} = 58\%$$

2. 优化后装载率分析

(1) 深圳↔泉州区

$$\Re_{深圳→泉州区} = \frac{\theta_{深泉} + \theta_{深福} + \theta_{深厦}}{\theta_{深泉运力}} = \frac{6378.4 + 6951.92 + 5756.64 + 9428.24}{7300 \times 2 + 11200 \times 2} = 93.5\%$$

$$\Re_{泉州区→深圳} = \frac{\theta_{泉深} + \theta_{福深} + \theta_{厦深}}{\theta_{深泉运力}}$$

$$= \frac{6335.52+5705.72+3877.96+1559.76+2484.36}{7300\times 2+11200\times 2} = 54\%$$

$$\Re_{深圳\leftrightarrow 泉州区} = \frac{\Re_{深圳\to 泉州区}+\Re_{泉州区\to 深圳}}{2} = \frac{93.5\%+54\%}{2} = 73.75\%$$

(2) 泉州↔厦门

$$\Re_{泉厦} = \frac{\theta_{泉厦}(\theta_{深厦})}{\theta_{泉厦运力}} = \frac{5756.64}{7300} \approx 78.9\%$$

$$\Re_{厦泉} = \frac{\theta_{厦泉}(\theta_{厦深})}{\theta_{泉厦运力}} = \frac{2484.36}{7300} \approx 34.03\%$$

$$\Re_{泉州\leftrightarrow 厦门} = \frac{\Re_{泉厦}+\Re_{厦泉}}{2} = \frac{78.9\%+34.03\%}{2} = 56.5\%$$

(3) 泉州↔福州

$$\Re_{泉福} = \frac{\theta_{泉福}(\theta_{深福})}{\theta_{泉福运力}} = \frac{9428.24}{11200\times 1} \approx 84.2\%$$

$$\Re_{福泉} = \frac{\theta_{福泉}(\theta_{福深})}{\theta_{泉福运力}} = \frac{1559.76}{11200\times 1} \approx 14\%$$

$$\Re_{泉州\leftrightarrow 福州} = \frac{\Re_{泉福}+\Re_{福泉}}{2} = \frac{84.2\%+14\%}{2} = 49.1\%$$

$$\Re_{总装载率} = \frac{\Re_{深圳\leftrightarrow 泉州区}+\Re_{泉州\leftrightarrow 厦门}+\Re_{泉州\leftrightarrow 福州}}{3} = \frac{73.75\%+56.5\%+49.1\%}{3} = 60\%$$

优化后的装载率为 60%(表 1.4.4),相比优化前的装载率提高了 2 个百分点,虽然提高的不多,但确实是一个很大的进步,因为粤闽地区各干支线往返的装载率原本就是很不平衡,在这种背景下,虽然增加了车辆,但还能提高 2 个百分点的装载率是极为不易的,所以,我们认为这是一个相对可观的结果了。

表 1.4.4 粤闽地区优化前后装载率比较

优化前			优化后		
线路名称	装载率	总装载率	线路名称	装载率	总装载率
深圳↔泉州	68.45%	58%	深圳↔泉州区	73.75%	60%
深圳↔厦门	56.5%		泉州↔厦门	56.5%	
深圳↔福州	49.05%		泉州↔福州	49.1%	

4.1.5.2 成本大为降低

根据目前运输成本,我们估定车辆单位里程成本:11.2T 为 4.5 元/km;7.3T 为 3 元/km。而深圳、泉州、福州、厦门相互间的距离案例已经给定:深厦 650 km、深泉 720 km、深福 840 km、厦泉 100 km、泉福 160 km、厦福 260 km。

优化前运力配备:深厦 7.3T 车 2 辆,深泉 7.3T 车 4 辆、11.2T 车 2 辆,深福 11.2T 车 2 辆。

$$C_{优化前} = C_{深厦}+C_{深泉}+C_{深福}$$

$$= 3 \times 3 \times 650 + (4 \times 3 + 2 \times 4.5) \times 720 + 4.5 \times 840$$
$$= 26580(元)$$

优化后运力配备:深泉 7.3T 车 4 辆、11.2T 车 4 辆,泉厦 7.3T 车 2 辆、泉福 11.2T 车 2 辆。

$$C_{优化后} = C_{深泉} + C_{泉厦} + C_{泉福}$$
$$= (4 \times 3 \times 720 + 4 \times 4.5 \times 720) + 2 \times 3 \times 100 + 2 \times 4.5 \times 160$$
$$= 23640(元)$$
$$C_{节约} = C_{优化前} - C_{优化后} = 26580 - 23640 = 2940(元)$$

优化后的粤闽干线,每天可以节约成本为 2940 元,四个城市中转运输就可以实现这么大的成本节约,如果在其他地区也采取同样干支中转运输,那么就会给顺丰带来一笔相当可观的成本节约。

4.1.5.3 时效分析

和航空运输一样,中转运输必然会带来时效的牺牲,关键是牺牲的时效和成本的节约权衡如何。下面我们将从优化前后各干支线运输时间增加状况,来说明粤闽干线优化的科学性、合理性。这里我们设定的汽车时速为 80 千米/小时。

优化前:
$$T_{深泉} = \frac{720}{80} = 9(h), \quad T_{深厦} = \frac{650}{80} = 8.125(h), \quad T_{深福} = \frac{840}{80} = 10.5(h)$$

优化后:
$$T_{深泉} = \frac{720}{80} = 9(h), \quad T_{深厦} = \frac{720+100}{80} = 10.25(h), \quad T_{深福} = \frac{720+160}{80} = 11(h)$$

优化前后泉深线的运输时间不变,而深厦线运输时间优化后时间增加了 2.125 小时,深福线运输时间增加 0.5 小时,对比前述的成本分析,这样微乎其微的时效牺牲带来的巨大成本节约是十分划算的,这也完全符合我们一开始设定的较大成本节约,较小时效牺牲的优化指标的,因此粤闽干线的干支中转运输方案是科学有效的,在一定程度上具有很强的借鉴和推广意义。

4.2 华东区地网优化设计方案

4.2.1 华东区地网整体状况分析

顺丰公司现在华东地区设置有三个可供全货机起降的航空枢纽(一级中转场),分别位于上海、杭州和无锡。三个枢纽城市相距较近,在进行航空运输时,虽然在枢纽之间运输距离很短,但对于周边的城市到枢纽距离偏远,例如最北边的徐州到距离它最近的分拨中心无锡相距为 457 km。从浙江发往该地的货物先经过周转到达无锡,再分别经盐城、淮安、宿

表 1.4.5 顺丰华东各城市间距离

(单位:千米)

	徐州	宿迁	淮安	连云港	南京	扬州	镇江	盐城	泰州	常州	无锡	苏州	南通	杭州	绍兴	嘉兴	上海	宁波	舟山	金华	衢州	丽水	温州	台州
徐州	0																							
宿迁	126	0																						
淮安	239	114	0																					
连云港	224	120	122	0																				
南京	311	229	172	293	0																			
扬州	323	216	124	246	80	0																		
镇江	338	234	146	268	70	22	0																	
盐城	337	210	100	166	212	135	154	0																
泰州	360	243	135	246	134	56	64	102	0															
常州	417	309	209	324	135	94	80	178	78	0														
无锡	457	347	244	355	172	133	120	201	109	40	0													
苏州	504	394	290	399	214	181	166	240	154	86	47	0												
南通	484	364	252	345	233	172	168	179	124	102	80	84	0											
杭州	556	463	373	491	245	250	229	345	247	168	145	119	204	0										
绍兴	610	513	419	535	299	298	278	382	289	211	181	144	225	55	0									
嘉兴	558	451	349	459	259	236	220	299	214	142	105	59	134	86	91	0								
上海	589	472	361	456	312	268	258	290	229	179	140	100	111	175	166	89	0							
宁波	692	585	481	587	389	370	354	424	345	276	238	191	246	161	111	133	145	0						
舟山	878	691	693	746	484	470	465	527	433	367	323	273	365	221	187	339	275	77	0					
金华	637	564	492	619	335	368	346	482	380	304	289	269	353	149	149	231	149	239	317	0				
衢州	619	560	502	624	334	382	360	502	405	335	328	318	401	204	219	291	378	316	457	78	0			
丽水	722	648	573	695	419	449	426	557	456	378	359	332	416	214	194	285	194	252	386	84	129	0		
温州	797	715	632	751	488	507	486	604	507	428	402	367	446	260	222	312	370	239	343	165	219	89	0	
台州	781	687	593	707	469	473	453	551	461	384	352	310	381	225	174	251	290	148	235	196	270	157	102	0

迁,才到达徐州,不仅运输距离很长,而且经过多次周转,大大降低了速运的时效,所以重新确定分拨中心势在必行。对此,华东区可以分为两步构建模型:首先,可以套用航空枢纽的模型,采用划区域选中心法确定出分拨中心;然后采用最小生成树法确定其余各个城市的货运路线。

4.2.2 优化方案

参考航空枢纽选址中采用的划区域选中心确定枢纽的方法,结合华东区的具体情况,进行适当的套用。

4.2.2.1 划区域选中心

1. 划分大体区域

首先将华东区的 24 个城市抽象为 24 个独立的点,选取若干个边角点,以每两个城市间平均距离为半径作圆,划分华东区大体区域。

华东区每两个城市之间的距离之和为

$$S_{\Sigma} = 86060 \,(\text{km})$$

故两两城市间的平均距离为

$$\overline{S} = \frac{S_{\Sigma}}{276} = 311.8 \,(\text{km})$$

选取淮安、嘉兴、丽水(为什么选这三个点,参照航空模型中圆心的选取原则)为圆心,以平均半径 311.8 km 为半径长作圆,划分出大体区域,结果如表 1.4.6 所示。

表 1.4.6　华东各大体区域内包含的城市

区域一	徐州、连云港、宿迁、淮安、盐城、扬州、泰州、镇江、常州、南京、无锡、苏州
区域二	扬州、泰州、镇江、常州、南京、无锡、南通、苏州、嘉兴、上海、杭州、绍兴、宁波、金华
区域三	杭州、绍兴、宁波、舟山、金华、衢州、丽水、温州、台州

2. 确定最终区域

表 1.4.6 为大体区域的划分,各区域内存在重叠城市,参照航空模型中的集散度,可以确定各重叠城市的归属,求得最终的区域划分,如表 1.4.7 所示。

表 1.4.7　华东各最终区域内包含的城市

区域一	徐州、连云港、宿迁、淮安、盐城、扬州、泰州、南京、镇江
区域二	常州、无锡、南通、苏州、嘉兴、杭州、上海、绍兴、宁波
区域三	舟山、衢州、丽水、金华、温州、泰州

3. 确定中心城市

同样参照航空模型,可以确定每个区域的中心城市,结果如表 1.4.8 所示。

表 1.4.8　各最终区域的中心城市及最小距离和

	中心城市	最小距离和(km)
区域一	淮安	1152
区域二	苏州	830
区域三	丽水	840

4.2.2.2　最小生成树确定各个城市货运路径

选出中心城市后并不只是让它们完全去承担枢纽的任务,我们还应找出每个区域的最短运输路径。

1. 构建最小生成树

根据上述确定的中心城市,可画出分布图(图 1.4.5),其中稍大的点代表中心城市。

在图 1.4.5 中的三个区域中构建最小生成树,结果如图 1.4.6 所示。

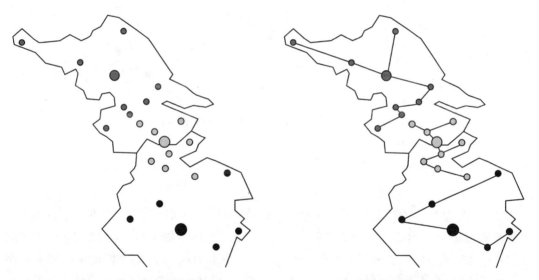

图 1.4.5　华东三大区域分布状况　　图 1.4.6　华东三大区域内部货运路线图

如图 1.4.6 所示,对于这三个区域外的城市,货物先运到淮安、苏州、金华这三个分拨中心,然后按照最小生成树的路径进行分拨,根据最小生成树的原理,这样的货运路径肯定是最短的。

2. 边缘城市选取特殊货运路径

对于这三个区域内部城市之间的货物流通,要在三个区域的边缘城市选取一些货运路径,如图 1.4.7 所示。即增加镇江到常州、绍兴到金华的货运路径,因为这两条路径是距离连接相邻两个区域的最短距离。

图 1.4.7 优化后华东区陆运网络图

4.2.3 总结

华东区陆地网络的特点是城市多且密度大，范围狭长，同时案例中也没有给出各城市间的业务量，前往顺丰合肥公司调研也未获得进一步有价值的数据资料，因此我们在华东区陆地网络优化中更多的是从距离来考虑。加之华东区南北方向跨度大，单纯的中枢辐射式网络就不太适合，最终我们摒弃了原有繁杂的货运路径，设计出一个层次较为清晰的辐射式与链式相结合的网络，减少运输距离，从而提高车辆装载率，降低运输成本，提高运输时效。由于案例中可用的数据有限，华东区本文未做时间-成本方面的效益分析了。

4.3 顺丰发展高铁快递的研究

目前国内快件运输 80% 是用汽运，15% 是航空，其他形式不足 5%（如铁路行李车快运、海运等）。这其中一个重要的原因就是快递企业对货物运输速度的高要求，汽运的广泛使用有其自身优势，主要是汽运有门到门、便捷、灵活的特点，相对于航空，汽运有价格低、操作快捷方便等特点，但速度要慢一些。相对于铁路运输，汽运有速度快、灵活、破损低等特点，但安全性较低也是弱点。从其中的对比,我们不难看出,汽运与铁运比,明显是速度上的区别。如果铁路运输在速度上有提高,配合其安全、准时的特点,必定是快递运输的优选方式。

我国高铁的发展,不仅对于客运,对于货运、快递行业也是一个重要的利好消息。虽然目前我国的高铁还只是定位于客运,对货运则几乎没有涉足,但利用高铁从事快递运输是一个必然的发展趋势,尽管当下国内还没有较为成功可行的利用模式,但作为民营快递的领跑者,顺丰应该站在战略的高度来看待高铁的迅速发展对快递的影响,并积极探索开创高铁利用的模式。下面我们将根据我国未来十年高铁的发展规划,借鉴西方发达国家高铁利用的一些成功模式为顺丰在高铁利用上提出一些建设性意见举措。

4.3.1 我国高铁的发展状况

高速铁路是指通过改造原有线路(直线化、轨距标准化),使营运速率达到每小时 200 千米以上,或者专门修建新的"高速新线",使营运速率达到每小时 250 千米以上的铁路系统。

目前我国已经开通京津城际高铁、武广高铁、郑西高铁、福厦高铁、成灌高铁、沪宁高铁、昌九城际高铁、沪杭高铁、宁杭高铁,及温福线、京石线、汉宜线等多条高速铁路,包括了长三角、珠三角、环渤海部分城市以及武汉、长沙、郑州、西安、武昌等中西部城市,这些也是顺丰货运量较大的城市,列车以超过 200 千米的营运时速驰骋在中国大江南北。这些线路的开通,如同给中国的快递网络注入了新鲜血液,如何充分利用高铁货运资源,已经成为了一个不得不考虑的课题。

而在未来,中国高铁将给依托于客运系统的快递业带来更大的机遇与挑战。根据《中国铁路中长期发展规划》,到 2020 年,为满足快速增长的旅客运输需求,建立省会城市及大中城市间的快速客运通道,规划"四纵四横"铁路快速客运通道以及四个城际快速客运系统。建设客运专线 1.2 万千米以上,客车速度目标值达到每小时 200 千米及以上。

"四纵"客运专线:北京—上海(京沪高速铁路)、北京—武汉—广州—深圳—香港(京港高速铁路)、北京—沈阳—哈尔滨(大连)、杭州—宁波—福州—深圳(沿海高速铁路)、北京—蚌埠—合肥—福州—台北(京台高速铁路,大陆段叫"京福高速铁路")。

"四横"客运专线:徐州—郑州—兰州、杭州—南昌—长沙—贵阳—昆明(沪昆高速铁路)、青岛—济南—石家庄—太原、上海—南京—武汉—重庆—成都(沪汉蓉高速铁路)。

4.3.2 顺丰发展高铁快递的模式

高速铁路在快递方面的应用,一种是行李车形式(挂客运专列,即客运列车里的一两节行李车),一种是货运专列形式(货运专列,如目前的行邮列车)。行李车形式比货运专列形式速度更快,安全性也高,是最为适合客运高铁系统的货运方式。不管哪些方式,相对于汽运,安全性都更高。这主要是因为目前快件的汽车运输是通过分拨中心、集散中心等物流节点来实现中转运输的,环节多,多次装卸,被盗和损毁的风险系数增加。使用铁路运输,减少了多次中转的环节,减少装卸,可以极大提高操作质量,有效减少快件丢失、短少和损毁问题。

4.3.2.1 现有模式的陈述

可以看出,高铁的发展和在快递业的应用,必将极大提高快递的操作质量和运输时效,弥补汽运在时效和安全方面的不足。总结发达国家的发展经验,主要有以下四种模式:

1. 模式一

客、货车辆共存于同一列高速列车。这是高速铁路客、货运输混合程度最高的模式,相当于货运与客运在运行图、路网、车站、车辆周转等方面完全一体化。这种模式的弊端是货物的装卸与乘客上下车需要在同一个站台同时进行,货物装卸必须在非常短的停车时间内完成,与乘客上下列车的时间容易发生冲突,影响列车旅行速度。美国曾经开行的 Talgo XXI 型摆式列车便是这一模式的代表。

2. 模式二

旅客和货物分别在不同的列车中运输,可联挂或独立运营。在这一模式下,不同的起点和终点的旅客列车和货物列车在一段共同的线路上可以联挂运行。必要时,货物列车可以在不同的旅客列车之间转换,这将使货物的装卸和运输更加便捷,且不受客运站装卸货物的限制。此外,货物列车可在白天与旅客列车联挂开行,夜间则作为单独的高速货物列车开行,从而提高机车车辆的使用率。

3. 模式三

旅客列车和货物列车共线独立运行。在这一模式下,货物列车"追踪"旅客列车开行(或反之),货物装卸时间不需要与旅客上下车的时间一致,并且货物列车并不一定要与旅客列车在同一个车站停车,货站可以设置在旅客列车不停站的车站。但在运行方面,客运和货运需要在运行图上协调一致,可以采取白天和夜间分别开行,或分时段开行的方式。目前,德国、法国、意大利高速铁路货运均采取这样的运输组织模式。

4. 模式四

完全独立于客运系统的高速货运。这一模式适合有大量高速货运需求的情形,目前在国外铁路还没有应用的实例。

4.3.2.2 顺丰高铁模式的选择——加挂车厢

以上四种模式各有优缺点,对高铁系统的要求也各不相同,根据我国高铁发展现状及未来的规划状况,我们认为顺丰的高铁模式应该选择模式二中客货分别在不同列车中的运输模式,及我们前面提及的行李车形式。因为我国高铁目前还只是定位于客运方面,货运专列还未开通,未来的高铁发展规划也以客运为主,所以快递行业想要涉足高铁领域,就目前我国的国情在客运列车后加挂一两节货运车厢是一种较为现实的发展模式。另外,加挂的货运车厢到达目的地后可以直接卸去车厢,避免了因高铁停靠时间短无法及时卸货的问题。加挂车厢也是快递企业进入高铁领域的一种低风险运营模式,如果经营良好,企业可以逐渐增加加挂的车厢数量,反之企业可以减少车厢数量,进退空间大,不会给企业打来太大的损失。综合以上所述,我们认为加挂车厢开展快递高铁运输是顺丰发展高铁快递的一种最为现实和低风险的运营模式。

4.3.3 顺丰发展高铁快递的战略举措

高铁可以说是我国主要的战略资源,其使用主动权主要掌握在国家手中,作为一家民营快递企业,顺丰要想利用高铁发展快递运输,必然要采取与"铁老大"——中铁快运合作的发展模式。首先中铁快运作为一家专门从事铁路快运的国有企业,它掌握着高铁运输资源,且中铁也极愿与其他快递公司合作共同发展高铁快运。所以顺丰发展高铁快递的一个重要战略就是与中铁快运合作,利用中铁的高铁资源,逐步涉足高铁快递运输,并不断探索创新出一条具有自己特色的高铁利用模式。

4.3.3.1 顺丰可成为合同客户,将部分货物交由中铁运输

据了解,中铁为合同客户主要提供以下服务:合同客户主要针对发货量长期稳定,合作信誉较好,无任何拖欠运费和坏账现象,运费定期结算,并给予一定运价优惠的、具有一定规模的客户。各承运机构根据客户的发货频率、一定时间内的总发货量、单位信誉、客户的需求和以往的合作情况等综合因素来确定其是否为合同客户。目前与中铁形成合作伙伴关系的物流公司主要有 EMS、DHL、宅急送。顺丰具有良好的企业信誉,大量固定的客户,稳定并不断提升的货运量。所以顺丰完全可以与中铁签约,成为中铁的合同客户,顺丰可根据自己的发货量和发货频率跟中铁协商运费,将部分货物在某些路段交由中铁管理运输。

4.3.3.2 租用中铁货运车厢

中铁的包租车运输分整车包租、固定重量(托盘)包租两种。根据成本、综合利用率等因素由分公司组织公开招标,包租车运输价格(下浮运输价格)由分公司报公司审批。中铁快运行邮专列于 2004 年已经提速至 160 千米/小时,随着高铁系统的建立与完善,相信货运列车提升时速且运行于高铁线路也将成为必然。高时速的货运专列为快递公司提供新的机遇。高时速的铁路货运可很好地弥补空运的不足。顺丰通过租用货运专列部分车厢,可根据列车时刻表管理控制货物的发货量、种类及发货频率。

4.3.3.3 与中铁合资建立第三方公司

顺丰立足于中高端,时效的优势在同行中越来越明显。高时效的背后是良好的货物中转及运输管理。而中铁在铁路使用上的优势也是其他物流企业难以企及的。顺丰和中铁可共同协作出资建立第三方物流公司。该公司由顺丰和中铁控股,集中顺丰在管理上的优势及中铁在铁路资源上的优势,既为这两家企业提供铁路运输服务也为其他物流企业提供物流服务。这样顺丰也可解决在高铁利用上的问题。

4.3.3.4 相互参股,建立更为紧密的合作伙伴关系

企业是以盈利为目的的,在共同合作开发高铁快递运输的过程中,不免会出现摩擦和利益纠纷,为建立顺丰与中铁在开发高铁资源中相互之间良好信任感,我们建议顺丰可以与中铁相互参股,特别是在涉及高铁利用方面的项目中,各自参股,建立起双方共同利益点,使得

双方能在共同关心的高铁利用方面思想统一、行动一致、劲往一处使。

4.4 本章小结

　　顺丰作为一家大型定位于中高端市场的快递企业,其陆地网络覆盖面很广,在快递运输中占据举足轻重的地位。由于数据以及相关资料的缺乏,我们无法对顺丰的全部陆地运输网络进行优化,本章分别以影响力较大的粤闽干线及华东地区的地网进行了针对性的优化设计。首先,针对粤闽干线业存在的业务量与运力冲突加剧、车辆资源利用率低等问题,本章通过以定量分析为主结合定性分析方法,设计了改变现有的串接和多点对开模式,转变为以深圳—泉州或深圳—厦门为干线集散中心,结合支线运输的集散模式。其次,针对华东区实际地网情况,本章选择了采用划区域选中心法确定出分拨中心,再采用最小生成树法确定其余各个城市的货运路线的两步建模方式。而且,通过进行成本时效分析后,认为对以上两个地网的优化设计方案是科学合理的。最后,针对高铁时代的咄咄逼人,本章还探讨了高铁利用模式的构建及其应用问题。

第5章 天地无缝对接——节点作业流程改造

物流网络由网线和节点两部分组成,我们对顺丰的物流网络优化设计不仅是天网、地网的运输线路优化,还包括对网络中的各个节点进行较为系统的设计改造。正如我们在第2章中设定时间-成本指标体系时所阐述的整个快件传递周期,货物实际运输的时间往往是很少的,大多是时间货物停留在网络中的各个节点,如何使得快件在各个节点快速传递,实现天网、地网运输无缝对接,这就成为了节点作业流程改造中一个十分重要的课题。所以说对节点作业流程的改造不仅十分必要,而且其改造的好坏直接影响快件的投递时效。

顺丰的物流节点可以分为两类:一类是以人工为主,注重流程的快递点部和分部;另一类是以设备技术为基础的分拨中心和机场货运中心。点部即为顺丰的基层派送网点,是公司与客户直接接触的作业节点,其工作状况的好坏将直接影响着公司在消费者心中的形象,因此点部要严格执行标准化作业,切实为客户提供优质高效的派送服务,树立企业良好的品牌形象。而分部是由若干个点部形成的一个管理机构,主要负责对下属的点部进行日常管理工作,并不直接从事快件派送工作,可以说它并不是网络中快件必经一个节点,因此本章我们不将其作为研究改造的对象。分拨中心(中转场)是整个快递网络中最大的一个节点,也是最为重要的一个节点,每天这里有来自四面八方的快件在此分拣通过,其分拣效率和准确率直接影响着快件的投递时效性,因此分拨中心的作业流程改造将是我们本章研究的主要内容。根据调研获悉,机场货运中心主要是负责货物到达机场后上下飞机的装卸、违禁物品和异常快件的处理以及顺丰自有全货机的日常维护等工作,且空运的货物基本都与航班时间紧密配合,到场基本就通过自动升降台装卸上飞机,所以该部分的流程改造在此不做过多探讨。

通过对各主要节点功能的分析,本章节点作业流程改造主要是从点部作业方式和分拨中心作业流程两个方面优化设计,以实现货物在节点内的快速通过,天地无缝对接,网际和谐运作,最终实现快件通达天下!

5.1 点部作业方式创新举措

5.1.1 收寄点法提高派送效率

我们知道,快递的最终目的是将快件投递到收件人的手中,所以除了分拨中心和区部承担了集散的重任,各点部也发挥着至关重要的作用,而在点部投递快件的过程中却可能存在着因为收件人不在或地址信息不详等原因导致快递投递失败,这造成了直接成本的浪费。对于有些地方的投递,顺丰并没有设立专门的、以店面形式存在的点部,而是靠一辆小型货车等候收件人来取件。我们不难看出这种方式的缺点所在:首先,货车停靠位置难以固定,对每次上门取件的用户要详细说明地址;其次,收件人取件的时间分散,货车要长时间等候,是对运力的一种浪费。

针对这些状况,我们查阅了国外的一些文献,发现当出现类似的情况时,国外一些快递如 DHL、TNT 等采取了设置收寄点法(Collection and Delivery Point,CDP)的方法。我们暂且将 CDP 称作收寄点法,它的主要功能是从快递公司处收取和存放快件,但并不代表快递被签收,而是由收件人上门取件选择签收或者退件。一般而言,CDP 主要是为首次投递失败而设计的解决方案,当首次投递失败后,快递公司将包裹放在客户附近区域的某个固定地点,通常优先选择社区超市、学校、加油站、车站等客户路过概率较大的地点。研究表明,网络购物者相对更愿意通过附近的服务点完成配送,五分钟车程似乎是最佳的自提点辐射范围。而且,CDP 还降低了将包裹返回而导致的丢失或损坏的风险。

对于顺丰公司自身来说,我们可以将 CDP 的应用扩大化。也就是说,不单单把它作为快递投递失败的备选方案,而是在一些不适合当面投递的特殊地点,如大学、村镇周围设立一个 CDP。需要注意的是,这些 CDP 并不是加盟成为经营网点,而是仅仅承担帮助收件人暂存快件,适用于末端快递,而并不具备发出快件的功能。所以,顺丰公司只需与超市、居委会等一些设置 CDP 的地方建立合作关系。我们将设置 CDP 的优点概括如下:

(1) CDP 于顺丰公司。设置 CDP 只需花费一定的费用就可帮助公司节省大量的时间、运力和人力资源,同时也大幅避免了快件的失败投递。

(2) CDP 于客户。可以更加灵活,选择时间充裕或者顺路时上门取件,避免因错过快递而要花费更长的时间去分部取件。同时 CDP 的设立将更好地服务于一些一般网点难以覆盖的村镇地区的客户。

(3) CDP 于合作方。可以给超市、商店、车站等带来客流,形成额外的购买力,从而和顺丰形成一种共赢的合作关系。

只有最终收件人将快递签收,我们才能认为顺丰"三网"良好地发挥了它的作用,而快速对接、准确投递将是"三网"不断追求的目标。

5.1.2 电子打单提高分拣效率

通过调研了解到,目前顺丰大部分快递运单都采用寄件人手写的方式,为了便于之后的分拣,收派员会根据寄件人填写的地址用记号笔在运单上写一个三位数的城市代码,如合肥(551),目的是在分拣过程中帮助分拣员按照代码进行粗分,免去因查看详细地址造成分拣效率降低的后果。而按点部对快递进行细分时,则需要中转场经验丰富的老员工凭借准确的记忆对详细地址进行 A、B、C 等不同点部的划分,然后由货车将快件运往不同的点部进行派送。这就要求对运单填写和标注的字迹工整清晰,收派员、分拣员记忆准确。如果说收派员标注代码可以有较为充裕的时间去查询代码表,那么分拣员对运单进行快速细分时就只能依靠长久积累下来的经验了。

在了解以上情况后,我们根据现有的技术水平,提出了电子打单的方式改善目前的低效率分拣状况,我们将该系统称为智能化运单生成系统(具体运行过程详见第6章信息网部分)。并将该系统制成一个终端软件,客户可自行在电脑上安装该客户端,在线录入发货地址,并确认提交下单,系统将自行将运单信息反馈到点部的系统平台中,点部将运单打印出后,由收派员携带运单直接上门取货,客户只需在运单签字确认即可。这样不仅可以保证运单地址信息规范、工整、清晰,还大大提高了顺丰的收件服务水平,同时也为快件在分拨中心的快速分拣提供保障。

5.2 分拨中心作业流程改造——以深圳为例

5.2.1 深圳分拨中心现状分析

深圳一级分拨中心位于深圳宝安机场附近。从案例材料获悉目前深圳一级分拨中心的分拨场现有的资源(设备、技术、员工)大概如下:车辆、可移动伸缩式皮带机、皮带输送机、条形码技术、巴枪扫描仪、相关工员。以上也是国内一般快递公司采用的资源。分拨中心的流程是:人员从车上将货物卸到可移动伸缩皮带机上→皮带将货物送入分拣大厅的流水线(流水线采用的是皮带输送机)→流水线上员工按区手工分拣(拣选堆成堆)→巴枪扫描→装车(图1.5.1)。

目前深圳分拨中心主要采用人工分拣,由于生理条件等限制,人工分拣效率低、易出错。分拣过后才能分批手动用巴枪上传信息,从而造成信息滞后。2009年顺丰的年业务量已经达到3.1亿票,而且每年以50%的速度增长。业务量发展如此迅速,低效的人工分拣方式将很快会成为整个运输环节的瓶颈。但是人工分拣的成本却很低的。如果引用全自动分拣方式一次性投入成本过大,维修费用却高,且国内技术也不够成熟。综上所述,深圳分拨中心既不能采用人工分拣(低成本低效益),也不能一次性高投入进行大换血,即全部换成全自动化(高成本高效益)的设备。所以,必须采用一种更加合适的方法。

5.2.2 分拨中心改造内容

从案例前言中,我们获悉顺丰目前一级分拨中心已经配备了半自动化的系统。全自动化是不可能一次性投入的,所以只能对现有的分拨中心流程进行优化,充分利用现有的资源,并在部分区域引进先进的自动化设备来提高效率,降低出错率。寻求人工分拣与全自动分拣中间的平衡点。

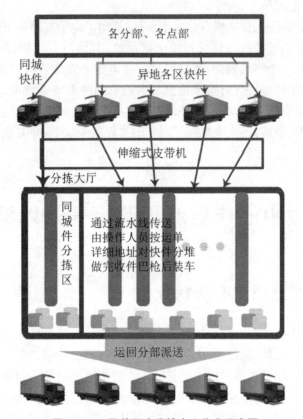

图 1.5.1　目前顺丰分拨中心作业示意图

5.2.2.1　人工分拣效率的改善

1. 合理规划流程，节约人力

已知，在货物到达分拣大厅后要经过两次分拣，第一次是在主流水线上对货物进行区部的粗分。但这个过程会占用分拣大厅大量的面积及传送带资源，且耗费大量的人力。但是对货物进行第一次区分在分拣大厅外做好是完全可行的。在收派员上门取件后在点部就可以按华东、华南、华北、港澳台及同城件等对货物进行分类（图 1.5.2）。装车时注意货物堆放，使各区的货物码放在一起。这样，当货车到达分拣大厅时就可以按照不同分区将货物分别卸在各条流水线上，也就是说，一条主流水线上的货物都是一个区部内的，因此，在主流水线上就可以把快件按分部分成堆，从而节省人力与设备资源。

2. 彩色运单提高分拣效率

科学研究表明，人类肉眼可以识别的可见光颜色为红、橙、黄、绿、蓝、靛、紫等七种基本色，以及这些颜色的中间色，大约有 160 种颜色。已知目前顺丰公司分拣是通过对不同的地址标注代码，由分拣员按照代码分拣，而色彩对分拣人员视觉的冲击显然要比运单上的详细地址代码强很多，因此，在如深圳这种大型分拨中心及中转场高效率的对包裹进行粗分时，我们可以将区域代码按照地理位置及货运量划分成若干个区段，比如杭州及其周边城市和深圳及其周边城市则应该在两个不同的区段内，它们的运单也会用两种不同的颜色代表。

尽管分拣人员极短时间内凭肉眼只能识别出大概十几种颜色，我们的区段不可能分的太多，但是在一次分拣过程中，色彩订单相当于帮助分拣员过滤掉了大部分的快件，这样，分拣员不必去仔细观察每个快件，只需将目标集中于自己负责代码所在区段的快件就可以了，同时因为长时间查看外观相似的数字代码产生视觉疲劳或注意力下降的情况也会得到缓解。彩色运单由点部智能化运单生成系统生成，在收派员上门取件时就可以贴在包裹上，因此也不会浪费太多时间（图 1.5.3）。

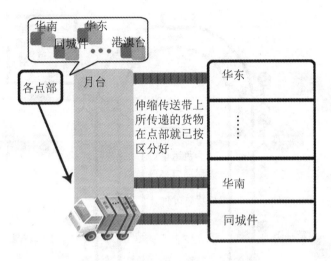

图 1.5.2　快件提前分区操作示意图

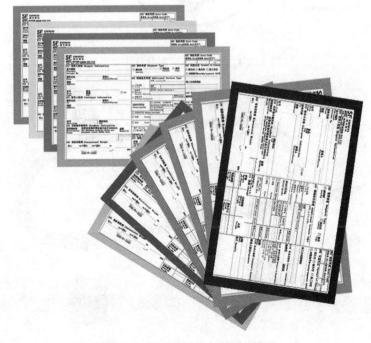

图 1.5.3　顺丰采用的色彩运单模型

3. 环状流水线降低出错率

根据案例提供的信息来看，员工站在流水线两边对包裹进行分拣，所采用的应该是直线传送带。如果采用环状流水线，当发生分拣人员错拣或漏拣的情况时，可以及时改正，因为货物会在流水线上循环运动，只要分拣人员将分拣错误的货物重新堆放在传送带上，货物必然会经过正确的分拣地点，从而被准确拣选（图 1.5.4）。同样的，漏拣的货物也会在传送带上循环运动直到再次被正确分区拣选。利用了 Flexism 仿真软件进行了简要模拟（图 1.5.5），

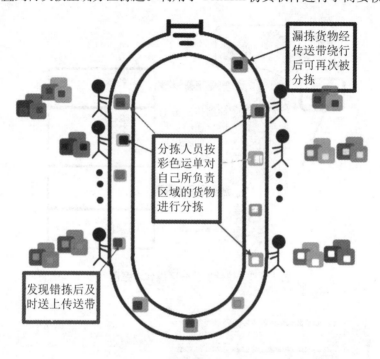

图 1.5.4 分拨中心环形分拣作业平台

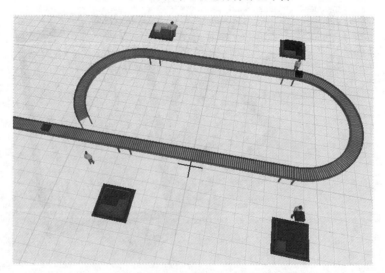

图 1.5.5 分拨中心环形分拣作业简要模拟图

由于实体数的限制,只安排了四名工作人员。

5.2.2.2 逐步采用全自动分拣

1. RFID 的标签部分投入使用

RFID(Radio Frequency Identification)标签的含义是利用无线电波对记录媒体进行读写,该项技术在国外已经比较成熟,可以采取引进的方法获得。RFID 的使用领域包括物料跟踪、运载工具和货架识别等要求非接触数据采集和交换场合,要求频繁改变数据的场合尤为适用。而快递行业就属于这一场合。货物在运输和集散的过程中需要不断改变数据,时时跟踪以方便查询。最大好处就是可利用全球定位系统进行跟踪。RFID 标签的应用是物联网技术的重要体现。

尽管一个 RFID 标签成本并不低,但射频识别技术已经是物流行业发展的趋势,国家在"十二五"物流技术与装备规划中明确提出今后应在物流标准化、物联网技术等方面予以重点发展,应结合我国实际,在物流智能化、自动化方面加强研究,开发一些实用新型技术,切实提高物流运作的效率和准确性,提高物流服务水平。无论是从外部环境还是从内部需要来看,顺丰的网络想要更高效,RFID 标签的引进是必然的。由案例中我们获悉公司必将向全自动化的分拣系统转变,所以新设备技术的引进必须立足于长远,这些新设备在未来仍具有利用价值。公司现有的自动识别技术是条形码技术,条形码技术在顺丰的分拨中心中已经得到广泛而且成熟的利用,但条形码技术必须与手持终端识别,与人工相结合。但将条形码技术完全舍弃也是不可能的,所以我们决定在原有条形码技术的基础上,部分引用 RFID 标签。我们将从两个方向上考虑降低 RFID 标签投入使用的成本。

(1) 对零散的货物进行整合包装,对整合后包装使用 RFID 标签。在对包裹装车时,大小包裹一定存在合理的顺序,这样才能充分利用货车车厢,对快递包裹分拣流程改进后,我们应该在每一条环状主流水线上对每个区的包裹进行细分,挑选出小型包裹、信函等按省分类,整合于大箱子里。这个箱子的材质应该相对结实可靠且能够重复使用,用来贴 RFID 标签,这样,发往同一个方向上的一些包裹就可以使用同一个 RFID 标签,这样一来有两个好处,一是大大减少 RFID 标签使用的数量,二是由于一个 RFID 的标签包含的是整合后包裹的信息,客户的隐私也将受到保护。

 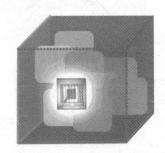

图 1.5.6　电子标签及镶嵌于箱体中示意图

(2) RFID 标签重复利用。一项由可重复使用包装协会(RPA,该协会是促进使用可再用包装的行业组织)发起的研究发现,一次性射频识别标签可以在使用一次后多次使用。如果使用较为坚固的包装材料,会对RFID标签有很好的保护作用。这样就能重复使用RFID标签。因为我们设计对顺丰公司整合后也就是按省分装的包裹使用RFID标签,这种坚固的包装,材料循环使用是完全可行的,同时它也更加适合在货车中堆码。

2. 自动分拣系统逐步引进

我们的优化不能只立足于一个分拨中心,要考虑到多个分拨中心的相互配合。尽管我们在华南区分拨中心优化中,把中小包裹按省分类、整合并贴标这一过程看似没有提高时效,但是货物在到达下一个分拨中心时,可以添加自动分拣设备。RFID标签带来的好处不只在于信息的快速更新与传递上,分拣过程中,配合RFID标签识别器,感应到货物即将通过时,计算机就可以做出反应,调整传送带运输方向,使货物进入岔道,即录有相同信息的货物会走上同一条传送带支线,从而被自动分拣到一起。这样将节省大量的人力。而货物由一级分拨中心被分拣出来运输到二级分拨中心(省级分部)这段时间,也不需要人工对每一个货物进行巴枪扫描,因为RFID标签可以及时跟踪货物动向。

因为自动分拣设备是针对整合后贴上RFID标签的货物进行分拣的,并不包含所有包裹,所以一次性投入不会太大。毕竟由人工分拣到全自动分拣不是一个一蹴而就的过程,需要进一步改善。对于那些未被整合的包裹(体积较大、形状特殊),在快递过程中还是需要人工分拣、巴枪扫描的。

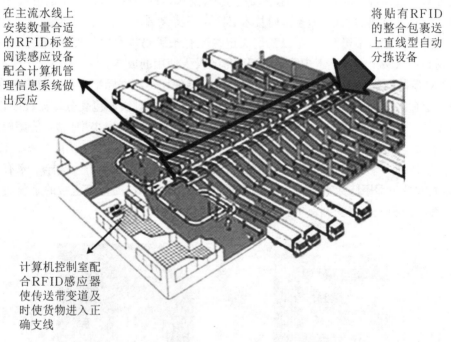

图1.5.7 基于RFID的分拨中心作业模式

5.3 快速"集散"实现天地无缝对接

分拨中心流程改造是实现天地良好对接的一个重要保证,它是航空网络运输和陆地运输的一个集散点,各分部、点部将汇集的货物全部运到分拨中心,然后按照去向快速分拣归类,减少货物在分拨中心的滞留时间,并通过条码技术和RFID技术快速读写快件信息,传递到顺丰统一的新EMAP专业平台上,通过先进的智能运输调度系统,为货物安排最优点运输方式和路线,并通过GPS对货物在运输过程中全程监控,一旦发现情况,就会通过MRS系统发出预警信号,及时改正。当货物到达目的地分拨中心时,进行分拣快递,并装车派送到客户手中,这一系列的过程都需要分拨中心快速、准确的发挥作用,实现"集"与"散"的有机结合(图1.5.8)。

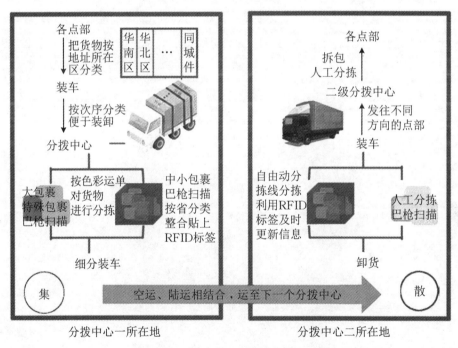

图1.5.8 分拨中心的"集散"配合模式

5.4 本章小结

由于物流网络由网线和节点两部分组成,而节点内的作业流程运行状况,将直接影响到货物在节点内的滞留时间以及能否实现天网、地网之间的无缝对接,所以说对节点作业流程的改造是十分必要的。本章分别探讨了派送过程中收寄点法(CDP)和分拣过程中电子打单两种作业模式,分析了其运作原理及适应性问题。并以深圳一级分拨中心为例,提出其作业流程改造的具体方案,以期对其他分拨中心的运营起到很好的借鉴作用,最终通过各个分拨中心的快速"集散",真正实现天地无缝对接的目的。

第6章 顺丰信息网——信息流领跑实物流

快递业有两个基本的特点：一个是快件运转的速度快，另一个是对快件进行全程跟踪为用户提供服务，即速度与服务是快递企业的生存之本。业务之所以能快速运转，能在最短的时间内为用户提供点对点的服务，一个很重要的因素就是需要强大的信息系统作支撑，而且信息流必须领先于实物流。实物流在运转的过程中，信息系统如果不能对下一个环节提供前置信息，下一个环节就很难及时有效地调配资源，如调配航空、车辆等运力资源以及人力资源为实物流流向接下来的环节做好准备。客户之所以选择某一家快递公司，除了速度与价格上的因素之外，另外一个重要的因素就是高质量的服务，而强大的客户管理系统是快递公司提升服务质量的唯一选择。同时，信息系统是快递公司运作效率的保证，快递物品在运输过程中希望以最高效、最经济的方式流向下一个环节，如果不能提供及时有效的实物流信息，就有可能造成公司资源的浪费或者是造成快递物品投递时效水平的降低。

6.1 信息网现状分析

在顺丰内部，支撑快递业务正常运作的信息系统多达40余个，相关IT规章制度达数百项，IT应用流程超过一百个，由近300名全职IT人员组成的资讯科技本部承担着为顺丰掌管IT系统的重任。

顺丰目前涉及的业务管理系统大体可以分为四类：营运类业务管理系统，主要包括资源调度系统（SCH）、自动分拣系统（ASS）、第二代手持终端系统（HHT）、路由系统（EXP）；客户类业务管理系统，包括呼叫中心系统（call center）、客户关系管理系统（CRM）；管理报表系统以及综合类管理系统。顺丰一直十分重视信息系统开发和应用，近年来，顺丰与IBM公司紧密合作，由IBM做出全景信息规划，构建集群式服务器，搭建统一的数据仓库，建立数据分析平台（OLAP），可以同时对接支撑多个业务信息的运行。每个业务管理系统，根据不同部门的业务需求、针对不同的对象，进行相对独立的运营。多个业务系统，形成了顺丰公司的IT信息循环网络，支撑了高效率、信息化的顺丰服务。其中最具有代表性的有ASURA（阿修罗）营运系统、EMAP（电子地图）系统及RMS（风险管理系统）。

应该说顺丰现在已经形成了一个相对完善的信息系统网络来支持公司业务的运营，但是随着公司业务的不断发展，客户个性化需求水平的提高，系统的问题也在不断暴露出来，新的信息系统挑战又摆在了顺丰科技团队的面前。由于在构建信息系统时缺乏前瞻性和全局性,现有系统的可扩展性较差,顺丰每天都有几十个功能不同的系统在同时运作,某一系统产生的数据可能是另一系统所需要的,而当某一个系统变更时就会引发整个信息系统或某些信息系统较大范围的修改。各个子系统间的运行并未形成很好的协作,由于数据接口过多,极容易造成信息孤岛,降低快递投递的时效性和准确性。另外总部统一管控与分部个性化需求的矛盾也日益凸显。纵观顺丰目前的信息网,我们将当中的主要问题归纳在图1.6.1中。

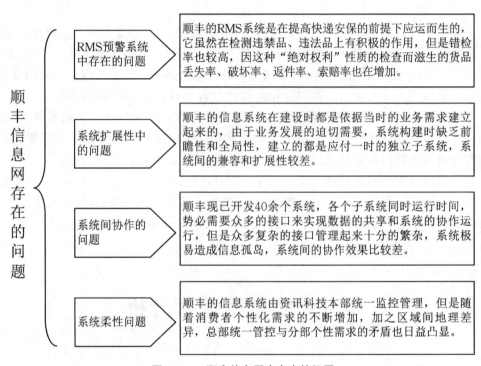

图 1.6.1　顺丰信息网中存在的问题

6.2　信息网优化战略方向

信息系统的构建和优化是企业的一项长期战略任务,需要从企业全局以及未来的发展着手设计。通过以上对顺丰信息网问题的总结,我们可以深刻地体会到,顺丰信息系统的构建还是比较全面的,各个子系统也能有序的运营支撑业务的正常开展,但是功能系统间的协作性较差,没有形成一个完整系统的统一整体,系统间兼容性有待进一步提高。因此,我们就可以明确未来顺丰信息优化整合的目标就是优化升级融合系统平台,建立一个统一完整的信息网来支持天网、地网的有效运行,实现信息流领跑实物流,减少各作业环节的等待时间,减少货物延迟,保持和提高顺丰的时效性,提升企业服务质量。

6.2.1 信息系统模型及其比较

随着互联网技术的不断发展和各种物流技术的日益成熟,信息系统因为信息组织方式的不同,其模型也是各种各样,但无外乎都是充分利用了 Internet、Intranet、EDI、数据库等信息处理技术,并结合自身的业务需要来构建系统功能子系统的。下面我们将介绍两种目前比较通行的信息系统组织模型,分析其优劣势,为我们对顺丰的信息系统优化做个参考。

6.2.1.1 基于 Internet/Intranet 的物流信息系统支撑体系

基于 Web 的信息系统采用 Browser/Server 模式的信息体系结构,建立在以 Internet/Intranet 技术核心,以 Web 技术为基础的集成环境之上(图 1.6.2)。它基于网络对象超链技术,能成功地访问各种服务器一级数据库和其他文件系统。

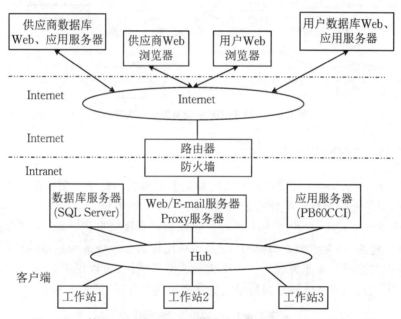

图 1.6.2　基于 Internet/Intranet 的供应链管理信息组织与集成模式

6.2.1.2 基于 EDI 的物流信息系统支撑体系

在供应链的应用中,EDI 是供应链企业信息集成的一种主要工具,一种在合作伙伴企业之间交互信息的有效技术手段,特别是在全球进行合作贸易时,它是在供应链中连接节点企业的商业应用系统的媒介。通过 EDI 可以快速获得信息,提供更好的服务,减少纸面作业,更好地沟通和通讯,提高生产效率,降低成本,并且能为企业提供实质性、战略性的好处,如改善运作、改善与客户的关系、提高对客户的响应、缩短事务处理周期、减少订货周期、减少订货周期中的不确定因素,增强物流中心的核心竞争力。但是 EDI 信息系统投资较大,所以只有当物流企业发展到一定程度,具有相当规模和足够实力时才能真正地构建起来(图 1.6.3)。

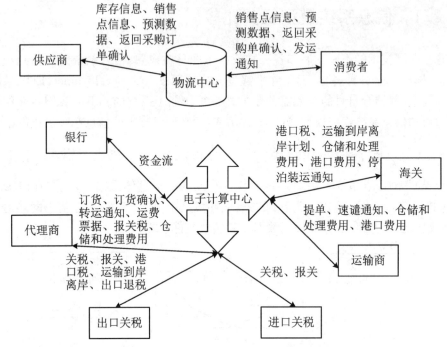

图 1.6.3 基于 EDI 的信息组织与集成模式

6.2.1.3 两种模型的优劣势比较

基于 Internet/Intranet 的信息系统结构和基于 EDI 的信息系统结构在企业中都是较为普遍采用的,只是一个是在中小型的企业采用较多,一个在大型企业采用较多。对于那些刚起步不久,企业规模较小,资金实力不强的企业如果要实现信息化管理,通常都是采用第一种模型起步构建的,而对于第二种模型,则是相对比较繁杂系统的信息系统组织模式,它将与企业业务有关的所有企业集成了一个庞大的企业系统网,可以说更是一个供应链企业的信息系统。下面我们将具体的对两种模式的优劣势进行分析,见表 1.6.1。

表 1.6.1 两种模型优劣势比较

模型名称 \ 比较内容	优势	劣势
基于 Internet/Intranet	系统开发灵活多样,投资较少,易于实现,收费标准低,宽带高	提供的服务有限,且系统安全性低,系统整体性不强
基于 EDI	内容丰富,能为客户提多种服务,系统安全性强,使用效率高,节省费用	构建投资大,系统相对封闭,建设周期长

通过表 1.6.1 的优劣势分析,我们应该可以看出两种模式各有千秋,且优劣势互补,所以对顺丰的信息系统结构设计应该是综合这两种模式的有利之处,既要采用 Internet 的开放性,便捷性特点,也要充分利用 EDI 的供应链信息组织模式,将与企业相关的企事业单位全面纳入到顺丰的信息网络中,加强与上游供应商、下游客户、民航公司、报关企业和海关的

联系,实现业务运行的一条龙式作业。

6.2.2 信息网优化方案

通过对上述模型的分析,我们已经明确了顺丰信息网络的组织模式,下面在对顺丰信息系统功能子系统及组织层次进行具体分析的基础上,结合 Internet/Intranet 和 EDI 模型提出顺丰信息网的优化方案。

6.2.2.1 系统优化的内容

快递企业的客户具有分散可变的特点,投递工作要求由各个地区的分公司和分拨中心具体执行的。快递的这种作业方式也就决定了顺丰的信息系统应是分散布置的,纵向上的层次性和横向上的交错性特点明显,下面我们将从这两个方向对顺丰的信息系统进行优化设计。

1. 顺丰信息系统的构成

由于快递中心信息系统是为快递管理决策服务的,因此,按照快递中心的管理层次,可以把信息系统纵向分为战略计划、战术管理和作业处理三层子系统,如图1.6.4所示。

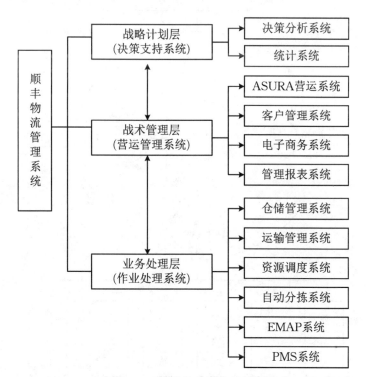

图 1.6.4 顺丰信息网构成内容

战略计划层的设计目标是在对快递中心日常运作情况和相关外部信息进行分析的基础上,应用模型进行分析和模拟,对中心内的业务进行全面评价,制订综合资源配置方案,同时进行科学合理的预测,明确业务发展的目标和经营战略,以辅助高层管理人员制定长期的策略。其信息管理的内容包括:环境信息、预测信息、模型信息以及仿真结果分析与战略计划。

战术管理层的目标是通过对日常运作信息的概括、集中、比较和统计分析,对各项活动进行绩效考核,以供中层管理人员根据实际情况编制或修订作业计划。其信息管理内容包括:成本的审核与结算,客户关系信息的管理与分析,运输调度计划与管理,库存计划与分析等。

业务处理层人员使用的系统,支持日常的业务处理。其目标是进行日常作业组织,合理地规划和利用快递中心的资源,向上层提供必要的管理数据。其信息管理内容包括:单证信息的传输处理与监控,价格的确定,设备信息的维护与利用,包装及流通加工规划,出入库信息管理,货物状态信息追踪与查询,财务信息及其他信息的管理。

2. 顺丰信息系统组织层次

正如上面分析的,快递企业信息系统的分散性,决定顺丰信息系统的组织维护运行不是单靠哪一个部门完成的,要以集团本部的统一管控和各区部、分部及点部的有利配合共同完成。因此,优化后的信息系统强调资讯科技本部、分部系统主管部门的通力合作,既要是实现本部的统一领导,实现信息的高度集中管控,又要满足各地区的个性化需求,实行分层组织管理。

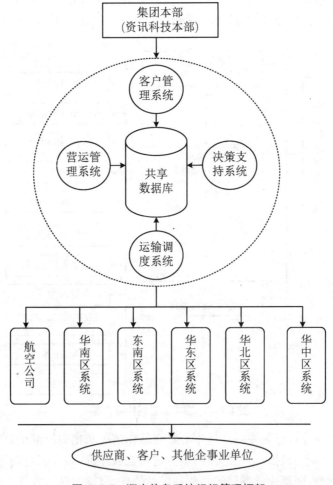

图 1.6.5 顺丰信息系统组织管理框架

6.2.2.2 基于 Web-EDI 的顺丰信息网络模型

上述分析已明确顺丰信息网的优化方向是 Internet/Intranet 和 EDI 模式的结合,结合天网、地网优化的契机实现顺丰内部系统的优化升级,打造一个柔性更强的顺丰信息新网,于是我们提出了基于 Web-EDI 的信息系统模型。

我们把公司内部的众多功能子系统进行整合优化升级,并通过 Intranet 加强各部门、本部与区部的联系,实现信息的高度共享和实时交换,建立企业内部的 EDI 系统。另外,通过 Internet 实现顺丰的 EDI 系统与各相关企事业单位的 EDI 的链接,构建一个供应链形式的企业信息网络,实现信息的快速传递和处理,提高系统的运行效率。

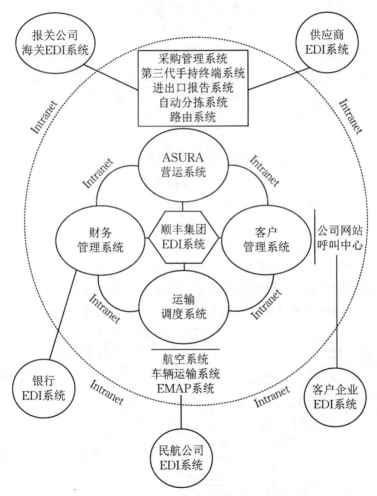

图 1.6.6 基于 Web-EDI 的顺丰信息网络模型

6.3 信息网优化升级的实现

综合以上内容,我们已经明确了顺丰信息网的优化方向以及升级后的信息系统模型结构。下面我们将在顺丰现有系统的基础上,利用目前比较成熟的物流技术,来实现相关系统的整合和优化升级,为顺丰打造一个信息集成处理能力更强的信息网。

6.3.1 战略层——DSS 决策支持系统

著名的管理学家西蒙曾经说过:"企业的管理就是决策",决策确实是管理的中心环节,尤其是客观环境的巨大变化,使企业进入了"战略至胜"的时代,决策正确与否,对企业经营起着至关重要的制约作用,这是企业的大脑。我们把决策活动看成是一个系统,决策活动是由许多人和机构分工完成的,存在于一定的时间和空间内,是运动着的,有输入、处理和输出三个基本过程。

决策支持系统的输入信息一般是来自企业外部的国家、地方政策、市场环境信息、行业发展动态等,以及企业内部的经营状况表、财务报表等。这些信息经过决策支持系统的处理,最终输出一个比较满意的方案。在这个过程中,位于中间的处理系统是尤为重要的,现代企业决策一般是采用人工智能和专家系统来实现的,当然企业的决策类型也是纷繁复杂的,有结构性的决策、非结构性决策、半结构性决策,决策的过程不能一刀切,虽然决策支持系统能够较为科学给出最优的决策方案,如对于结构性决策,往往是不需要人工过多的参与即可得出满意的结果,但是对于非结构性及半结构性的决策由于受到地域文化、消费习惯等众多不确定因素的影响,决策支持系统也只是提出一个概念的模型,输出多个备选方案,最

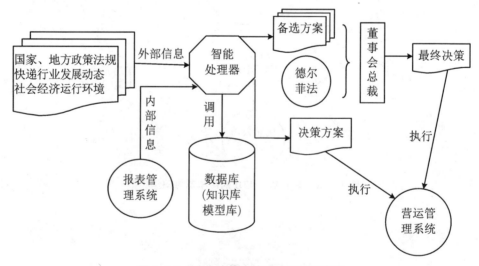

图 1.6.7 顺丰决策支持系统运行示意图

终需要企业董事会等高管人员最终的决断。

决策支持系统的核心就是当中具有一个能够模仿人脑逻辑思考的模型,将公司多年积累的决策信息输入系统,形成推理模型。另外,再加入专家系统,将有关领域专家的知识和经验输入系统,建立知识库,当企业需要决断时,将决策的原始数据输入系统并进行复杂的推理,最终得出较为科学的决策方案。

6.3.2 战术层——新 ASURA 营运管理系统

营运管理信息系统即完成顺丰快递业务管理的系统,是现实顺丰对客户高时效、优质服务的保证。它是一个建立在战术管理层的系统,具有承上启下的作用,执行战略层的决策方案,对公司的全部业务实行系统管理,全面覆盖营运过程中的全部部门和各个环节,因此其优化的好坏直接决定顺丰的业务发展。鉴于该系统的重要性及其特点,我们在分析了顺丰现有运营功能子系统的基础上,提出了基于 ASURA(阿修罗)系统的运营管理系统整合优化设计方案,将与业务管理相关客户关系管理系统、财务系统、电子商务系统、呼叫中心系统等功能模块有效地结合起来,建立一个功能更为强大的新阿修罗系统。

新 ASURA 系统是一个主要处理客户业务的系统,客户首先通过顺丰网站、专用客户端及呼叫中心询价和下单,订单信息将直接传输到顺丰数据库系统中,ASURA 处理中心对其做出快速响应编订客户 ID,并回执给客户,客户通过顺丰的财务系统进行付款,并建立相应的客户财务数据库。见图 1.6.8。

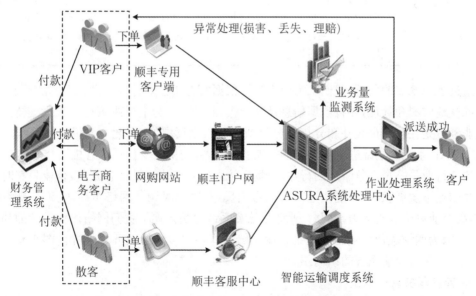

图 1.6.8 顺丰新 ASURA 系统信息流程图

1. 业务量监测系统

业务量监测是企业的一项重要活动,它集中反映了企业的业务发展状况,是企业制定战略发展决策的基础性活动。在当今激烈的市场竞争中,一个战略决策的失误,都会严重影响企业经营和发展。特别是对于快递企业件小量大的业务特点,及时准确地对业务量进行监测,并对相关统计数据进行系统管理,有助于企业及时掌握行业发展的动态,洞悉行业发展趋势,把握行业中的新变化和新机会。在对合肥中转场的调研时,我们发现顺丰业务量的监测存在点部和中转场重复统计的问题。通过研究分析,我们发现出现这一问题的主要原因在于顺丰公司没有根据快递业务量的独有特点建立起一套完善的业务量监测系统。由于快递企业日处理快件量大,为了充分利用企业的运输资源,快件基本上都需要经过多个节点分拣集中发往某一地区,所以整个快递投递过程中存在节点产生业务量和节点处理业务量两种不同的企业业务量类型。如点部主要是业务量的产生地,是企业利润的主要来源,而分拨中心(中转场)主要是处理来自于四面八方的业务量,其自身不直接为企业带来新的业务量增长,且各个分拨中心(中转场)统计的业务量存在重复。因此,优化构建顺丰业务量监测系统首先要明确两类业务量的特点,区别进行针对性的优化设计。表1.6.2对两类业务量进行了对比分析。

表 1.6.2　两类业务量对比分析

类别	监测部门	监测对象	监测方式	监测周期	监测目的
第一类系统	点部检测	点部收取的快件量	统计每天的业务量并反馈至分部,由相关行政部门统计分析后提交到区部	每日监测,每日统计汇总,按日逐级上报	掌握企业业务发展状况,便于企业整体运输网络的优化调整
第二类系统	中转检测	分拨中心及中转场处理的快件量	统计每天的业务量并反馈至区部,由相关行政部门统计分析后提交到总部	每日监测,每日统计汇总,按月逐级上报	掌握节点的处理能力,便于企业调整运力安排和分拣设备购置完善

通过表1.6.2的分析,我们认为顺丰应该根据两类业务量的特性设定不同的渠道,有计划系统性地监测和管理,并将数据信息及时上报相关部门,为上层决策提供数据支持。由于两类业务量是在收派员收件和分拣员分拣或门禁自动读取的,因此业务量监测系统应该是在新EMAP系统的基础进行功能延伸拓展实现的,并与决策支持系统有机结合。

快递行业是一个竞争激烈的行业,市场环境的发展变化也是瞬息万变,企业只有时刻监测自身的业务发展状况,才能快速对市场做出反应,并及时调整网络布局,完善基础设施设备,提高企业风险应对能力。同时,业务量监测系统也是体现了我们网络优化设计的动态设计理念,因为网络优化调整的前提是企业能够掌握各城市间的业务量情况。图1.6.9所示的是顺丰业务量监测系统的结构图。

2. 客户服务管理系统

本系统结合顺丰实际情况及常规客户服务需求进行设计,具体功能如图1.6.10所示。

(1) 电话接单:客户通过拨打4008111111,电话联系呼叫中心下单。

(2) 托运单查询:查询有托运单状态。

(3) 在途查询:查询货物运输途中状况。

(4) 定制查询:按照客户的要求选择查询内容。

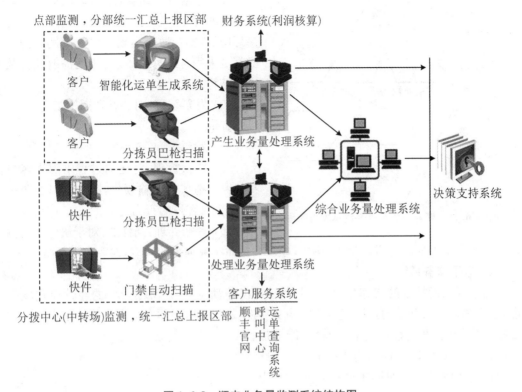

图 1.6.9　顺丰业务量监测系统结构图

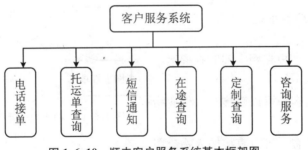

图 1.6.10　顺丰客户服务系统基本框架图

(5) 咨询服务：在线解答客户在物流活动中的疑难问题。

(6) 短信通知：货物到达可以以短信的方式通知货主，可以定制短信发送内容、发送策略。

3. 财务管理系统

由于目前物流公司财务方面的管理软件发展水平比较成熟，大多公司都采用外包的方式设计，本系统在该模块上的改进基本与同类软件功能保持一致。顺丰财务管理系统（图 1.6.11）的功能如下：

(1) 客户费用结算：客户费用可以采取每次结算的方法，也可以分段（按月）结算，对那些特殊的客户，还可以按月度分费用类别进行部分结算。

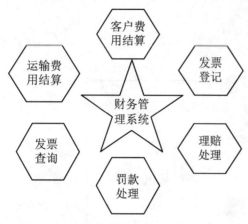

图 1.6.11 顺丰财务管理系统基本框架图

（2）运输费用结算：顺丰运输资源一般都是自有的，但是航空运输部分还是采用与民航签订协议，实行散航运输。付款给民航公司一般都是采用月度计算，或者年度提前预支及年度总结算。

（3）发票登记：对各种费用发票进行登记，以便查询。

（4）发票查询：查询发票的明细信息。

（5）罚款管理：对运输过程中因为客户自身的原因造成的运输损失，顺丰可以按照一定的规定，对客户的行为处罚。

（6）理赔处理：同样的，对于快件在运输过程中因为顺丰的原因造成的货损、丢失，顺丰要按照实际损害的程度，对客户进行赔偿。

4. 电子商务系统

由于互联网技术的飞速发展，网上交易得以蓬勃发展，BtoB、BtoC 的经营模式风起云涌，越来越多的人开始通过网络进行购物交易，但是其背后必须有强大的物流配送体系作为支撑要素，为了满足客户网上交易后，能够最快的取得自己心仪的货物，构建一个能够快速响应的电子商务系统对顺丰开拓新业务尤为必要。通过对顺丰门户网站的功能分析可知，对顺丰电子商务业务进行一定程度的完善势在必行。顺丰电子商务系统（图 1.6.12）的功能如下：

（1）实时查询：客户在网上实时查询运输情况和账单。

（2）清单录入：客户可以直接录入作业指令单，订车单。

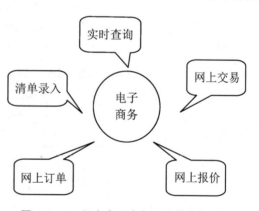

图 1.6.12 顺丰电子商务系统基本框架图

（3）网上清单：客户可以直接输入物流服务的需求，信息反馈——客户对物流服务提出建议或者诉令。

（4）网上报价：客户可以在线发出询价请求并得到报价回复。

（5）网上交易：物流服务项目的在线查询、交易撮合和电子签约。

5. 呼叫中心系统

呼叫中心系统，主要完成客户下单，客户快递物品状态查询接入功能。当客户需要寄送快递物品时，拨打顺丰速运全国统一服务电话 4008111111，顺丰就会在一个小时内完成上门收取快递物品，当用户需要用电话查询快递物品是否已经投寄到指定的收件人时，或查询快递物品已经到哪个位置处于何种状态时，接入该服务所用的系统就是呼叫系统（图 1.6.13、图 1.6.14）。呼叫系统采用分布式结构，分部部署在全国 40 余个重点城市的呼叫中心内，其中最大的呼叫中心在合肥和成都。

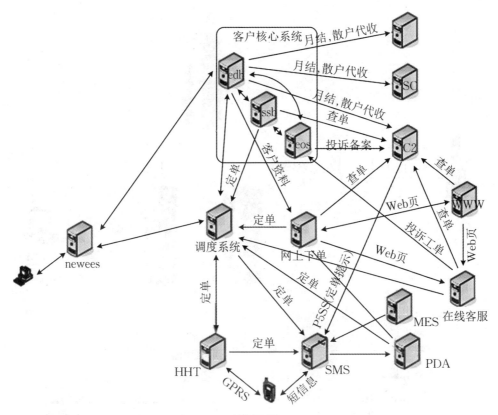

图 1.6.13 顺丰呼叫中心系统信息流程图

6.3.3 业务层——智能化运单生成系统

作业处理系统是完成客户快件传递的实际操作系统,是顺丰实现快速、准确、安全投递的保证,对顺丰来说,是一个非常重要的系统,是一切工作的最终落实点。当营运管理系统完成客户订单的管理之后,接下来就是收件员上门取货,汇集到点、分部,并转运到区域分拨中心,通过分拣系统,快速读取所收集到的信息,传递到 EMAP 信息平台上,按货物的流向分拣完毕,并通过运输调度系统合理配置运输资源,快速疏散分拨中心货物,最终送达到客户手中。

6.3.3.1 智能化运单生成系统

正如我们在点部作业方式改进中所提及的电子打单,它主要是基于智能运单生成系统来进行操作的,也就是说,在每个点部配备计算机,安装一个软件终端,这个软件将以庞大的数据库系统为支撑,数据库内容包括顺丰全国可派送范围内的详细街道、小区等以及它们所在地区的代码和所属点部的划分。客户寄件时可以通过在分级下拉选单中选出收件地址,如有更详细的地址可以手工填写,但这已经不影响点部划分了。客户在计算机内确定地址的同时,计算机会自动匹配出一个形如 000A 的代码来,000 即为顺丰编制的城市及地区代

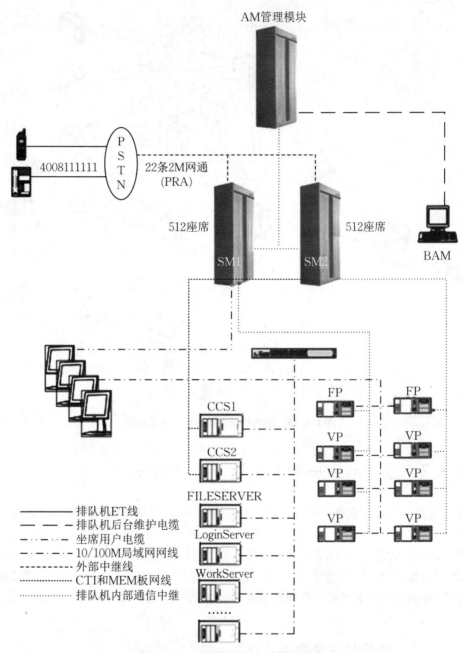

图 1.6.14 顺丰呼叫中心整体结构图

码,A 为该地区点部的代码,并根据代码为运单分配相应的颜色(关于彩色订单,我们已在分拨中心改造中加以详细阐述),复写打印三联运单。为了便于分拣,我们可以将第一联作为快递公司联便于打印机彩打,第二、三联分别是收件人联和寄件人联。我们使用 Microsoft Access 软件,建立了一个小型的数据库来实现对这个系统的简单模拟。该数据库包含一个窗体和多张表,窗体界面及其简要说明如图 1.6.15 所示。

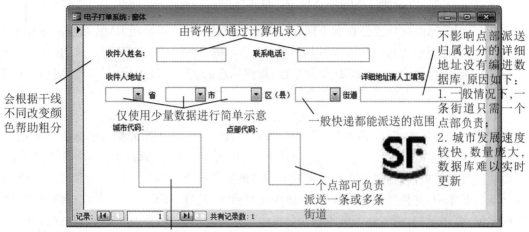

图 1.6.15 顺丰智能化运单生成系统窗体说明

该数据库基于省、市、区、街道等数据表,确定它们之间的一对多关系,配合简单的命令,能使窗体根据收件人地址的不同显示出分拣时所需要的城市代码及点部代码。在此我们只简单设置了填写收件人信息的文本框,寄件人亦可采用同样的方式填写。

图 1.6.16 顺丰智能化运单生成系统窗体截图

建立电子打单系统的目的是为了使运单更加规范化,填写清晰明了易于辨认,计算机自动填写城市代码和点部代码简化分拣作业流程,节约人力,提高分拣效率。

一旦完善的电子打单系统建立后,除了客户上门寄件时使用,公司也可开发企业、家用计算机以及移动设备的客户端,使客户可以在线下单,由点部工作人员确认后打印运单,并携带运单上门取件,经寄件人签字后方可生效。

6.3.3.2 条形码、RFID、GPS、GIS 四位一体的新 EMAP 系统

新 EMAP 系统的概念是在顺丰现有的 EMAP 系统、分拣系统和 RMS 系统的基础上提出的,它是利用目前比较成熟的四种物流技术(条形码、RFID、GPS、GIS)合成的,实现三种系统的完美融合,提供统一的系统作业平台,加强信息的实时交换处理,减少信息接口,避免信息孤岛,实现功能系统间的有效配合。

如图 1.6.17 所示的新 EMAP 系统信息流程图。快件的信息读取采用条码技术和无线射频技术相结合的方式,条码是人工使用巴枪扫描读取,RFID 则事先把电子标签嵌入箱中,而把阅读器安装在门禁上,当快件到达分拨中心时,利用伸缩传送带,通过 RMS 门禁时,一方面快速自动读取信息,另一方面也完成了快件的安全检查工作。同时,将相应的信息收集到共享数据库中,并传递到的 EMAP 系统作业平台上,通过 GPS 和 GIS 实现对快件的三维坐标定位、直观管控,清楚地了解货物在分拨中心内流动的位置,以及运输途中状况,并实时更新数据,传递到门户网的查询系统、专用客户端和呼叫中心,为客户提供便捷的查询服务。另外,新 EMAP 系统提供良好的系统接口,当货物分拨完毕,通过运输调度系统,根据货物所处位置及发往地区,提出最优运输安排,利用 GPS 实时跟踪,一旦发生运输错误,RMS 系统立即发出预警信号,及时纠正,切实维护客户利益。

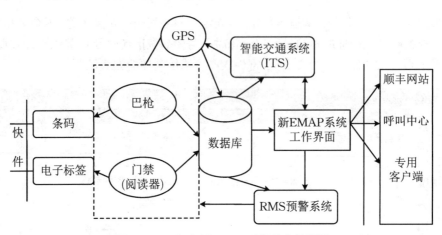

图 1.6.17　顺丰新 EMAP 系统信息流程图

6.3.3.3 智能运输调度系统

快件的空间位置转移通过运输来实现的,顺丰的交通运输工具主要是飞机和汽车,顺丰自有营运车辆 4 千台,全货机 11 架,另外还与多家民航公司签订了散航运输协议,这么多的运输资源分布在全国各地,形成顺丰庞大的运力网络,如果没有一个系统的运输和资源调度系统,那要实现货物的快速高效投递,那简直是不可想象的。在此,我们整合了顺丰原有分开独立的运行的运输管理系统和资源调度系统,利用现代化运输管理技术,形成了智能运输调度系统(图 1.6.18)。实现了航空运输网和陆地运输网的有机结合,运输资源高度集中,并通过调度系统,对资源合理配置,减少运力的浪费,节约了运输成本,提高了服务质量。

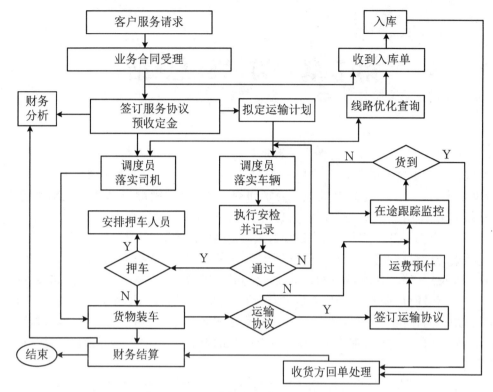

图 1.6.18 顺丰智能运输调度系统流程图

6.4 本章小结

　　提高速度与服务水平是快递企业的生存发展之道,而这两个方面均需要有强大的信息系统作为支撑。根据实物流在快递运转的过程中,信息系统如果不能对下一个环节提供前置信息,下一个环节就很难有效运行下去。可以说,信息流领先于实物流是快递企业的必然选择。虽然顺丰现在已经形成了一个相对完善的信息系统网络来支持公司的运营,但是随着公司业务的不断发展,客户个性化需求水平的提高,顺丰原信息系统中 RMS 预警系统、扩展性、系统间协作、柔性等问题不断暴露出来。为此,本章在通过对基于 Internet/Intranet 的物流信息系统和基于 EDI 的物流信息系统两种支撑体系优劣进行比较后,提出了折中的基于 Web-EDI 的顺丰信息网络优化模型定为最终方案。最后还根据未来的发展趋势,提出了顺丰信息系统的整合及进一步优化升级的有效举措。

第7章 方案总结

"三网'和'、达天下",本文的撰写主旨是对顺丰的物流网络进行系统优化和资源整合,以期实现在不投入过多资金的前提下,提高网络的运营效率,满足不断增长的业务发展需求,降低企业营运成本,提高总效益。为了研究方便,我们把顺丰的物流网络划分为天网——航空网、地网——陆地运输网、信息网——信息系统三个方面来进行优化设计。

天网,我们主要提出了非严格中枢辐射式航空网的设计思想,通过建立枢纽港的方式改变目前顺丰的点对点直航,通过中转实现干线运输的规模效益,从而降低总的运输成本。这里我们主要探讨了顺丰自有全货机的航线优化问题,因为全货机一旦开通一条路线,就必须要实现往返运量的基本平衡,否则会造成全货机资源的很大浪费,增加企业的成本。也许我们的计算过程尚存在不合理的地方,但是这种优化方案不失为一种十分有益的尝试,因为经过我们的分析可知,它确实能为企业带来非常可观的效益,所以对顺丰而言还是具有很强的借鉴意义的。

地网是一个庞大复杂的网络,由于案例提供的数据资料有限,加之我们能力有限,这里我们主要是从顺丰最为迫切的粤闽干线的优化入手,利用与前述相似的优化设计思路,通过建立集散点,减少干线对开,来提高运输效率。可以说,这种模型的构建对顺丰的发展具有很好的指导作用,对其他区域的陆地网络优化也有很强的参考价值。

我们都说信息是物流的眼睛,对于信息网,我们一直将其作为一种天网、地网有效运行的支撑条件来研究的,顺丰的信息系统应该说是比较先进的,我们在对其现有集中系统模型进行分析的基础上,提出了系统融合的概念,并对相关的信息系统优化设计给出了我们自己的想法。

"网内和谐运作、网际和谐协作"的思想是一种战略的思想,希望我们的作品能够起到抛砖引玉的作用!

第 2 篇
基于信息集成策略的配送车辆协同调度平台设计方案

比赛名称：第一届安徽省大学生物流设计大赛
比赛时间：2015 年 11 月 6 日
比赛成绩：三等奖
指导老师：徐俊杰
参赛团队：赤焰物流团队
团队成员：王玉杰（队长）、赵呈、周伟、郭然、罗田

摘　　要

车辆调度平台是郑明物流冷链物流体系开展配送活动的技术基础,既是公司运营提质增效的优化难点,也是助推郑明物流战略升级、探索建立智慧冷链物流的讨论热点。本方案旨在改进郑明物流配送车辆调度平台的智能化水平,通过挖掘案例7、8和12之素材,提出以多元化信息集成为原则,引入业务系统对接、整合第三方平台、开发回程配货客户群、融合固定车载终端及移动APP等创新思路,力图重构郑明物流车辆调度平台运行机制及流程。在借鉴同行已有经验并研判冷链配送系统信息化演进趋势的基础上,最终形成了基于信息集成策略的配送车辆协同调度平台设计方案。

本方案的内容安排是:第1章介绍了方案设计背景,在对郑明物流调度管理基本现状进行概括后,着重分析了车辆调度管理存在的问题,从而引出本方案的设计缘由;第2章阐述了方案设计目的、思路和基本构思,汇报了新调度平台的逻辑模型,交代了方案设计路线,并从政策导向、管理基础、技术可控性、投资回报预期四个方面论证了建立配送车辆协同调度平台的可行性;第3、4、5章相继探讨了信息系统的集成策略、调度平台关键模块、调度执行与反馈三个方面,基于全方位信息集成策略,本方案从调度流程再造出发,由调度平台生成最优车辆调度指令,并利用两类车辆调度终端与配送车辆及驾驶员实时交互,从而实现调度平台对车辆的高效、统一管理;第6章对新调度平台的实施风险进行了早期识别,并提出初步对策预案;最后,第7章对整个方案进行了总结。

本方案的特色有四个方面:首先,针对冷链配送这个热点话题,强调了信息集成是提升车辆调度智能化水平的前提,设计思路注重系统性,突出了企业信息化变革的延续性、集成性和创新性。其次,本方案把智能调度作为改进调度平台的关键,这与郑明物流持续强化信息化建设一脉相承,有助于探索"互联网＋冷链"演进路径,也为郑明物流未来谋划大数据应用提供了技术铺垫,较好地呼应了国家力推的转方式、调结构、促转型改革导向。再次,本方案把智能终端APP运用到调度执行环节,提出固定终端与移动终端各取所长、融合使用的指导思想,注重现有设施设备的过渡衔接。另外,为证明技术原理可行、并增强感性认识,本方案还提供了部分演示程序或效果图。最后,本方案在技术先进性、理念前瞻性、实施可行性等方面采取了平衡取舍,力求对郑明物流有借鉴、有启发。

第 1 章 方案设计背景

1.1 引 言

作为领先的专业供应链解决方案提供商的郑明现代物流有限公司(以下简称"郑明物流"),秉承"心系所托,物畅其流"的服务理念,已成为全国著名的冷链公司。郑明物流积累有丰富的冷链物流运作经验,物流网络覆盖全国90%以上主要城市,在多个城市建有冷藏库和冻库,根据客户需求提供以干线、仓储和市配为主的全程冷链服务及其相关衍生服务。对于郑明物流而言,信息领域及车辆调度领域仍存在着变革的巨大空间。

信息是决策的基础。在当前的信息领域,整体的信息环境不容乐观。一是冷链各个环节信息阻塞,国内流通配送业务大多是由生产商或经销商来完成的,食品冷链的第三方物流发展滞后,服务网络和信息系统不健全,大大影响了冷链物流的效率和效益;二是质量安全监管信息系统不完善,借助简单的标识与记录很难实现产品全过程追溯,并且简单的产品信息使得追溯过程十分的繁琐和复杂;三是订单跟踪和运输可视化程度不够,难以保证配送的质量以及满足客户需求;四是社会车辆的信息不全,信息化程度不高,客户货品无法与车辆匹配。

车辆调度是冷链物流企业运作的基础功能。就郑明物流车辆调度而言存在着以下问题:一是社会车辆的调度存在困难。郑明物流自有车辆已经实现全程可控,但社会车辆除特定的第三方平台,其他车辆基本上无法实现全程可控。二是社会车辆无法实现统一调度。当郑明物流运力不足而引入社会车辆时,现行的调度平台无法实现统一调度,当货物的接收地信息发生变化时,无法实现灵活的调度;三是自有车辆回程的空载率高以及空闲车辆未能及时调度利用;四是不同客户间的信息系统对接存在障碍。

针对以上现状,本方案选择案例7、案例8和案例12,提出建设一个集成信息的车辆调度平台方案。通过信息集成的新方式,创建基于流程创新的调度平台,使得整个系统以一种更加高效、更加节省成本、更加柔性、更加透明的方式运转起来,从而解决以上难题,适应新常态下的冷链物流企业的发展,获得新的盈利点。

1.2 郑明物流配送车辆调度管理的现状介绍

1.2.1 可视化方面具有优越性

郑明物流成立了明杉信息公司,其主要研究仓储管理、运输管理以及运输可视化等领域,并紧贴国内实际的操作环境,注重于仓储系统以及运输系统的自主开发。郑明物流在冷链物流业务上也已配备 GPS 跟踪技术、温度跟踪仪等信息技术,结合 OTM、WMS 等信息管理系统,部分仓库和车辆已经实现了仓储和配送的可视化,并且现在正在推行智能终端 APP 等技术。

在现有信息技术的基础上,郑明物流为满足客户需求,提高运作效率,近期制定了实现公司全面信息化的"四化"目标:① 平台化。统一的基础信息以及权限管理,各个功能以模块的概念,嵌入系统。② 自动化。数据的采集尽量做到自动与即时。③ 可视化。信息全程全透明,用更直观的方式呈现在用户面前。④ 移动化。移动化提高了效率,也提高了资料输出输入的即时性。

1.2.2 自有车辆全程监控平台

自有车辆由统一平台进行监控,功能主要有:车辆实时监控、历史轨迹、报警功能、远程控制、互动功能、统计报表等功能。可以实现对车辆位置信息包含经纬度值,状态信息包括时间、速度、方向、设备故障、空载或重载等信息的监控;管理中心电子地图上回放以重现车辆的行驶过程以及相应的冷链状态信息;除具有超速、越界等报警提示功能外,还配备有紧急报警开关;车载终端具有断油断电功能;调度管理中心可直接下发调度信息至车辆终端,驾驶员可以在终端上直接应答,响应调度指令;可对驾驶员、车队或所有车辆按日、周、月、年进行车辆营运生成统计报表。能够实现对公司车队的全程控制,保证车辆运输货物安全。

1.2.3 具有 TMS 运输管理系统

郑明物流以冷链物流为特色,在开展业务的过程中,实施了与之对应的信息化服务,其业务系统架构见图 2.1.1。

1. 仓储管理系统

仓储管理系统具备仓库与库位资料、库位与储位管理、仓储设备管理、库存物资管理、收货入库、入库审核、发货出库、发货审核、退货入库管

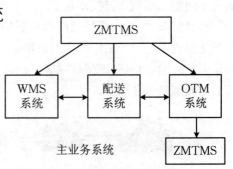

图 2.1.1 郑明物流业务信息系统

理、拆装管理、拆装审核、自动纠错、报警、仓库盘点、库存统计、汇总报表、条形码管理、流通加工、货物价值分析、搬运作业考核、库存使用率查询、费用管理等功能。该系统是一套以实物管理为思想,集监管与经营为一体的仓储管理信息系统。其借助成熟的物联网技术,以货物货位、货物流程及操作规程管理为重心,全面推进管理科学化、制度化、规范化,建立严格、完善的物资出入库、库存物资管理的仓储管理规章制度,提高仓储收、发、存管理水平及监管能力。

2. 运输管理系统

运输配送管理系统具备运力采购管理(可以通过短信方式广播信息)、运输计划、车辆调度与运输线路计划、配送和货物跟踪、车队管理、行车统计、各配送点的业务数据下发与管理、自动拼车、回单管理、报警、运输费用管理、装卸费用管理、各类数据汇总报表管理、全球定位系统管理、出险理赔管理、承运商考核评估等功能。其支持多种调度模式合理安排运输计划,并通过跟踪看板、调度看板等方式,实现物流订单管理。从订单管理,到运输管理,再到运力资源管理,基于 GPS/GIS 等技术,实现全业务流程可视化。

3. 订单管理系统

订单管理系统采用甲骨文公司的 OTM 作为管控的核心系统,通过多端口模式实现与客户系统的无缝对接。拥有订单处理、车辆调度、运输跟踪、运费结算、历史数据分析等功能,保证信息透明性及运作高效性。

TMS 系统实现了业务流程管理、托运单管理、订单跟踪、货物跟踪、从业人员管理、运输客户管理,实现运输业务流程的可视化监控、结算管理等功能。

1.2.4 车辆资源与配送的模式

截止至 2015 年 5 月,郑明物流拥有现代化冷链运输车 600 余辆,另有可控外协车近 3000 余辆,每日货物吞吐量近 5000 余吨,车辆数目大。冷藏车的调度又不同于普通货车,在考虑车辆大小之外,还需要根据配送货物品类选择相应制冷功能的车辆。郑明物流的车辆运输按商品保存的温度要求分为:冷冻、冷藏、恒温三类。郑明物流选用的社会车辆因监管不足以及冷链运输设备不完善造成的损失每年达 30 万~50 万元。

在配送模式上,郑明物流采用大小车配送的形式(图 2.1.2),在调度中考虑了地域和车辆大小问题。郑明物流按单配送,只要客户下了订单,就会隔天安排配送。由于终端客户(零售商)需求批量小,而经销商指定运输到库的产品批量大,这就形成了配送过程中大、小车配送模式。且一个工厂的生产量覆盖 500 km 之内的销售区域,从工厂到仓库的配送采用的是大车运输,而从仓库到终端客户的配送采用的是小车配送,大、小车模式的车辆调度使其运力安排趋于合理。

图 2.1.2　郑明物流配送的模式

1.3 郑明物流配送车辆调度管理存在的问题

1.3.1 缺乏专业的信息集成系统

1. 在货物需求信息采集方面信息化水平低

借助驾驶员和调度员拨打电话寻找货源的效率和效果不尽满意。在回程配货问题上，当货物卸下时，驾驶员和调度员拨打电话找货，有可能存在几家同时有货或无货的情况，此时决策相对较难。

2. 信息的加工处理存在困难

（1）设施设备及先进技术缺乏。主要以基础性业务功能为主，优化和智能化等技术的应用欠缺，如扫码和 RFID 等终端数据存取设备少。

（2）冷链技术以及仓储可视化、运输可视化等技术上还不能在所有仓库普及，企业信息化能力跟不上业务发展的需求。尤其是 IT 信息技术的使用，目前还没有完全脱离传统物流，仅仅有 GPS、WMS 还不能算是拥有了现代物流信息系统。提升技术能力迫在眉睫。

（3）系统对接问题，主要是指温湿度控制等问题。在仓库方面，部分仓库不能实现运用技术手段将温度信息反馈到系统中去；在配送方面，自有车队基本可以追踪信息、订单交接等，但社会车辆除非运用第三方平台，其他的基本上都不能对接。

3. 预警系统不健全

冷藏车运送一车冷冻食品，存在冷藏车在运输途中设备损坏，但由于缺乏优秀的预警系统，配送途中不易发现问题。货物到达目的地后，食品可能大部分融化，这就降低了客户的信任度，给公司带来直接或间接的损失。

1.3.2 缺乏统一的调度管理平台

当前的调度系统只能实现对自有车辆进行实时管控，无法实现对社会车辆的统一调度，还存在着对于托运货物的标准化问题。

1. 社会车辆管控存在盲区

公司运力不足，引入的社会车辆虽然也具有全程的冷链信息监控功能，但并不在公司的统一调度平台监控中，由此带来的调度以及相应的管理难度不断加大，同时安全责任风险难以规避。一旦发生冷链安全事故，不仅带来经济损失，更多是对公司品牌的不利影响。

2. 信息系统对接困难

在配送货物时需要考虑和多个公司进行系统对接，由于技术标准和安全保密等原因，不同的信息系统之间进行数据的交换存在着更大的障碍。作为专业的第三方冷链物流企业，要求郑明物流在最短的时间内完成车辆调度指令的生成和发布，同时以最短时间将多个公司的货物共同配送,并及时安排最优路线,现有调度系统在处理信息系统对接时通常捉襟见肘。

3. 调度信息系统存在问题

调度系统在货物信息上存在两个方面问题:一方面,配送的商品比较繁多,种类杂乱,即使是同类产品,国家也没有全部制定统一标准,没有规范化,运作效率也难以提高。另一方面,公司服务没有标准化,主要表现为尚无确定的响应时间标准,不能及时满足客户需求。如配货的问题,在配送时,商家配送时间要求各异,有许多商家要求晚上配货,要求郑明物流严格按时送货。

4. 缺乏统一调度带来隐性成本

仓储系统和配送的合作效率低,导致运输成本和库存成本的居高不下,由此带来整体的总成本呈现 U 形的曲线特点(图 2.1.3),在仓配一体化要求下,严重影响了整体成本。而统一调度平台的建立能够实现低库存和低运输成本的双低效果,从而实现效率提高和成本降低的效果。

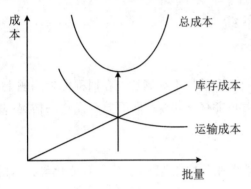

图 2.1.3 库存成本和运输成本的二律背反

1.3.3 社会车辆快捷交互的困难

郑明物流通过车载终端,实现对自有车辆的实时控制和快捷交互,并辅助通过短信、微信、电话和邮件等方法,可以实现对驾驶员端的信息监控和管理。

在社会车辆的管理上,缺乏一个具体可行的方案。在社会车辆上具备车载终端的情况,由于郑明物流的调度系统无法和社会车辆的车载终端进行数据交换,无法实现直接对驾驶员端的管理,订单信息发生变化时,往往需要通过第三方的中间人来进行沟通,在驾驶员端的沟通上存在一个问题。

图 2.1.4 具有通信功能的车载终端

通过帮助社会车辆安装郑明物流系统通用的智能终端的成本过高,车辆通信的联网服务和硬件投入过大,且第三方存在不配合的可能性;其次,在长期使用社会车辆的情况下,具有安装智能终端的可能性,但是由于寻找社会车辆的运输任务具有不固定性,因此长期合作的可能性较低。

1.3.4 调度平台智能化水平不足

1. 冷藏技术的运用方面存在问题

现有配送模式的主要问题是冷藏车的运用。冷藏车配置所需成本高,标准配置的冷藏车所需成本是普通车辆的数倍。另外,由于冷藏食品对外部环境要求比较严格,受运输距离、温度、湿度影响严重。为保证运输过程中车内温湿度达到要求,且考虑到对环境的影响、成本的高低以及客户要求等因素,选择合理的制冷设备、监控设备等至关重要。

2. 订单整合效率低下

订单处理没有从全局的角度考虑,部分订单可以实现共同配送,但是由于业务调度依靠调度员的人工参与,订单整合上存在低效率的状况。相比之下,调度系统智能化能够实现对订单的自动筛选,避免了人工参与的遗漏和错误,减轻了人力劳动的强度,整个处理过程效率较高。

3. 管理决策的支撑不足

尤其表现在涉及仓库选址布局、车队管理等问题。现有的调度系统在提取相关决策数据时往往存在数据量大、数据繁杂、信息陈旧等问题。"大数据"的风潮下,利用调度平台进行整体的资金、市场需求分析,也可以分析政府政策、土地资源、设备设施先进性、车队的组建或租用以及交通状况等。智能化能够实现为企业的中高层管理人员的决策生成相应的数据和方案,并且进行部分方案的仿真设计,提高决策的科学性。

1.3.5 配送车辆的配货水平不高

1. 回程配货存在闲置车辆的问题

以上海至苏州线路为例进行说明。上海装货至苏州卸货,卸货后驾驶员立即联系返程货物,调度管理人员不停打电话找货,有可能存在几家同时有货或无货的情况,此时决策相对较难,并且没有科学定价的机制。在配货的时间和数量上有着很大的偶然性,回程配货的数量较少,配货的可能性较低,回程配货的整体水平较低。回程车辆空驶的问题较为普遍,车辆的运输成本难以降低。

2. 共同配货的水平不高

在共配方面,目前主要是和三大类企业合作建设商超、经销商共配系统以及餐饮共配系统,同时提供多维度的配送服务。但是由于大型客户往往是分散的,因此共同配送的可能性和所占的业务量也相对较小,无法实现对整体运输成本的大幅降低。

1.4 本章小结

本章首先介绍了项目背景,接着分析了现有郑明物流调度平台的现状,而后分析了调度系统不足:缺乏专用的调度信息系统、缺乏统一调度平台、社会车辆缺乏快捷交互渠道、调度平台智能化程度低、车辆配货水平低。通过分析目前郑明物流的调度平台的整体状况,为下章调度平台问题的提出和方案设计做铺垫。

第 2 章 方案设计总览

2.1 方案设计目的

客户需求是物流企业服务的中心,而调度工作是物流企业工作的中心。本方案结合信息集成,改善车辆调度环节的流程和效率,通过对调度平台功能的整合创新,解决信息系统对接的难题等,以此实现以下目标:

1. 优化客户服务

发展客户、提高客户对郑明物流的忠诚度是实现利润最大化的重要途径,而吸引客户、稳定客户则是发展客户的重要途径。而郑明物流可以通过对商品信息的处理及信息数据分析,实时掌握商品订单的动态,实现配送全程高度可视化,为客户提供更好的服务,增强客户的信赖,培养客户黏性,优化客户服务。

2. 提高车辆调度的盈利空间

目前,郑明物流的运力不足、社会车辆难以统一调度。对郑明物流的配送车辆进行统一的调度具有很大的盈利空间。配送车辆的统一调度,一方面可以为顾客提供更好的服务,另一方面可以使企业的竞争力得到提升。

3. 解决社会车辆的沟通和管理难题

当自有车辆的运力不足时,郑明物流会调用社会车辆参与公司的货运业务,但是由于对社会车辆的监管存在困难,服务的质量和效率难以保证。

4. 提高车辆实时监控及互动功能

郑明物流自有车辆具有车载终端,可以实现对自有车辆冷链运输的全程安全可控。但现有的车载终端在交互上,以及通过电话和短信的紧急沟通方式在效率和效果上都不尽如人意。社会车辆基本无法实现实时监管和便捷互动。本方案通过手机 APP 的功能拓展,来实现对全部车辆的位置、速度、方向等一系列活动的监控管理和实时互动。

2.2 方案设计思路

本方案通过对案例 7、8 和案例 12 的思考,分析了目前车辆调度中存在的问题,例如回程空载和社会车辆难控问题。据此,本方案设计了基于信息集成策略的配送车辆协同调度平台,提出以信息集成为基础,手机 APP 智能终端为辅助,实现调度平台对车辆统一的规划与管理。见图 2.2.1。

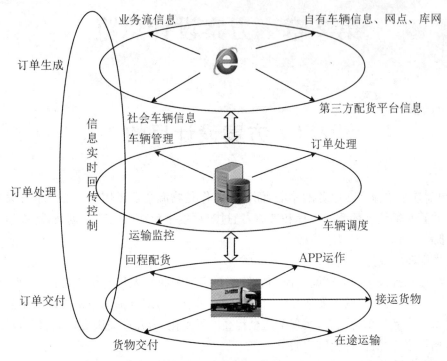

图 2.2.1　方案设计思路

首先,对调度平台调度功能实现的信息源进行分析,得出信息集成的对象应该由自有车辆信息、网点信息、库网信息、业务流程信息、第三方配货平台信息、社会车车辆信息等。对以上对象全新的集成,实现减少人工干预,增加信息的透明度和扩大业务信息源的目标。信息集成的核心是客户订单。例如车辆信息,调度平台可以随时搜索到与客户订单要求相匹配的车辆类型,为客户安排配货;业务流程信息,调度平台可以根据这些信息对各种客户提供优质化服务。第三方信息可以为调度平台提供自身所不能获取的信息,如第三方客户的配货需求等。信息集成作为订单运作的基础,关系到订单生成环节的成功与否。

其次,调度平台是整个调度系统的核心,调度平台的主要功能应该包括订单处理、车辆调度、运输监控和车辆管理。此外应该包括与其他业务系统的相关数据接口,如财务系统、仓储系统、客服系统、客户系统以及其他系统。最主要的是订单处理,根据订单的要求充分匹配车、货、人。这是订单的处理环节,解决的是车货匹配问题。

最后是调度平台指令的执行环节,订单在整个调度环节中的流动到达末期。通过车载终端和手机 APP 智能终端运作,保证在接运货物、在途运输、货物交付、回程配货等全程调度平台的实时可控和及时交互,针对执行环节的问题,建立及时的应急预案,保证货物安全。确保郑明物流高效优质的完成该项订单。这是订单的交付环节,解决的是货物安全运输问题。

方案以调度平台对订单的运作为核心,通过信息的多元化集成,解决车货匹配的难题,提高调度的科学决策水平。利用手机 APP 智能终端,在调度管理上实现对车辆的统一调度,实现对社会车辆的全程监控。以客户订单为核心的调度平台充分调用以上要素,高效率地完成订单任务。

2.3 调度平台简述

2.3.1 调度平台总体设计

本方案规划的调度平台主要有以下几个:信息集成子系统、车货匹配子系统、车辆交互子系统、数据存储子系统(图 2.2.2)。与此同时,郑明物流的其他业务部门也会和调度平台发生调度信息的传递和沟通活动。例如,财务系统在调度前的预付款和调度完成后的尾款交付环节需要调度系统提供的额调度信息来完成财务系统的结算工作;在仓储系统的仓储货物的存量信息关系到车辆调度的具体数量,货物出库的详情需要在 WMS 系统中存储,在此环节中,需要考虑对调度系统外部的业务部门提供接口,来完成各自的业务。

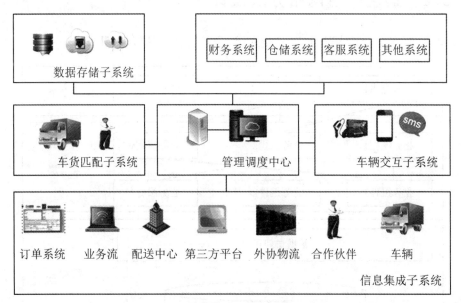

图 2.2.2 调度平台的子系统与参与方

车辆信息、业务流程信息、第三方信息以及其他业务系统信息也是调度平台的信息集成"对象",这些业务系统提供的数据将会被调度平台所使用。

车货匹配子系统是调度平台的核心业务,通过信息的集成,实现对货物、车辆、客户、驾驶员的合理配合,在适当的时间、适当的地点、适当的成本完成调度指令和任务。

车辆交互子系统借助车载终端和移动 APP 智能终端实现对车辆的统一调度、实时控制与便捷交互。

数据存储子系统使用云存储方案,调度平台是一个互联网+供应链系统,采用云存储是大势所趋,郑明物流可以购买阿里云的服务。

其他系统的信息是郑明物流信息集成的对象,也是郑明物流调度平台业务信息服务的对象。当郑明物流内部其他业务系统需要调度系统提供相关的业务信息用于业务活动时,调度平台需要提供相关的业务数据接口。

本方案设计的系统采用B/S方式实现,用户通过系统自带的浏览器就可以轻松登录访问系统。浏览器接收用户提交的数据到服务器,通过程序集把数据提交给数据库执行,实现交互后,把返回的数据再依次传输给客户端浏览器显示(图2.2.3)。

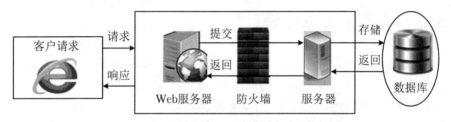

图2.2.3　B/S系统数据交换示例图

2.3.2　调度平台网络分层设计

配送车辆调度平台其内部分三层:接入层、业务层、数据层,见图2.2.4。

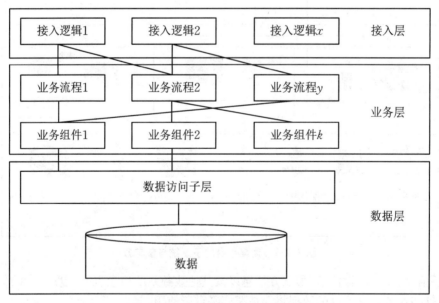

图2.2.4　网络分层的三层结构

1. 接入层

接入层是车辆调度平台与外部进行数据交换的平台,由接入逻辑构成。对于系统使用者,提供多样化的界面逻辑,实现对业务逻辑的共享。接入层包括面向车载终端接入逻辑处理、面向移动APP接入处理、面向物流企业各级业务单位管理门户的接入处理。

2. 业务层

业务层是配送车辆调度平台业务处理的逻辑平台,通过对数据访问子层的调用访问业务数据,满足不同的业务需求。业务层由若干业务流程组成,通过调用业务组件,为接入层提供业务服务,实现业务逻辑的共享,完成相应的业务功能。

3. 数据层

数据层是配送车辆调度平台对业务数据进行统一组织、集中管理的平台,通过数据访问子层为业务层提供规范、高效的数据服务,实现业务数据的充分共享,是整个车辆调度平台的基础。数据层信息包括:地图信息、车辆运行过程中的定位信息、监控信息、物流企业IT系统接口信息、物流企业车辆信息和单位资料等信息存储。

郑明物流配送车辆调度平台外部外联五个系统:终端(车载终端及APP软件)、GIS、客户信息平台、第三方平台IT系统以及LBS及USSD网络。

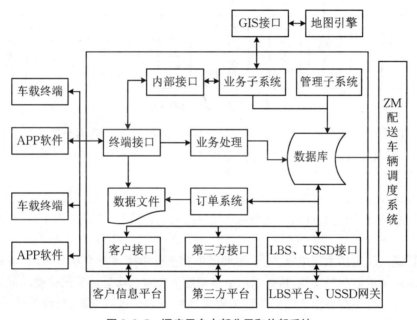

图2.2.5 调度平台内部分层和外部系统

2.3.3 调度系统功能模块设计

1. 系统管理员功能

系统管理员可做系统管理模块的操作,有录入、查询、修改、删除等功能(图2.2.6),且有整个系统的日志查询权限。能够对整个调度平台任何模块的信息进行查询,必要时可以通过功能模块来实现对整个调度平台的处置。

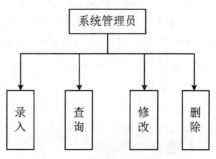

图2.2.6 系统管理员功能角色

2. 运输管理功能

运输管理员角色对应管理车队、车辆和驾驶员的信息，承担基础信息的维护，包括车辆管理、驾驶员管理和运单管理三个模块功能。见图 2.2.7。

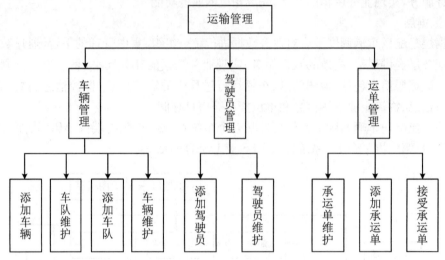

图 2.2.7 运输功能实现

车辆管理模块包括车队维护、添加车队、车辆维护和添加车辆四个基本功能页面，实现对车队查询、修改和删除功能。车辆维护功能主要实现对车辆的查询、修改车辆信息和删除车辆的功能，车辆添加页面实现添加新车辆的功能。

驾驶员管理模块包括驾驶员维护和添加驾驶员两个功能页面，驾驶员维护页面实现对驾驶员进行查询、修改驾驶员信息和删除驾驶员的功能，添加驾驶员页面实现添加新驾驶员的功能。

运单管理模块包括承运单维护、添加承运单和接受承运单三个功能页面。添加承运单页面实现录入新承运单的功能，接受承运单是调度平台筛选承运单后的接受功能，接受后的承运单才可以进行结算操作。运单管理主要实现对承运单进行查询、修改承运单内容和删除承运单的功能。

3. 调度功能

调度功能包括运力查询和车辆调度两个模块，见图 2.2.8。

运力查询模块包括查询承运车队、查询承运车辆和查询历史承运单三个功能页面。查询承运车队页面提供对当前系统中车队运行功能的一个查询，承运车辆查询可以根据设置查询信息查看当前车辆的运行状态和一些基本信息，查询历史承运单可以查看历史承运单的一些基本信息，通过点击详情按钮还可以查看每条承运单的详细信息。

车辆调度模块里面包含分配承运任务功能页面，实现的功能是把任务和车辆进行调度绑定，把任务分配给具体的车辆去执行。

4. 监控管理功能

监控管理模块主要有三个模块，分别是路线监控、车辆状况、紧急问题处置。

线路监控室调度平台对承担运输任务车辆的路线、速度、货物状态信息等信息进行实时

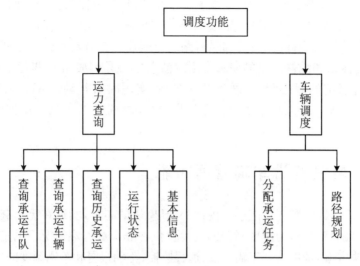

图 2.2.8　调度功能的实现

的监控,确保车辆的状态正常,货物无损失。车辆状况主要包括车辆是否满载、空置的面积、车辆的保养状态、油量等信息。紧急问题处置是针对可能出现的问题,通过车辆和系统的双向警戒,辅以调度平台的筛选和处置,尽力减少货差货损。

5. APP 运行模块

APP 运行模块主要分为任务中心、消息中心、路线导航和设置中心。

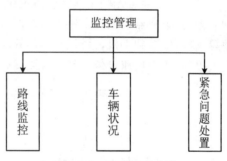

图 2.2.9　监控管理功能

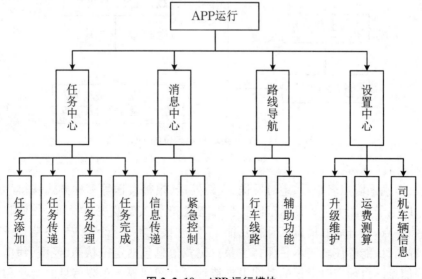

图 2.2.10　APP 运行模块

任务中心模块由调度平台将调度指令发布在 APP 显示器的指令界面，由驾驶员完成确认。路线导航模块是对调度平台生成的路线在地图上显示出来，并对开展任务的车辆信息进行采集，并传递到调度平台。此外，路线导航还承担着对驾驶员在处理任务过程中的生活住所、加油站和维修站点的提示作用。消息中心是驾驶员与调度平台沟通的便捷交互渠道，通过固定的短语命令、语音以及文字，实现时时互动。APP 系统的升级由第三方 APP 开发公司承担，涉及运营上的细节修改，由调度平台统一反馈到第三方 APP 开发公司进行处理。

2.3.4 APP 终端车辆管理功能

手机 APP 智能终端利用智能手机内嵌 GPS 模块的芯片，实现在无车载终端和缺少相关信息交换渠道的情况下，为调度平台的调度提供在非车载终端情况下的信息处理和车辆沟通问题的解决方案，辅助实现车辆定位、远程监控、车辆报警和车辆调度的功能。

1. 车辆定位功能

其定位功能是先利用基站大体定位下手机所在的位置，然后通过网络将这个位置发送到服务器，服务器根据这个位置将此时经过手机上空的卫星参数（卫星编号、频率、位置、仰角等信息）反馈到手机，手机的内置 GPS 模块就可以有目的的搜索卫星，此时搜索卫星速度大大提高，实现快速定位。其工作原理如图 2.2.11 所示。

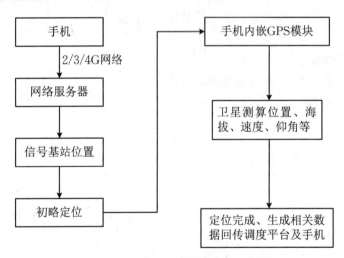

图 2.2.11 APP 实现车辆定位的工作原理

（1）实时监控功能

系统对车辆采取点名查看、定时发送、定距发送、报警发送等多种方式获得静态或动态数据信息，以电子地图为背景显示车辆动态轨迹，对车辆实施监视与管理。终端自动向中心回传位置信息点，在开启通信盲区补报功能下，定时报文不受盲区影响，终端登录后立即自动补传位置信息，能够使轨迹尽量保持完整。位置信息包括定位状态、经度、纬度、速度、方向、时间等信息。目前定时上报的时间可支持秒级时间间隔。车载信息的接收和发送延迟在 GPRS 方式下小于 2 秒。

（2）历史轨迹回放功能

用户可通过此功能回放某一车辆在指定时间段内的历史行车轨迹，协助用户分析车辆行车轨迹。选好车辆查询的时间段后，查询出车辆当时的运行轨迹，回放时可以改变轨迹回放的速度，并且可以暂停、从指定时间开始播放。

（3）LBS定位服务功能

平台提供LBS定位接口，可提供终端基站定位和手机定位服务。当终端所处环境因没有GPS信号等原因无法上报位置信息时，平台直接从LBS中心通过移动基站定位，提取该终端的位置信息。LBS定位作为GPS定位的辅助手段，很大程度上弥补了GPS盲区导致的监控中断。

（4）条件定位功能

平台提供多种方式查询车辆位置信息：车辆列表查询，通过车牌号码、终端账号等信息来查询车辆；通过地图框选查询，查询某个指定区域内的车辆；通过地图搜索找到指定地点附近的车辆，在不方便划定区域的情况下可以采用这种方式进行定位查询。

（5）区域查车功能

在地图上通过拉框选择某块区域，当这个区域中有被管理的一个或多个车辆时则弹出对话框进行选择。

（6）手机查询与控制功能

在不方便使用电脑上网的地方，可以通过手机查询和控制被监控的车辆。使用手机可以通过WAP、SMS等方式进行查询。

2. 远程监控功能

（1）远程启动监听功能

手机APP智能终端接收到调度平台下发的监听指令时，可以自动拨打调度平台号码建立语音通道，调度平台可以监听车内声响或语音。此功能可以在出现紧急的情况时供调度平台或是110获取车辆使用。

（2）工作状态图片监控功能

手机APP智能终端可以通过调用手机系统的摄像头，驾驶员可以使用上班签到功能拍照打卡，并上传到调度系统，完成上班签到。如到达接货地点、打开车门等状态时，可以通过手机拍照上传到调度平台实现对货物的安全管理工作。

（3）油量变化监控功能

使用手机APP智能终端的GPS芯片上报的里程数和车辆每百千米耗油量进行计算得出车辆的油耗情况（误差大约在10%），从而判断是否发生偷油和虚开发票情况。

3. 车辆报警功能

（1）车辆超速报警功能

当车辆行驶速度超过设定速度时，调度平台通过手机APP智能终端启动声音和文字信息警报，对驾驶员进行提示。当设定车辆速度超过60千米/小时时报警。手机APP智能终端的后台服务器将会实时检测车辆运行速度，一旦车辆超过指定运行速度，手机APP智能终端将会上报告警信息，其状态中会有"车辆超速"，调度员可以实时和驾驶员交流，从而很好地管制车辆运行速度，车辆和驾驶员的安全性会大大提高。中心可以通过远程控制开启或关闭超速报警功能。

(2) 低电压报警功能

当手机 APP 智能终端读取手机电池信息,在电源低于限定值并持续 3 秒时,产生低电压报警并上报中心。

(3) 进出区域报警功能

当车辆在设定时间内驶入/驶出某特定区域时,调度平台收到相应的报警并自动做好记录备查,通过手机 APP 智能终端语音提示驾驶员。

4. 车辆调度功能

(1) 下达调度命令

调度平台可以根据掌握的车辆状态,下达调度命令。可通过 2G/3G/4G 网络连接手机 APP 智能终端或短信方式向车辆发送企业的管理、调度、服务、警告、处罚等信息。既可以对单个车辆进行调度,也可以对一组车辆或所有车辆同时下发调度指令,便于运营车辆的调度指挥。

(2) 信息上传功能

手机 APP 智能终端可通过显示屏发送信息到调度平台,与调度平台实现信息交互。驾驶员可以通过手机 APP 智能终端选择特定命令(如路段堵车)向中心发送,实现双向的文字交流,也可自行编辑语言发送到调度平台。

(3) 短信发送调度屏

调度屏上可显示文字调度信息。

2.4 技术路线图

技术路线如图 2.2.12 所示。

2.5 可行性分析

2.5.1 方案符合我国物流产业政策导向

(1) 2012 年国标委推出《冷链物流分类与基本要求》,提出要推动冷链物流的分类与基本要求,对冷链物流的设备、技术等各个方面的信息都制定了一系列标准,大力推动冷链物流的发展。

(2) 2014 年国务院通过《物流业发展中长期规划》,提出到 2020 年基本建立现代物流服务体系,提升物流信息化、智能化、集约化水平,旨在降低物流成本、推动物流企业规模化、改

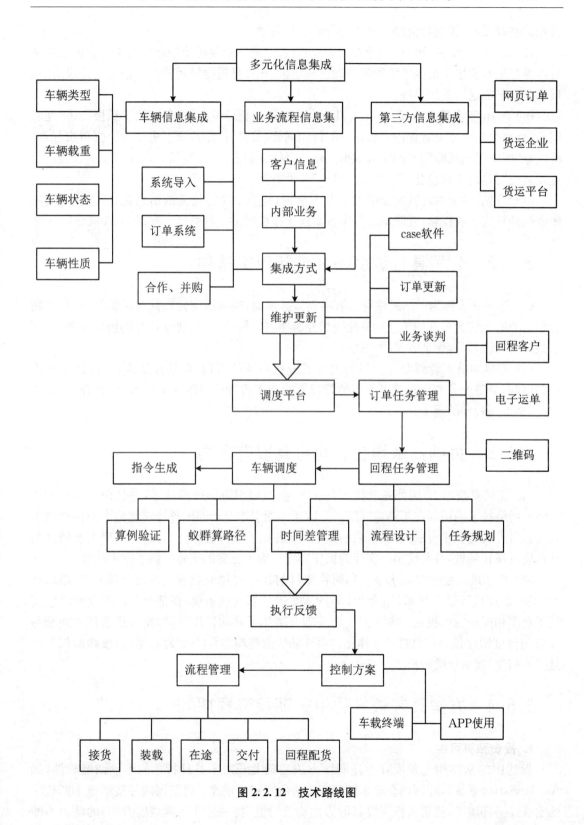

图 2.2.12 技术路线图

善物流基础设施,提高物流经济整体运行效率与效益。

(3) 2014年12月26日,国家发改委发布《关于进一步促进冷链运输物流企业健康发展的指导意见》,提出了加强冷链物流基础设施建设、积极推进冷链运输物流信息化建设、优化城市配送车辆通行管理措施。

(4) 2015年7月1日,2015年8月31日,国务院相继发布《国务院关于积极推进"互联网＋"行动的指导意见》《促进大数据发展行动纲要》等文件,十八届五中全会公报再次强调,将实施"网络强国战略"和"国家大数据战略",坚持创新发展,支持新兴产业的发展。物流行业发展也要趋向于信息化,拥抱"互联网＋"和大数据。

由此可见,国家对冷链物流的发展尤为重视,特别是冷链物流的信息化、智能化。同时国家鼓励物流企业探索"互联网＋",本方案属于车联网的一种尝试,符合国家政策导向。

2.5.2 公司具备调度平台革新现实基础

(1) 郑明物流作为一站式供应链解决方案提供商,拥有适应性较强的组织结构,郑明物流学院的培训能为企业的信息标准化提供经验丰富的管理人员,建立良好的协作关系,制订合适的培训计划等,保证方案顺利执行。

(2) 严格的员工管理制度。对相关员工进行系统的管理,包括配送人员、信息系统人员、管理人员等业务流程和权责方面的管理。有利于各种信息的收集、车辆的管理,实施本方案,会得到较好的落实。

2.5.3 关键技术均在公司可驾驭范围内

(1) 在信息技术上,国外先进技术发展迅速,可以引进国外的技术,并且信息系统的成本随着网络技术的更新在不断地降低。我国正不断引进及培养国外冷链物流专业的高技术人才。另外关键技术有成熟的先例且郑明物流成立了明杉信息公司,其中一项主要研究的是运输可视化领域,并紧贴国内实际的操作环境。为本方案的实施提供了技术基础。

(2) 技术风险处于较低水平。郑明物流目前在冷链物流业务上也已配备GPS跟踪技术、温度跟踪仪等信息技术,结合OTM、WMS等信息管理系统,在部分车辆和仓库已经实现了仓库和配送的可视化。本方案在此基础上增加了移动智能终端,使得移动智能终端与GPS与温度跟踪仪等信息技术一体化。而移动智能终端和GPS跟踪技术、温度跟踪仪等信息技术相比,技术风险较低。

2.5.4 方案具有较好的中长期投资预期

1. 投资预算可控

发达国家从实用化角度在上述调度方法基础上开发了各具特色的车辆调度软件(如Arc Logistics系统),而国内企业车辆调度方法研究起步较晚。目前国内经济增速不断放缓的宏观经济环境下,投资人投资极具潜力的物流行业(特别是在车辆调度方面)的动力不断加大，物流产业在当前整体经济环境下发展并未受阻，潜力巨大，是一个稳健型的投资领域。而且国内物流行业具备良好的投资环境。

2. 效益值得预期

目前，在国内的冷链物流市场发展低于发达国家的水平，这表明冷链物流企业有着较大的发展空间，特别是在车辆调度方面，市场扩大带来的投资回报是非常可观的。本方案通过对车辆、社会平台的信息进行收集，在配送过程中加强对车辆的管理调度，从时间上、路径上降低了成本。信息的收集、车辆的调度所付出的投资是可控的。因此，效益值得预期，投资回报在可接受的范围内。

2.6 本章小结

本章首先分析了方案设计目的，即增强郑明物流调度平台的效率，实现企业规模的增长；接着分析了方案设计的整体思路，介绍了全文的结构和内容安排；而后介绍了整个调度平台的大致和详细的功能结构安排；接着又分析了整个文章逻辑上的技术路线图，从技术的角度分析了信息集成和 APP 智能终端的开发对调度平台的作用，以及整个调度平台内部的逻辑结构；最后针对国家宏观政策、运行调度平台的基础、关键技术难点和投资回报等方面进行了分析，最后得出本方案对企业的现实发展来说是可行的。

第3章 多元化信息集成策略

3.1 车辆信息的集成

3.1.1 车辆信息集成的对象

3.1.1.1 自有车辆信息

郑明物流目前自有冷链车辆600余辆,特种集装箱车辆50余辆,厢式及其他车辆300余辆。规模庞大的车辆迫切需要实现调度平台对车辆信息的集成,对于车辆具体信息,按照不同类别进行分类录入和显示,方便管理和调度。

对于自有车辆,要对以下信息进行录入:

(1) 车辆类型

车辆类型有常温车、冷藏车等不同种类,在信息录入时要进行区分。

(2) 车辆大小和载重

车辆的大小影响在配送中车辆的运用,如果使车辆运用合理也需要用到这一数据。

(3) 车辆编号

不同类型的车辆分开进行编号,每一辆车对应唯一编号。编号不仅可以体现车辆的类型,还可以体现车辆载重。本方案使用的编码是车辆的类型+大小+单独编号。如一辆额定载重量为7150 kg的冷藏车就编号为L7150001。

(4) 车辆状况

车辆的自身状况、保养状况、运输状况以及是否正在配送任务中等。

3.1.1.2 社会车辆信息

对社会车辆信息进行集成后,调度平台才能分析和筛选车辆,并根据不同的任务来安排相应的车辆,生成调度指令,进行统一调度(图2.3.1)。收集社会车辆信息,如车辆的容积、损耗量、安全程度、驾驶员信息等,对于郑明物流调度平台的正常调度至关重要。车辆信息的采集包括以下信息:

(1) 车辆自身状况

包括车辆的型号、载重量、驾驶员情况等详细信息。

(2) 车辆所在地

车辆所在地要具体到县镇。

(3) 车辆空闲时间

车辆空闲时间需要一个并不是很精确的数据,比如周六、日空闲,或每周一空闲,需要定期对数据进行更新。对于车辆的使用现状,需要进行定期的数据更新。

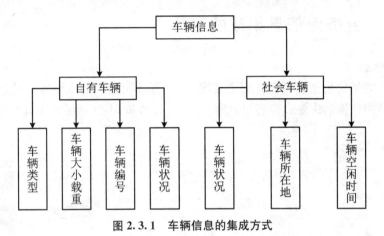

图 2.3.1　车辆信息的集成方式

3.1.2　自有车辆信息集成方式

自有车辆信息郑明物流采用手工录入以及数据库存储进行采集,自有车辆在运输途中,调度平台对车辆进行实时监控和管理,以达到实时车辆信息存储的目的,调度管理员会及时对车辆的状态信息进行更新。

当公司引入新的车辆时,运输管理部门需要对车辆进行详细审核以及资料登记,可以选择手工录入信息系统,也可以安排驾驶员安装手机 APP 智能移动终端并填写自己和车辆的信息(具体手机 APP 智能终端会在方案后期详细介绍)。之后信息系统通过与手机 APP 的数据交互,系统管理员对驾驶员登记的资料进行实时更新。

3.1.3　社会车辆信息集成方式

与郑明物流合作的众多社会车辆信息的采集可以通过手机 APP 智能终端来完成,这样可以节省郑明物流的人力和物力。只需通过发放给驾驶员固定的账号,驾驶员自行登记详细信息,实时存储,之后公司运输管理部门应对车辆或者车队进行具体审核,审核达标后信息系统管理员便可以通过数据交互来获得该社会车辆的信息,并且对数据库进行及时的更新和维护。同时运输管理也会实时获得车辆的数据情况。

3.2 业务流信息的集成

3.2.1 业务流信息集成的对象

1. 客户信息

客户信息的采集是指在客户有配送需求之前,将郑明物流的主要客户信息录入郑明物流数据库。郑明物流的主要合作客户分为五大类(图2.3.2),主要从以下几个方面进行信息的采集:

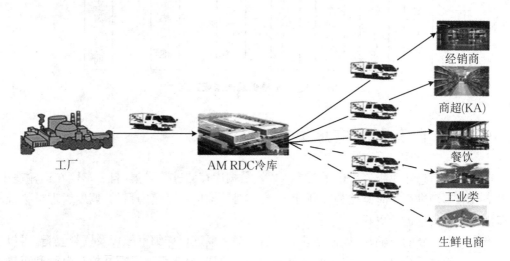

图 2.3.2 五大类合作伙伴

(1)客户名称及规模大小。采集信息从客户名称开始,这是区别不同客户的开始。客户规模的大小影响客户的配送需求,并且与资金的供应能力息息相关。企业规模的差异,带来配送业务的差异。

(2)客户所配送商品类型。客户的商品类型决定了客户配送是使用冷藏车还是常温车。倘若客户下单时并没有交代清楚所需车辆类型,根据客户已经录入的商品类型,可以为其配备正确的车辆。

(3)客户配送地点。客户配送的地点包括出发地和终点,这一数据的收集不仅是为了车辆的安排,并且对于回程配货的信息查找有帮助。

(4)客户的信用状况。客户信用的高低,在面对订单业务时的风险大小有着本质的区别,信用状况较好的客户在服务的价格上会存在一个折扣。

2. 内部业务信息

业务流程信息可以分为公司内部业务流程信息,即公司内部各部门(如仓储)的订单业务信息传递给郑明物流调度平台。

根据业务的来源,内部业务信息分为以下三大种类:

(1) 业务部门的业务信息。如冷库、子公司和分公司的业务信息传递到调度平台。

(2) 决策部门的业务信息。如总裁办公室、各个项目办公室等决策部门获得的新的业务订单。

(3) 执行环节的业务信息。如驾驶员在执行任务时的意外得到的订单。

3. 回程客户信息

供应商的货物配送终点往往较为固定,在这些业务常发生的地点,由附近的业务经理去采集相关客户的信息。例如某地的大型商超等生鲜食品企业,收集其的货物流转信息,了解其货物销售地点等重要信息,将其发展成合作伙伴。以此扩展本企业回程的客户数量,降低空载率,提高车辆资源利用的效率。

回程客户属于新客户,因此在采集信息时,信息集成的对象与客户信息的集成要求一致。

归类如表 2.3.1 所示。

表 2.3.1　业务流程信息集成对象

业务流程信息	具体集成对象
客户信息	客户名称规模大小、商品类型、配送地点、信用状况
内部业务信息	业务部门信息、决策部门信息、执行环节信息
回程客户信息	客户地理位置、客户经营业务、配送需求、信用状况

3.2.2　客户业务流信息的集成方式

客户存在业务运输需求时,首先客户清楚自己货物的相关信息,可以登录订单管理系统,在登录界面,输入系统分给的账户和密码,登录系统;其次在订单提交页面提交订单的相关信息,最后点击确认提交按钮,即可完成订单信息的录入。

新客户和不能实现网上订单的客户,可以通过拨打公司的客服电话,由客户提出订单的具体需求信息,由客服人员手工录入系统,产生订单信息。

3.2.3　内部业务流信息的集成方式

在内部业务指令收集的具体方法上,本方案利用订单管理系统来收集业务流程信息。

在订单管理系统中,不同的业务部门中,统一使用订单管理系统来输入相关的订单需求。在系统的登录界面中,首先根据不同的账户类型登录订单管理系统,而后输入相关订单任务,最后提交任务需求,调度平台获得相关的订单信息。

3.2.4 回程客户业务信息集成方式

本方案的设计思路是建立一个合作伙伴信息数据库。首先,将配送的终点的集中地采集公司服务的五类企业,按照客户管理的方法建立信息库,然后由地区的分公司派出业务经理去找企业谈判,建立合作伙伴关系,然后完善企业信息库的内容,分配给各个合作伙伴调度平台订单管理系统的账户,当客户有订单需求时,在线提交相关信息,录入调度平台。

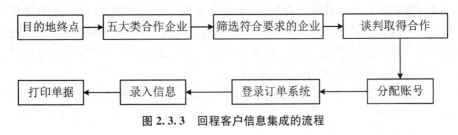

图 2.3.3　回程客户信息集成的流程

3.3　第三方信息的集成

3.3.1　第三方信息集成的对象

1. 第三方货运平台信息

第三方货运平台在是指在网上进行货运需求发布的一些平台,本案例以货车帮为例展开方案的后续介绍。本方案中需要收集的信息有第三方平台的信息,例如货车帮的具体信息、平台上有配送需求的客户信息以及在这些第三方平台上注册的车辆用户的信息,这些车辆的具体信息也是调度平台希望能够收入其中的重要信息。在车辆运力不足时,这些信息就会被调度平台处理加工,安排车辆完成配送。

2. 第三方运输企业信息

第三方运输企业是指为郑明物流提供第三方运输的物流企业,例如和郑明物流合作的社会车辆企业,或者是第三方物流运输企业。当郑明物流需要调用社会车辆时,可以委托给另一个运输企业来完成。此类信息是郑明物流在业务扩大,货运需求猛增时需要调用的信息。

3.3.2　第三方货运平台信息集成方式

1. 合作购买信息资源

通过商业洽谈,寻找货车帮的CEO进行合作,以一定的价格购买相关的信息,使得调度平台掌握相关的信息,为回程配货提供信息资源。

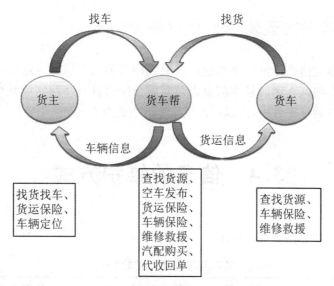

图 2.3.4 货车帮的 O2O 信息对接

2. 风险投资入股

利用风险投资的现代融资方式,郑明物流可以加入对网络信息平台的股份认购,从而实现对网络物流信息的获取,来解决扩大市场和回程配货问题。郑明物流可用资金获取某些企业股份,让管理者能够进入董事团,让第三方平台和郑明物流进行深度合作,让对方提供相应的数据接口,使调度系统能够收集到第三方平台的货物信息,以及相应有配送能力的车辆信息。

3. 并购或建立货运信息平台

并购企业和自建信息平台的投入过大,可能带来较大风险,因此不建议使用该种方式。

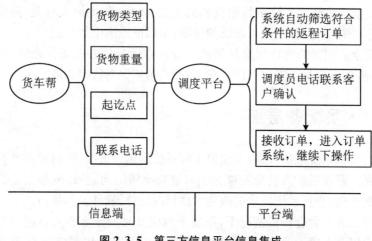

图 2.3.5 第三方信息平台信息集成

3.3.3 第三方运输企业信息采集方式

郑明物流可以凭借在冷链行业的地位吸引到相关第三方物流企业发展战略合作关系，其他运输企业可以将其车辆的基本信息以及时间分配信息与郑明物流共享，郑明物流需安排人员详细录入到调度平台中，为以后调度指令的生成夯实基础。

3.4 信息的维护方式

信息维护的方式如图 2.3.2 所示。

表 2.3.2 信息维护的方式

	信息安全层面	人员配备层面	数据更新层面
车辆信息	运行安全	协调各员工之间的合作	车辆状态信息实时更新
业务流信息	数据安全		实时处理客户账户信息
第三方信息	管理安全	配备专业人员商谈	协同第三方平台信息更新

3.4.1 信息安全层面

（1）运行安全。即操作安全，包括备份和恢复，病毒检测和 BUG 清除，及时更新杀毒软件和防病毒软件。

（2）数据安全。为防止系统中数据资料的丢失、损坏，防止他人篡改、滥用系统内的数据信息，应利用加密技术及规定进入系统的权限，来保证系统中数据的安全。

（3）管理安全。完善的管理制度是保证系统正常运行的必要条件之一，制定严格的安全和保密管理制度，提高员工安全和保密意识，严格落实保密管理制度。

3.4.2 人员配备层面

郑明物流的内部系统维护人员，不仅要了解系统的运行情况，而且要善于建立与操作员之间的良好关系。系统维护人员应能够预测可能要出错的问题，还要根据业务需求的改变考虑必要功能的改变，根据系统需求的改变考虑修改硬件、软件及其接口。

在可以和第三方平台合作的情况下，调度平台应及时安排客服人员进行电话联系和有货物需求的客户以及车辆商谈，必要时可以安排当地的业务员和客户面谈，尽力多将客户变成公司的合作客户，方便以后业务上的往来。

3.4.3 数据更新层面

郑明物流可以开发或者引进支持系统维护的CASE自动化工具,CASE能够实现文档更新同步化,为系统维护提供支持。特别是在使用一些综合的CASE开发环境时,能自动生成分析、设计以及维护的所有文档,如果对系统设计文档进行了修改,系统会自动地修改代码并生成新的版本,使得车辆信息、客户信息和第三方信息能够实时更新存储,同时,大多数文档的维护工作也会自动完成。

3.5 本章小结

信息集成是调度系统获取信息的基础,本章介绍了方案的信息集成策略。与调度系统直接相关的信息有:车辆信息、业务流程信息及第三方信息。本章首先分析了这三类信息的主体内容,接着分析了采集的具体信息的类型,并介绍了具体的采集的方法,着重介绍了业务流程信息的订单管理系统,信息采集和回程配货的第三方信息平台信息通过信息系统对接,由第三方信息平台提供接口供调度系统使用的方法。最后,由于信息在维护上具有共性,提出了信息安全层面、人员配备层面和数据更新层面的信息维护的具体方法。

第4章 车辆综合调度平台

4.1 订单业务管理

4.1.1 客户下单

当客户有配送需求要下单时,可以通过以下三种方式:

1. 互联网下单

郑明物流的业务,有很大的部分来源于公司的内部系统。

(1) 分公司的客户,一般具有较大的规模,合作的紧密程度较高,同时属于长期的固定客户。此类客户对于服务的水平要求较高,能承受较高的运价,对时效性要求较高,同时货物运输需求的类型和时间较为固定,因此在调度平台中处于重要的地位,必须优先重点安排。在整个调度平台中优先使用本公司自有车辆完成固定的运输任务。

(2) 仓储和分拨中心的货物需求较大,在末端配送中往往面临着发货频率不固定的问题,如果不能很好地解决这类问题,将极大地影响企业的形象。由于这类企业的规模也相对较大,货物的运输需求可以在订单管理系统中提交,也是不容许拒绝的运输需求,往往可以实现在订单提交后有一段时间的缓冲期,从而能调度到合适的车辆来安排运输任务。

如图 2.4.1 所示的郑明物流内部订单的管理过程。在分公司和仓储分拨中心的日常任务中,通过调度平台的订单管理系统,提交货物运输需求,调度平台审核订单,核对订单的数

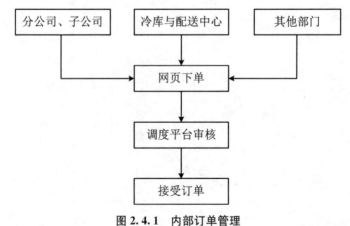

图 2.4.1 内部订单管理

量、规格和要求,通过调度平台和车载终端实时查找自有车辆的状况,排查在订单的提交任务的规定时间内符合要求的车辆,如果自有车辆无法完成任务,查找社会车辆的状态,确定接受订单,接受订单后,及时通过订单系统显示此订单的状态,并通过短信系统或者微信平台等方式,实现订单信息的及时传递。

本方案设计的信息集成系统数据库与客户下单界面相连,客户可登陆郑明物流网站(图2.4.2),在客户订单界面进行下单。

图 2.4.2 订单管理系统首页

提交订单如图 2.4.3 所示。

图 2.4.3 客户提交订单界面图

客户将信息输入好之后,确定下单,在弹出的对话框里再次确认,完成网上的订单下达。郑明物流的系统会同步接受到客户的信息,这里的信息并不是最终的订单完成,郑明物流还要通过初步的加工才算接受这一订单,并与客户进行进一步的信息传递。

2. 电话下单

互联网下单可能会面临一些限制,因此可以通过电话进行下单。当客户具有货运运输需求时,通过拨打客服电话下单。客服人员获取客户需求后,将信息录入到调度平台中,需求信息录入调度平台后,调度平台进行数据的自动筛选,全程由计算机程序来计算和筛选。

3. 线下交单

郑明物流网点附近的客户,在客户需要当面下单时,可以通过到达服务网点线下提交订单这一方式进行下单。这一方法需要客户到达分公司,与分公司相关负责人进行沟通,分公司将这一信息通过订单系统录入到调度系统,打印电子运单。这一方法虽然比较耗费人力,但是可以让客户更加详细的了解郑明物流的配送车辆,配送流程等,并且当场验证是否有合适车辆,郑明物流接单的结果,也方便郑明物流了解客户的具体需求。

4.1.2 订单分析

客户通过一定的方式完成订单的投放,郑明物流通过订单处理系统对订单进行分析处理,筛选出订单的信息,明晰客户订单的要求,方便完成配送任务,提高客户满意度。

订单管理系统主要通过对以下的客户要求(图2.4.4)来对订单进行处理:

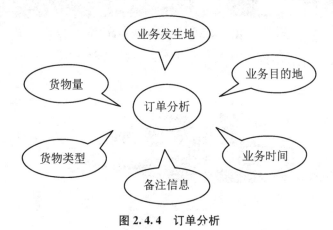

图 2.4.4 订单分析

1. 业务发生地

首先应该要提取出业务发生地的信息,即郑明物流车辆接货装货的具体地址,从而在离其最近的配送中心中调度空闲的车辆。

2. 业务目的地

其次需要筛选出的信息是本业务的终点,这有便于安排回程时车辆的任务分配以及路线的选择,走最佳的路线,完成配送任务。

3. 业务时间

业务发生时间,或者说是货物装货发货的时间,这样方便调度平台调度在业务发生时空闲的车辆。

4. 货物类型

最不可缺少的就是需要配送的货物类型，就要安排不同的车辆。因为本方案主要研究的是冷链物流的调度，所以针对的货物是指冷链的货物。

最常见的是根据货物适用温度进行分类，如表 2.4.1 所示。

表 2.4.1 货物分类

商品类型	温度要求（℃）	示例商品
保鲜商品	0～5	低温奶制品、豆制品、果汁、蔬菜制品、米面制品
冷藏商品	−15～−18	速冻食品、肉制品、水产品
冷冻商品	−22～−25	冰激凌、冷冻海产

郑明物流拥有各种型号的冷藏车，而且部分车辆内部有着不同的隔温板，将车厢划分成几个不同的温区，分类存储不同性质货物，具备专业的设备对不同的温区进行实时监控。在明确货物的详细信息后，便利分配车辆完成配送任务。

5. 货物量

需要车辆的多少取决于货物量。

6. 备注信息

备注信息的功能主要是指客户托运的货物有一些特别的要求，如当货物的尺寸超长或需要特殊的冷藏条件，将相关的要求在备注栏内填写。

在客户下单后，订单管理系统进入对订单进行分析的界面，或者说提取的重要信息的界面，即订单详情的页面，大致涵盖了以上的几个要素。调度员以管理员身份登录该系统。

管理员视角下的订单界面如图 2.4.5 所示。

图 2.4.5 管理员查询订单详情界面

4.1.3 筛选订单

(1) 在接到客户订单后进行信息处理,按照客户要求的时间进行检索,搜寻目前的分配中心是否有车辆空闲,如果有车辆目前空闲,那么优先安排自有车辆。

(2) 在这些车辆中按客户需要的车辆类型进行检索,找出此时适合配送商品的车辆。如客户需要使用的是冷冻运输的冷藏车,那么在这些空闲车中检索出冷冻冷藏车。

(3) 分析车辆数目是否满足客户需求,如果郑明物流自有的车数目可以满足客户需求,那么可以完成订单。输出车辆的信息,通过调度平台对驾驶员发出调度指令,如果客户通过互联网下单,此时可以在网络界面为客户显示订单已确认,可以进行后续的运费等操作。电话操作的客户要短信或电话进行确认通知。

(4) 当郑明物流此时的剩余车辆不足以完成这个任务时,就要进行社会车辆的选择。在郑明物流社会车辆管理数据库中,进行前三步的检索。

(5) 当车辆能够满足客户的需求时,执行步骤(3)进行确认以及输出调度指令。当车辆还是不能满足客户的需求时,郑明物流可以退一步将任务委托给另一个物流运输企业去完成。如果再不可行,系统会自动通过信息平台通知客户交易失败。在互联网客户界面显示此时期车辆运力不足,请更改日期或取消交易。电话下单客户进行电话通知并与客户进行交流,是否可以更改日期等,否则取消订单。

筛选车辆流程如图2.4.6所示。

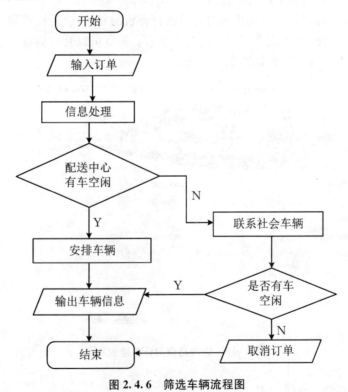

图2.4.6 筛选车辆流程图

4.1.4　确认订单

4.1.4.1　电子运单的使用

电子运单(图 2.4.7)将原始收寄信息按一定格式存储在调度平台计算机信息系统中,并通过打印设备将订单原始收寄信息输出至热敏纸等载体上所形成的单据。电子运单自动对接计算机信息系统、自动绑定快件编号、实时生成并快速打印快件收寄信息,更好地满足了批量交寄快件的需要。

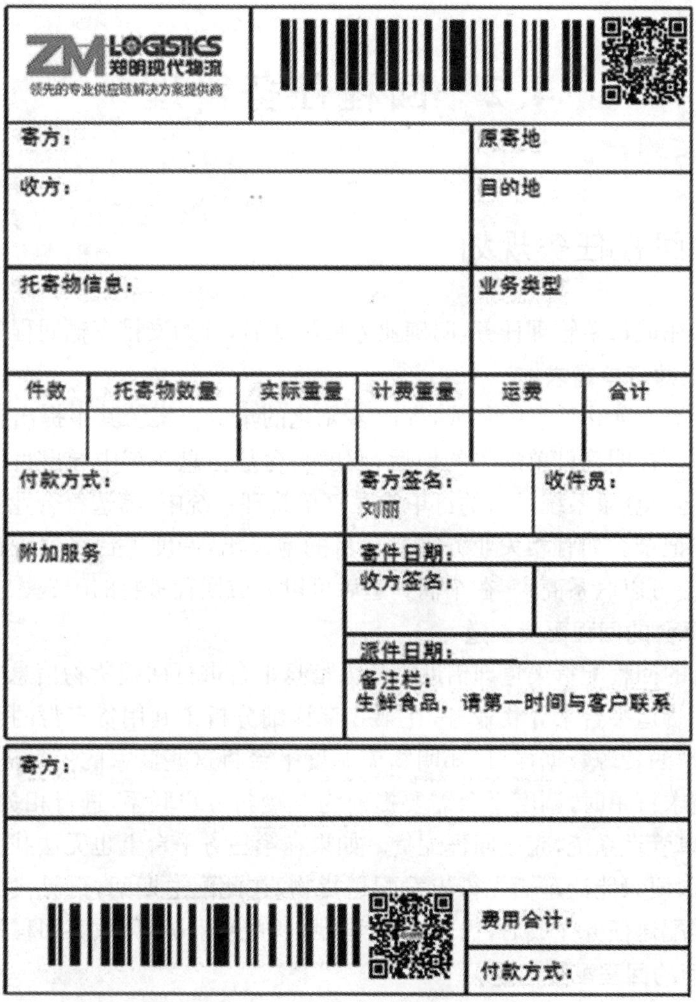
ZM LOGISTICS 郑明现代物流
领先的专业供应链解决方案提供商
寄方:
原寄地
收方:
目的地
托寄物信息:
业务类型
件数 | 托寄物数量 | 实际重量 | 计费重量 | 运费 | 合计
付款方式:
寄方签名:
刘丽
收件员:
附加服务
寄件日期:
收方签名:
派件日期:
备注栏:
生鲜食品,请第一时间与客户联系
寄方:
费用合计:
付款方式:

图 2.4.7　电子运单

电子运单每联均由三层组成:第一层为热敏打印纸,用于信息打印;第二层为铜版纸或格拉辛纸等材料,用于粘贴;第三层为格拉辛离型纸,用于隔离。电子运单宜采用三联,不包含寄件人存根联的,在接受货物时,企业应当向发货人提供相应托运证明,方便发货人查询。

电子档案保存期限应不少于 2 年。企业提供给客户的托运证明或系统生成的电子数据记录可作为争议处理时重要的证据材料。

4.1.4.2 二维码的运用

二维码(图 2.4.8)具有可链接特定网页的功能。在电子运单上的二维码是针对于每个特定的订单,由系统生成,链接到特定订单详情的网页。客户可以通过订单号查询订单的状况,也可以使用扫描设备扫描二维码了解货物状况。

图 2.4.8　二维码

4.2　回程任务管理

4.2.1　回程任务规划

在调度平台完成订单管理任务,明确业务目的地后,开始安排车辆回程配货。

1. 回程客户的订单需求

第 3 章介绍了多元化信息的集成,提出多元化的集成方案。其中提出在配送终点的周围发展回程客户。在明确订单的目的地后,调度平台从信息系统中导出目的地附近的合作商家信息,查询客户登录系统录入的订单。在订单管理系统中,筛选符合业务目的地附近的合作商家的订单记录。如有相关业务需要从目的地发出,调度平台将分析在时间上是否吻合,若时间合适便可以联系商家,在车辆到达后可以完成回程货物的配送。

2. 第三方平台的回程配货渠道

第三方平台的回程配货渠道即借助第三方信息平台进行回程货物信息收集。郑明物流可以借助第三方货运平台来寻找业务,在第 3 章详细分析了利用货车帮的客户信息来匹配货源,调用货车帮的货源数据接口,郑明物流调度平台将这些商家的信息进行筛选,当有符合回程配货的需求订单时,调度平台需要提前为车辆与客户联系,进行相关的商务谈判,接受订单,录入订单管理系统,完成回程配货。如果在第三方平台上也无法找到当地的有冷链配送需求的商家,便只能让车辆先行出发配送货物,在此配送期间,再寻找可能有业务需求的客户。当去程配送任务完成后,仍旧无法实现回程配货业务,便放弃回程配货规划。

3. 社会车辆的回程配货问题

当某业务是由社会车辆完成时,郑明物流需要考虑是否要为社会车辆安排回程的任务,如果需要,在找到回程任务后,通过智能车载终端和移动智能 APP 客户端将指令发给社会车辆的驾驶员。在当前,本方案设计的回程配货信息,主要是运用本企业的自有车辆。这是因为目前利用社会车辆付款要付全程的费用,包括回程的费用,此外,使用社会车辆回程配货存在的风险更大,且带来了更多更复杂的管理问题。

4.2.2 回程任务流程

图 2.4.9 是调度平台为车辆安排回程任务的流程图。

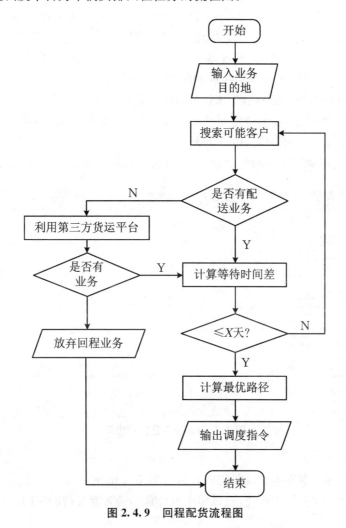

图 2.4.9　回程配货流程图

4.2.3 回程任务时间差管理

回程客户的寻找中发现有符合回程配货需求的客户的状况下,本方案还为郑明物流提出了一些其他重要的考虑。调度平台找到回程配送业务时,还需考虑到其中的等待时间差问题。可能在郑明物流的车辆到达目的地后,存在返程客户的业务需要在几天后才发出。因此,调度平台需要对收入成本进行效益分析,要确保回程的业务是可以盈利的,反之调度平台就不为车辆规划回程业务。

1. 公式建立

具体如下：

当收入大于运输成本时，该业务可以接受，计算公式如下：

$$1000yx - b_1[def_1/100 + eg + ce + 2A(h+i)] - \cdots - b_n[def_n/100 + eg + cg + 2A(h+i)] > 0$$

其中，x 表示运价，单位是元/千克；y 表示运货量，单位是吨；a 表示车辆型号，$a_1, a_2, \cdots, a_n$ 代表被用型号的车辆；b 表示冷藏车数量，$b_1, b_2, \cdots, b_n$ 表示相应车型的数量；d 表示燃油价格，单位是元/升；e 表示配送起点和终点的距离，单位为千米；f 表示车辆每百千米的油耗，$f_1, f_2, \cdots, f_n$ 代表相应车型的每百千米油耗，单位为升；g 表示路桥费，单位为元/千米；h 表示驾驶员工资以及各种福利，单位是元/(人·天)；i 表示驾驶员出车补贴，单位为元/(人·天)；A 表示车辆需要等待的时间，单位为天。

需要注意的是每辆车配备两位驾驶员，计算公式和代码如图 2.4.10 所示。

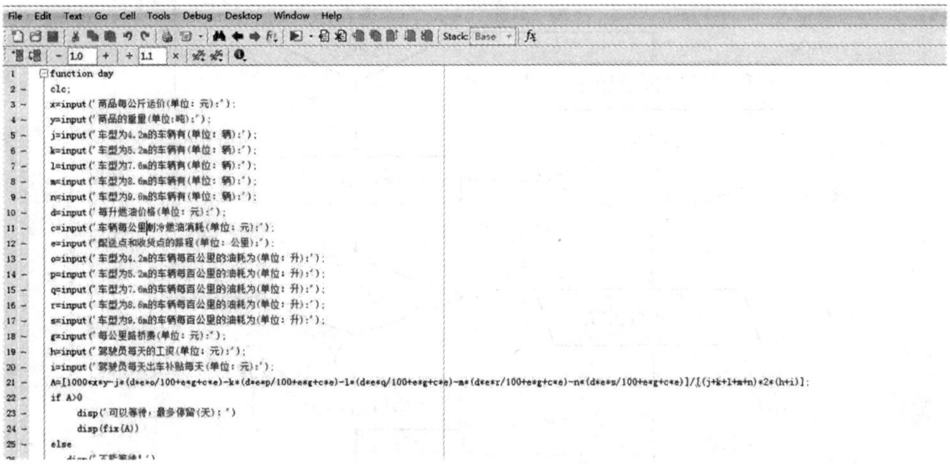

图 2.4.10 计算公式和代码

2. 算例验证

根据已有的数据，本方案暂以郑明物流的一辆 7.6 m 的冷藏车从上海一批货物运输到杭州之后回程为例，货物量为 3 吨，通过程序可计算出最久能等待的时间。具体数值如下：

$$x = 0.95$$
$$y = 3$$

用 a 表示型号为 7.6 m 的冷藏车；$b_1=1$；$e=180$；$f_1=21$；$g=2.35$；$h=165$；$i=50$；驾驶员人数=2(人)，通过程序计算出结果如图 2.4.11 所示。

当 $y=2$ 时，计算结果如图 2.4.12 所示。

由上述可知，当货物量为 2 吨时，最多可以等待 1 天，理智分析是不可接受该配送业务，为车辆规划其他业务。当货物量为 3 吨时，最多可以等待 4 天，该业务若需等待 1～2 天，便可安排车辆等待配送。若需要 3～4 天，可以安排继续等待，也可以安排其他业务，因为等待 4 天可能错过别的业务，应从利润的角度具体分析相关规划。

图 2.4.11　$y=3$ 时的计算结果图

图 2.4.12　$y=2$ 时的计算结果图

4.3　车辆调度算法

4.3.1　一般车辆路径优化问题的蚁群算法

4.3.1.1　问题描述

物流配送路径优化问题,是指对一系列装货点或卸货点组织适当的行车线路,使车辆有序地通过它们在满足一定的约束条件(如货物需求量、交发货时间、车辆容量限制等)下达到一定的目标,使总代价最小(如路程最短、费用最少、时间尽量少、使用车辆尽量少等),并且同时满足以下条件及假设:

(1) 所有的车辆以配送中心为起点并且最终回到配送中心;
(2) 每条配送路径上各个需求点的需求量之和不超过配送车辆的最大载量;
(3) 每条配送路径的长度不超过配送车辆一次行驶的最大距离;
(4) 每个客户的需求必须满足且只能由一辆配送车辆送货。

4.3.1.2 数学模型

为了构造数学模型方便,将物流中心、客户编号分别定为 $0,1,2,\cdots,l$ 均以 i 来表示,定义变量如下:

$$x_{ijk} = \begin{cases} 1, & \text{车辆} k \text{由点} i \text{驶向点} j \\ 0, & \text{其他} \end{cases}$$

$$y_{ik} = \begin{cases} 1, & \text{点} i \text{的运输任务由车辆} k \text{完成} \\ 0, & \text{其他} \end{cases}$$

则可得到数学模型如下:

$$\min Z = \sum_{i=0}^{l} \sum_{j=0}^{l} \sum_{k=0}^{m} c_{ij} x_{ijk} \tag{4.1}$$

$$\sum_{i=0}^{l} g_i y_{ik} \leqslant q, \quad k=1,2,\cdots,m \tag{4.2}$$

$$\sum_{k=1}^{m} y_{ik} = 1, \quad i=1,2,\cdots,l \tag{4.3}$$

$$\sum_{k=1}^{m} y_{0k} = m \tag{4.4}$$

$$\sum_{i=0}^{l} x_{ijk} = y_{jk}, \quad j=1,2,\cdots,l, \quad k=1,2,\cdots,m \tag{4.5}$$

$$\sum_{j=0}^{l} x_{ijk} = y_{jk}, \quad j=1,2,\cdots,l, \quad k=1,2,\cdots,m \tag{4.6}$$

$$X = (x_{ijk}) \in S \tag{4.7}$$

$$x_{ijk} = 0 \text{ 或 } 1, \quad i,j=0,1,2,\cdots,l, \quad k=1,2,\cdots,m \tag{4.8}$$

模型中,c_{ij} 表示从 i 到 j 点的运输成本,它的含义可以是距离、费用等,一般由实际情况确定;式(4.1)表示费用最小的目标;式(4.2)表示车辆 k 承担的货物重量之和不大于车辆的载量;式(4.3)表示任务 i 只能由一辆车完成;式(4.4)表示由物流中心 0 发出 m 辆车;式(4.5)和式(4.6)表示两个变量之间的关系;式(4.7)为支路消去约束,能够避免出现与物流中心相分离的线路;式(4.8)为变量的约束取值。

4.3.1.3 蚁群算法求解

用蚂蚁来替代车辆服务客户点,当下一个要服务的客户点会使运载总量超出汽车最大载重量时,就返回到物流中心,表示这辆车完成该客户点的运输,接着服务其余客户点,直到所有客户点都得到了一次服务,此时该蚂蚁完成一次巡游。当所有蚂蚁都巡游一次,计为一次循环。一次循环后,根据各蚂蚁巡游的好坏(即目标函数值的大小),计算路径信息素增量,更新相关路径上的信息素。

4.3.2 上海郑明物流中心站配送路径优化问题的蚁群算法

根据郑明物流配送业务的特点,其物流配送问题应该属于单物流中心、单车型的、封闭型的非满载送货车辆优化调度问题。即在整个物流系统中只有唯一的一个供货点,同时也作为车场,车场的车辆都是同车型的,当有客户提出任务需求时,车辆装载完货物后从车场出发,向各个任务点运送货物,车辆在完成运送任务后必须返回到车场,形成封闭的路线。那么应在以上条件下求得满足货运需求的路程最短、成本最低、效率最高的车辆行驶路径。首先建立相应的数学模型。

4.3.2.1 配送路径优化目标

配送路线合理与否对配送速度、成本、效益影响很大,因此,采用科学的合理的方法确定配送路线是一项非常重要的工作。首先要明确物流配送路径的优化目标,才能有效地针对目标进行优化。目标的选择根据配送的多种条件而定,可以有以下多种选择:

(1) 效益最高。在选择以效益为最高目标时,通常以企业当前的效益为主要考虑因素,同时兼顾长远的利益。效益是企业整体经营活动的综合体现,可以用利润来表示。因此,在计算时是以利润数值最大化为目标值。但由于效益是综合的反映,在拟定数学模型时,很难与配送路线之间建立函数关系,所以一般很少采用这一目标。

(2) 成本最低。计算成本比较困难,但和以效益为目标相比有所简化,在成本和配送路线之间有密切关系,且成本对最终效益起决定作用的情况下,采用以成本最低为目标实际上等于选择了以效益为目标,比较实用可行。

(3) 路程最短。当成本和路程相关性较强,而和其他因素相比是微相关时,则可以选择路程最短为目标,这样可以避免许多不易计算的影响因素,大大简化计算。但需要注意的是,有时候路程最短并不意味着成本最低,如道路条件、道路收费会影响成本。

(4) 吨千米最小。吨千米最小在长途运输中常被作为选择目标,在多个发货站、多个收费站、整车发到的情况下,选择吨千米最小为目标可以取得满意结果。在配送路线选择中,此目标在一般情况下并不适用,但在采取共同配送方式时,可以作为目标。

(5) 准时性最高。准时性是配送中重要的服务指标,以准时性为目标确定配送路线就是要将各客户的时间要求和到达各客户点的先后顺序进行协调安排,这样有时难以顾及成本问题,甚至需要牺牲成本来满足准时性要求。但对准时性的要求必须建立在控制成本的基础上。

(6) 运力利用合理。在运力与成本或效益有一定相关的情况下,为了节约运力、充分运用现有运力,而不需外租或新购车辆,也可以运力安排为目标,确定配送路线。

本文研究的物流配送问题,根据上海郑明公司物流系统的特点,将优化目标设定为:路程最短、运力利用合理(注:实际生活中的路径,与开发地图软件公司合作,选取路径时,在考虑距离最短、经过收费站最少以及交通拥挤等待时间最短等多种情况下,综合多种因素,从而得到最优的路径)。

4.3.2.2 符号的定义

符号定义如下:
L:客户点总数;
$q(i)$:客户点 i 的货物需求量,单位为吨,其中 $i=1,2,\cdots,kh$;
$d(i,j)$:从客户点 i 到 j 的距离,其中 $i,j=1,2,\cdots,kh$,特别地当 $i,j=0$ 时,表示物流中心,$d(0,3)$ 表示物流中心到客户点 3 的距离;
K:车辆的总数;
Q_k:车辆 k 的最大装载量,其中 $k=1,2,\cdots,K$;
D_k:车辆 k 的最大行驶距离,其中 $k=1,2,\cdots,K$;
n_k:车辆 k 配送的客户总数,当 $n_k=0$ 时,表示车辆没有参与配送;
R_k:车辆 k 配送的客户点的集合。当 $n_k=0$ 时,R_k 为空集;当 $n_k\neq 0$ 时有
$$R_k=\{r_k^1,r_k^2,\cdots,r_k^{n_k}\}\subseteq\{1,2,\cdots,L\}$$
其中,r_k^i 表示该客户点在车辆 k 的配送线路中的顺序为 i,$k=1,2,\cdots,K$。

4.3.2.3 约束条件

根据前面对物流配送路径优化问题的描述,我们可以提取出以下几个约束条件:
(1) 每条线路上的客户点需求量之和不超过汽车载重量:
$$\sum_{i=1}^{n_k}q_{r_k^i}\leqslant Q_k, \quad n_k\neq 0 \tag{4.9}$$
(2) 每条配送路径的总长度不超过汽车一次配送的最大行驶距离:
$$\sum_{i=1}^{n_k}d_{r_k^{i-1}r_k^i}+d_{r_k^{n_k}0}\leqslant D_k, \quad n_k\neq 0 \tag{4.10}$$
(3) 每个客户点的需求必须且只能由一辆汽车来完成:
$$R_{k_1}\mathrm{I}R_{k_2}=\varnothing, \quad k_1\neq k_2 \tag{4.11}$$
(4) 配送路线遍历所有客户点:
$$\bigcup_{k=1}^{K}R_k=\{1,2,\cdots,L\}$$
$$0\leqslant n_k\leqslant L \tag{4.12}$$
$$\sum_{k=1}^{K}n_k=L$$

4.3.2.4 优化目标函数

根据本文物流配送路径优化的问题,先分别列出各优化目标的数学形式。

(1) 总路程 S:

$$S = \sum_{k=1}^{K}\left(\sum_{i=1}^{n_k} d_{r_k^{i-1} r_k^i} + d_{r_k^{n_k} 0}\right) \tag{4.13}$$

(2) 运力利用率成本 TR：

以车辆的满载率来表示运力利用率：

$$TR = \frac{\sum_{i=1}^{L} q_i}{\sum_{k=1}^{K} Q_k} \tag{4.14}$$

综合上面各式，可以得出本文物流配送路径优化问题的总目标函数 Z：

$$Z = x_1 * S + x_2 * \left(\frac{1}{TR}\right) \tag{4.15}$$

其中，x_1，x_2 为权重系数。

至此，已经将郑明物流配送问题的约束条件和优化目标用数学公式表示，建立了配送问题的数学模型。这是优化物流配送路径的前提，之后的算法讨论都将围绕着这一数学模型展开，为本文算法的评估目标函数，用于评估算法结果的优劣。

4.3.2.5 蚁群算法求解

蚁群算法的要素包括：蚂蚁、目的地、路径、路径总长度、信息素、路径期望度。现在将这些要素一一对应到物流配送模型中。

蚂蚁：执行任务的车辆。

目的地：即要完成的任务，配送模型中，任务目标就是在约束条件下遍历所有客户点。

路径：对应与物流配送模型中客户点之间以及客户点和冷库之间的道路长度。

路径总长度：即衡量优化效果的标准。在物流配送模型中，我们已经建立了物流配送的优化目标函数，优化的目标函数 $Z = x_1 * S + x_2 * \left(\frac{1}{TR}\right)$ 的函数值，即可作为路径总长度。

信息素：这实际上是一个抽象的量。信息量的变化是与路径总长度成反比的，所以它是反映路径总长度，并将其累积传递的一个量。上文已经定义了物流配送模型的路径总长度，相应地，就以 Q/Z 作为信息变化量，其中，Q 为常量，Z 为目标函数的函数值。

路径期望度：这是一个关于路径的函数，根据某种启发式算法得到，而这种算法则需要我们通过实验探索求得，一般为距离的倒数。

在物流配送问题中，蚂蚁每次返回冷库就表示一条配送线路的完成，然后蚂蚁再次从冷库出发，开始搜索下一条线路。直至遍历所有客户点，这只蚂蚁才算到达目的地。

根据前述内容，设计具体算法求解步骤如下：

Step1：设置各边的初始信息素；

Step2：给第 k 只蚂蚁随机选择起点 i，并把 i 放入到第 k 只蚂蚁的搜索禁忌表 tabu 中；

Step3：根据概率公式，求第 k 只蚂蚁的转移概率 $p(i,j)$，找到蚂蚁 k 下一个要走的点 j；

Step4：计算 i 和 j 连接后线路上的总货运量 q_{sum}，若 $q_{sum} \leqslant q_{max}$（车辆最大容量），则转下一步，否则转 Step6；

Step5:把 j 点放入蚂蚁 k 的 path 中,转 Step3;

Step6:蚂蚁返回物流中心,判断表 allowed 是否为空,若空转下一步,否则转 Step3,从表 allowed 中得到下一个要走的点;

Step7:计算并更新各边的信息素;

Step8:若算法循环 NC_{max} 次后停止,则计算最后总的最短路径长度和最短路径并打印出来,否则转 Step2。

从算法步骤中可以看到,在蚂蚁的一次循环中,本文是随机选择每只蚂蚁起点,而并不是每只蚂蚁的起点都从物流中心出发,这样能更有效地检验算法,因为作为随机搜索算法之一的蚁群算法往往会因为起点的差异而得到差别很大的解,这样有利于找到更好解。

程序框图如图 2.4.13 所示。

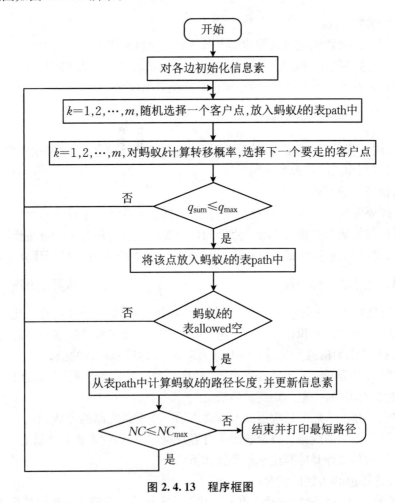

图 2.4.13 程序框图

4.3.3 算法实例分析

4.3.3.1 问题叙述

假设郑明物流在上海只有一个配送中心,设为 V_1,且一辆车能满足一天的送货任务下,如图 2.4.14 所示(为了建模需要,图做了简化)。

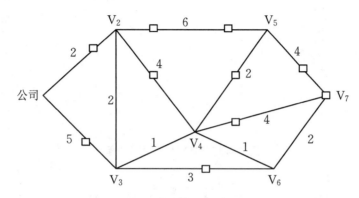

图 2.4.14 算法实例图

图中白色小方框表示要送货客户所在地,边表示街道,V_2、V_3、V_4、V_5、V_6、V_7 分别表示各个送货点街道的末端、数值表示距离、求解使得所走路程最短。

4.3.3.2 邻接矩阵的建立

如图 2.4.14 各顶点间的带权图的两种邻接矩阵 d,见表 2.4.2。表中的含义是 V_i 到 V_j 之间的距离,只有相邻节点之间的实际距离用数值表示,非相邻节点之间以及本节点到本节点用 Inf 表示。

表 2.4.2 距离矩阵

	V_1	V_2	V_3	V_4	V_5	V_6	V_7
V_1	Inf	2	5	Inf	Inf	Inf	Inf
V_2	2	Inf	2	4	6	Inf	Inf
V_3	5	2	Inf	1	Inf	3	Inf
V_4	Inf	4	1	Inf	2	1	4
V_5	Inf	6	Inf	2	Inf	Inf	4
V_6	Inf	Inf	Inf	1	Inf	Inf	2
V_7	Inf	Inf	Inf	4	4	2	Inf

4.3.3.3 蚁群算法求解最小生成树

用蚁群算法求解是求车辆运输的各个节点的距离的最小值即最小生成树,用 MATLAB

编程求解,结果如图 2.4.15 所示。

图 2.4.15 MATLAB 编程求解

该路线为

$$公司(V_1) \xrightarrow{5} V_3 \xrightarrow{1} V_4 \xrightarrow{1} V_6 \xrightarrow{2} V_7 \xrightarrow{4} V_5 \xrightarrow{6} V_2 \xrightarrow{2} 公司(V_1)$$

$$路程 S = 5+1+1+2+4+6+2 = 21(km)$$

但是这个最小生成树只是遍历每个节点后结束,所经过的边也仅仅是节点数减 1,即 $n-1$,而本题目是求从公司出发到各个收货地点的最小距离,也就是说图中的边基本上都要经过,所以需要在最小生成树的路线(图 2.4.16)上做适当的调整。

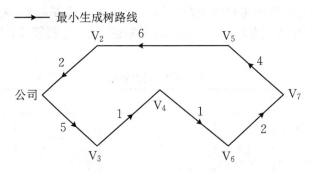

图 2.4.16 最短路径对应路线图

根据题目所给的图示,可以看出 V_2 到 V_3、V_2 到 V_4、V_4 到 V_5、V_4 到 V_7、V_6 到 V_3 这些路段中都含有要送货客户的所在地,因此这些边需要添加上去,图中用虚线表示。然后试着走这些路线,不需要经过的如 V_6 到 V_7,这条路可以去掉,构不成回路的,再加一条或几条边,如 V_4 到 V_5 需要两次经过。最终得到如图 2.4.17 所示的路线结果。

$$公司(V_1) \xrightarrow{5} V_3 \xrightarrow{3} V_6 \xrightarrow{1} V_4 \xrightarrow{1} V_3 \xrightarrow{2} V_2 \xrightarrow{6} V_5 \xrightarrow{2} V_4 \xrightarrow{4} V_7 \xrightarrow{4} V_5 \xrightarrow{4} V_4 \xrightarrow{4} V_2 \xrightarrow{2} 公司(V_1)$$

此时路程

$$S_1 = 5+3+1+1+2+6+2+4+4+2+4+2 = 36(km)$$

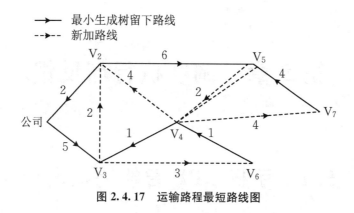

图 2.4.17 运输路程最短路线图

4.4 调度指令生成

车辆调度计划完成后,调度平台应当立即生出调度指令,发送给驾驶员。如图 2.4.18 所示,调度平台根据当前的任务,开始生成相关的指令,根据安排,对调度使用的车辆发送相关指令,相关指令包括货物的接收地点、时间、规划的路径、派出执行任务的车辆编号等,在智能车载终端和手机 APP 智能终端中,将相关信息及时传递给驾驶员,驾驶员接收到相关信息后,及时将接收任务的指令反馈给调度平台,调度平台接收信息,在订单管理系统中,自动更新车辆的实时状态,将车辆的相关信息和驾驶员的联系方式在订单系统中更新,方便客户可以及时查询承运车辆信息和货物状态。

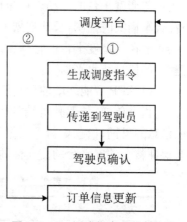

图 2.4.18 调度指令生成与确认

4.5 本章小结

在本章的内容中,调度平台完成了从客户下单到指令生成的运作。在客户通过一定的方式完成订单的下达后,调度平台通过对订单的分析筛选相应空闲的车辆,再为其规划去程的路径以及回程的相关安排,最后调度指令生成。

在车辆在去程配送之前,调度平台已经完成了以上的调度过程,此时,调度平台向驾驶员发送调度指令。该指令中完整的包括了驾驶员接货地点、路径安排、回程配货地点、回程路径,驾驶员只需按照指令上要求完成配送任务即可。整个调度系统大幅度地减少了人工的参与,使配送过程更高效的运作。

第 5 章 调度执行与反馈

5.1 手机 APP 智能终端设计

5.1.1 项目定位：APP 与车载终端的融合使用

手机 APP 智能终端的设计，目标是实现对执行任务车辆的实时控制，改善对货运车辆驾驶员与调度平台的互动。在短期内，通过 APP 这种对于驾驶员近乎零成本的方式，实现对社会车辆实时控制，长期规划是实现车载智能终端和手机智能终端的融合使用，为自有和社会车辆在与调度平台的管理和沟通上提供便利，提高信息传递的保真度和及时性，从而提高整体的信息化水平。

手机 APP 智能终端的运营管理交由调度平台来进行相关数据的采集和更新、相关调度信息的指令传递、与驾驶员端的信息交互、导航信息、紧急问题的处理、第三方驾驶员的管理、信息的反馈、信息更新等工作。业务信息由调度平台生成，并对信息进行处理、控制与存储，保证整个调度平台的交互性的提高、效率的提升。

表 2.5.1 车载终端和手机 APP 智能终端的功能对比

功能	车载终端	手机 APP 智能终端
车辆实时监控	终端的软硬件结合	基于 LBS-AGPS 模块实现
历史轨迹	终端本身存储轨迹	借助服务商的数字地图服务
报警功能	本身具备报警功能	借助调度平台的系统报警
远程控制	调度系统能直接控制	借助 APP 端提示驾驶员实现
互动功能	互动的水平低和便利性差	实时互动、效率较高
统计报表	终端自动存储生成报表	利用调度平台生成存储数据
信息更新维护	较慢、自动化水平低	更新较快、水平较高

郑明物流自有车辆由平台统一进行监控，车辆配备的车载终端具有车辆实时监控、历史轨迹、报警功能、远程控制、互动、统计报表等功能，自有车辆车载终端和调度系统的交互性的便利程度较低，存在交互水平和效果不尽满意的状况。此外，社会车辆的监控系统无法实现和郑明物流调度系统的数据交换，部分车辆存在无车载终端的状况以及外部组织管理困

难的问题。

装备车辆感应器等软硬件的车载智能终端有其优势和不可替代性,但是对社会车辆安装郑明物流系统的车载终端的软硬件的投入过大,长期经济效益不能保证。智能手机的普及和 4G 网络的大规模应用,APP 有部署方便的优势。因此本方案设计了调度平台的车辆交互模块的手机 APP 智能终端。

手机 APP 智能终端和车载智能终端是互补的,是能够同时存在的。对于社会车辆,不可能安装车载智能终端,此时手机 APP 智能终端是唯一选择。对于自有车辆,虽然已有智能终端,但是它在交互功能上受限,因此可以要求驾驶员安装手机 APP 智能终端,其边际成本为 0。

5.1.2　手机 APP 的功能设计

手机 APP 智能终端在功能模块上设计了四个主功能区,其分别是任务中心、消息中心、路线导航和设置中心。

5.1.2.1　任务中心

任务中心有三大模块的功能(图 2.5.1):首先是当前任务,当前任务是车辆此刻正在执行的任务,在无任务时,可以为空;其次是未来任务,未来任务是调度平台在充分调度车辆时对未来时间任务的安排,在当前任务完成后,自动跳转到下一任务;最后是添加订单的功能,为驾驶员执行任务中收到配送订单而设计。

任务中心的主要功能是接收调度平台传输的调度任务,调度平台将配送任务发送到相应驾驶员的账号里,驾驶员通过任务中心查看由调度平台发来的任务,可根据实际情况选择是否接收。任务中显示了调度指令的详细信息,包括接货地点、路线安排、回程安排等具体的指令规划。

但是在实际配送过程中,可能会涉及驾驶员主动添加某业务订单的情况。例如,某车辆在执行上海去往合肥的配送任务,在目的地卸货时,遇到附近某商家主动提出返程配送需求,驾驶员为节省时间,可利用手机 APP 智能终端自行测算运费。若确实可以接

图 2.5.1　APP 任务中心界面

受这个订单,驾驶员可以在驾驶员端界面上点击"添加订单"选项,向调度平台反馈实时情况,等待调度平台的下一步安排和指令。

方案在之前的回程任务管理中也提到,并不是所有配送车辆都可以寻找到相应的回程配送需求,考虑到实际情况,驾驶员有可能会遇到这种特殊情况。那么当驾驶员偶遇此类订

单,再通过各种方式联系调度平台过程繁琐,本方案的添加订单功能就是为应对此类情况而设计(图2.5.2)的。

5.1.2.2 消息中心

消息中心是驾驶员向调度平台进行反馈的平台,驾驶员在消息中心向调度平台及时反馈任务进程,在完成每一阶段任务时都需要与调度平台进行实时交流。例如,接货时,到达接货地,可以点击"到达接货地",向调度平台反馈车辆已经到达指定地点进行装货,装货完毕点击"装货完毕"直到最后交货完毕。在特殊情况时,如车辆延误导致无法按照预定安排完成任务,则需要点击相关选项,如"车辆延误"向调度平台传达目前的车辆情况(图2.5.3)。

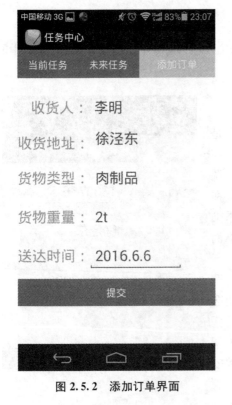

图 2.5.2 添加订单界面

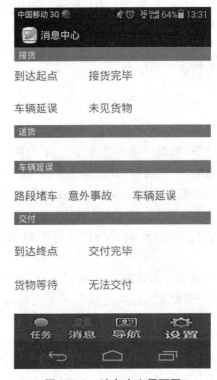

图 2.5.3 消息中心界面图

5.1.2.3 路线导航

路线导航是为驾驶员规划最优路线的展示模块。

路线导航中还有"附近"模块,该模块的功能是为驾驶员提供相关饮食住宿信息,在执行回程配送任务的时候可能需要等待一定时间,在此期间,可为驾驶员提供附近地点的餐饮、维修、加油等信息。

5.1.2.4 设置中心

设置中心包括多个子模块,每个模块有其特定的功能。如账号和头像、我的车辆、个人资料、设置、运费测算、退出登录等。

本方案在任务中心介绍到驾驶员时,可主动在客户端上添加新订单,这里需要进行运费测算。当驾驶员遇到有配送需求的商家时,商家的配送需求与自身车辆的回程契合,驾驶员可以利用手机 APP 智能终端中的运费测算功能,为商家计算相关运费。之后驾驶员也可主动与商家洽谈相关事宜,这也是郑明物流扩展业务的一种途径。具体界面如图 2.5.4 所示。

本方案的运费测算是根据郑明物流不同地区的运价以及车辆损耗信息等计算出的运费,驾驶员只需输入相关货物信息、目的地,APP 会自动根据运费公式计算出相应的运费。由于货物类型不同,运输路线不同,导致运费也不同。例如货物可以按重量计费,也可以按体积收费,具体以实际为准。这里方案以某车执行上海去往合肥的配送任务为例,在回程时遇到相关商家的配送业务,计算出运费。举例具体如下:

假设配送货物重量达 x 吨,路线是从合肥返程至上海,由郑明物流目前的运价情况,可知运价为 1.10 元/千克,驾驶员可以通过客户端很快地计算出运费 $y=1100x$。即若商家的货物若是 5 吨,则计算出的运费就为 5500 元,再通过驾驶员和商家的洽谈,相当于为郑明物流扩展回程业务,减轻调度平台忙于寻找回程任务的负担。

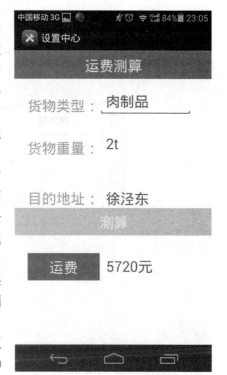

图 2.5.4　运费测算界面图

5.2　接 货 管 理

5.2.1　指令确认

调度平台发出的指令会下达给车辆的驾驶员,驾驶员的手机 APP 智能终端账号上会收到订单信息。驾驶员接收后若无特殊情况,进行确认,此时后台的调度平台会同步显示驾驶员的确认状况。此单的车辆也就确认完毕。如图 2.5.5 所示,调度平台在下达指令后,驾驶员可通过车载终端或者 APP 界面显示任务订单,也就是图中①和②所示。当两者任何一端做出回应,调度平台可认为驾驶员已接受任务,若两者都没有显示,则通过短信电话的方式联系驾驶员,及时确认信息,并同步更新数据。

若驾驶员在界面表示无法进行配送,此时也需人工联系其他驾驶员,在对应驾驶员账号进行信息的发送。待新的驾驶员确认接收后,此订单的车辆也就确认完毕。

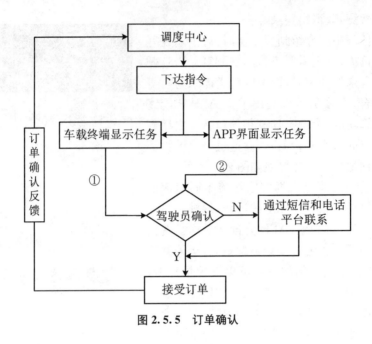

图 2.5.5 订单确认

5.2.2 接货管理

在任务中心的当前任务界面会显示接货时间和地点，驾驶员在指定时间到达接货地点后，开始双方交接。

待接货完成，驾驶员要在手机 APP 智能终端上点击"接货完成"，此时后方综合调度平台会显示此车辆交货完成，这也表明送货的开始。

如果在指定的时间和地点没有接收到货物，立即进行信息的反馈，点击"未见货物"，此时后方综合调度平台就可以得知接货遇到了问题，会立即联系交货方，并将结果通知驾驶员。

如果由于各种原因，驾驶员延误交接时间，此时驾驶员在交接时间之前，点击"车辆延迟"，并需注明时间，后方会将这一结果与交货方联系，尽量保证双方利益不受损失。接货流程如图 2.5.6 所示。

5.3 在途控制

本方案设计了路径规划，在上一章讲了路径算法，体现在手机 APP 智能终端即接收地到交货地的路线。因为郑明物流的接货交货涉及的可能不是一对一的地点，本方案利用调度平台的服务器，结合地图服务商的地图服务，进行规划计算，得出最优线路，据此进行导航，也避免了绕路和时间延误。

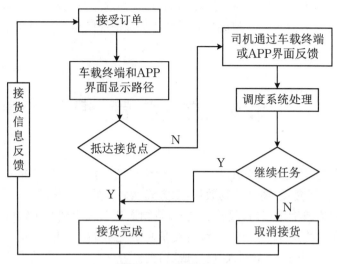

图 2.5.6 接货流程

(1) 将郑明物流已有的 GPS 系统在此进行应用,随着驾驶员按规划路线的行进,调度平台通过 GPS 系统可以看到每一辆车的路线行驶状况。

(2) 驾驶员在配送途中如遇特殊状况可将信息进行反馈,点击"车辆延误"并输入大概延误时间,下面选择具体状况选项,如"路段堵车",此时,在条件允许的情况下,后台的路线规划系统会为你更换路线,通过手机 APP 智能终端路线导航显示出来,驾驶员可视堵车情况决定是否更换路线;其他选项还有"意外事故""发车延误"。

如图 2.5.7 所示,车辆在途中的位置会通过卫星实时定位,通过车辆运行的路线、方向、速度等因素来对车辆进行实时监控,及时了解车辆到达的地点和时间。并且服务商通过数据传输,使得调度平台可以随时了解车辆的实时信息,随后调度平台可以适时发出相关指令以及接受驾驶员在途中的实时反馈,从而实现调度平台对车辆的统一化管理。而 APP 在其

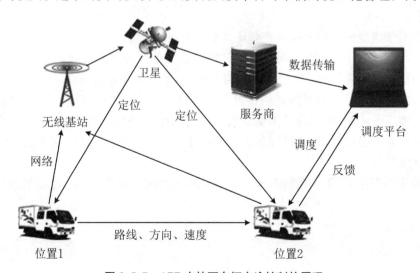

图 2.5.7 APP 支持下车辆在途控制的原理

中可以承担媒介的作用,调度平台在可以随时监控车辆的运行的同时,还可以通过手机APP智能终端对驾驶员发出指令。驾驶员在遇到某些特殊情况时也可通过手机方便快捷地向调度平台汇报。

5.4 交付管理

送达是货物到达指定接收地点,但还未进行交接的阶段。交付是指货物在到达指定地点后,要与收货方进行交接,清点货物数目,双方确认完毕后订单完成。

(1) 车辆在到达送货地点后,驾驶员点击"货物送达",表明现在车辆所处状况。

(2) 驾驶员在货物送达后进行交货,待交货顺利完成后,点击"交货完毕",表示此货物送货完成,后台会自动将此订单划入"已完成"行列。

(3) 驾驶员在到达收货地后,需要进行等待入库,点击"交货等待"后,方会得知此时的订单状况。

(4) 若驾驶员在交货过程中出现货物数目不符或质量不合格等问题,无法进行顺利交付,则点击"无法交付",此时调度平台后方人员会立即电话联系驾驶员和供应双方,进行问题处理。

送达环节中驾驶员如遇到问题,通过信息反馈会得到后台调度平台的及时处理;交付环节中驾驶员通过手机APP智能终端进行此单完成的确认,后台调度平台自动处理数据。

5.5 回程管理

回程中对于指令的执行和反馈主要还是参考去程的方法。

去程货物配送完毕后,在移动智能APP软件的任务中心会直接显示当前任务的信息,即回程货物信息。如果回程货物不是当天进行接货,等待时间差会自动显示在界面,以方便驾驶员安排住宿等问题。回程的路径在出发之前的路线已经规划完成,回程涉及的接货地和交货地可能不止一个,所以为了方便驾驶员进行配送,在回程中依然使用路径导航,接货地和交货地后台已经设好,驾驶员按路线行驶即可。驾驶员对于信息的反馈也是参照去程,在此不做详细讲述。

回程的货物安排是为了降低车辆空载率,提高货物运输效率,同时增加郑明物流的利润。

5.6 本章小结

本章首先针对在执行环节的车辆的信息交互提出了手机 APP 智能终端的开发问题,接着针对手机 APP 智能终端对进行设计必要性和可能性的分析,得出手机 APP 智能终端的开发是未来企业信息化的一项基础工作,并且对于调度平台的功能完善有着不可替代的作用。接着在整体上分析了手机 APP 智能终端的系统架构,针对性地提出了部分功能的创设,并为保证手机 APP 智能终端的正常使用和更新维护,提出了针对性的运作方案。然后针对在执行环节的接货、送货、送达和回程的调度过程进行了分析,保证在执行和反馈的过程中产品的品质和送达的速度。

第6章 风险预估及应对方法

6.1 信息安全管理

6.1.1 风险

信息安全是指存在客户订单登记的相关信息出现丢失和泄露等情况,由此带来的信息不安全问题。这主要是因为客户是通过互联网进行订单操作,网络中存在着许多未知的因素,可能会导致信息不安全的问题,使得客户对于网络下单存在担忧,对互联网下单产生排斥等不安情绪。

6.1.2 对策

1. 采用信息加密技术

郑明物流必须建立一套有效的包括信息加密技术、安全认证技术、安全交易议等内容的信息安全机制,来实现电子信息数据的机密性、完整性、不可否认性和交易者身份认证技术,防止信息被窃取、破坏,甚至出现虚假信息的情况。

2. 访问控制技术

郑明物流需要对不同部门不同员工分配不同的账号和用户名,员工登录郑明物流调度平台时需要身份认证操作。访问控制技术还包括网络权限控制,员工访问系统的权限不同,登录系统后能接触到的信息的类型不同,禁止员工越权操作,维护信息安全。

3. 建立相关信息保密体系

郑明物流要从管理层出发,从管理上维护信息的安全,制定并执行严格的管理制度,形成从管理角度出发的信息安全体系。

6.2 回程配货延误

6.2.1 风险

车辆在配送过程中,可能会出现各种意外情况,导致车辆无法准时到达终点,此时调度平台提前为车辆规划的回程业务可能存在延误的状况。车辆也可能由于特殊情况,如高速堵车,不能准时进行卸货并接收回程货物,延续了与回程业务约定的时间。

6.2.2 对策

通过手机 APP 智能终端软件及时向调度平台反馈实时信息,如果车辆在途中遇到了特殊情况延误了车辆到达时间,驾驶员都可以在手机 APP 智能终端中的信息中心一栏中点击相关选项向调度平台反馈信息。例如,车辆在高速中堵车,驾驶员点击"车辆延误""路段堵车"等选项向调度平台反馈当前状况,调度平台及时根据车辆传来的信息,做出相应的决策。如果车辆无法按时完成回程业务,先电话与客户沟通,商讨延迟发货,若不可以便及时安排当地的配送中心空闲的车辆去完成这个本该回程的业务,再为延误的车辆寻找其他的回程业务。客户至上,要先满足客户要求,提高客户满意度。

6.3 整合外部平台

6.3.1 风险

本案例在考虑回程配货问题时,为降低空载率,设计了与第三方货运平台进行合作的模式,在案例中以货车帮为例。在合作中郑明物流主要利用货车帮平台所发布的信息,将其信息通过开放接口连接到郑明物流的调度平台中,实现信息的共享。但在实际操作中,如果第三方货运平台合作意愿度低,增加了信息获取的难度。

6.3.2 对策

与第三方合作的过程中,如果对方不允许郑明物流无偿使用其资源,即将其信息同步共享给郑明物流调度平台,那么郑明物流可以考虑两种方式:第一是有偿使用,即对信息采取购买手段,按照信息的实用性和可靠性,将其中的利润与第三方平台分割,以此进行合作,将回程配货信息录入郑明物流的调度平台。第二是以股份参与的方式，郑明物流参与货车帮等第三方平台的股份，成为股东，享有信息的分享权。

6.4 服务责任划分

6.4.1 风险

（1）不论是第三方平台还是社会车辆，虽然将社会车辆及第三方平台的信息收集并导入调度平台，但是社会车辆并不属于郑明物流内部；手机 APP 智能终端虽然能增强调度平台对社会车辆的管理和监督，但从根本上无法实现完全可控，而由此带来的货物安全责任风险无法完全避免。

（2）第三方货运平台上的信息鱼龙混杂，郑明物流在第三方货运平台上接受的回程配送业务，很可能会发生相关业务纠纷。

6.4.2 对策

（1）郑明物流均可在进行车辆调度之前，与合作社会车辆企业进行责任划分，明确划分货物安全责任，以此来保证郑明物流的利益不受或减少损失。若发生事故，根据事故的类型及货物的损坏程度来追究主要事故负责人的责任，若主要负责人不愿意承担相应的责任，可根据前期签订的协议依法进行处理。

（2）针对第三方货运平台信息质量的问题，以货车帮为例，首先郑明物流需要和该平台展开深度合作，使平台可以共享给郑明物流信用等级较高的企业及个人发布的配送需求信息。实现高效率获取真实可信的数据，无需一一调查核实该企业的信用度等问题。其次在合作开始前，与客户商谈时，要签订相关合同，明确相关责任归属，如上述与社会车辆签订合同类似。最后，加强车辆的实时监控，保证货物质量，提高客户满意度。

6.5 资金投入管理

6.5.1 风险

本方案所设计的调度平台在信息的采集、信息的维护、人员配备、手机 APP 智能终端的设计开发等方面需要资金的投入。在信息采集中，社会车辆信息、第三方平台的信息可能需要资金来与第三方合作获取资源，确保信息的时效性；在信息的维护中，系统的升级、数据的更新等需要资金予以支持；调度平台需要专业的人才配备来管理，需要一定的资金投入。资金的投入和回报相比是否值得进行操作，是郑明物流在进行规划时需要考虑的问题。

6.5.2 对策

明杉信息公司是郑明物流的一个专业信息技术子公司，对于信息的采集、维护和 APP 的开发，都可以交由明杉公司开发，使用自有信息子公司进行开发所用资金会大大减少。另一方面，资金的投入实现便捷实用的终端调度执行系统，在信息的执行、反馈及可视化方面都比现有的调度平台更为高效，具有长期的回报预期，同时随着时间的发展和科技的进步进行软件更新，满足企业长久发展，适应不断变化的经营环境的需要。人力资源资金投入方面，为了满足公司信息系统的需要，郑明物流需要对内部员工进行专业培训，尽量让自己的员工可以应用新的技术，在必要的时候再引进专业技术人员和管理人员，以此来降低资金投入，同时又能保证系统运行的人员需要。

6.6 大数据的应用

6.6.1 大数据的调度平台信息集合的对象

大数据商业价值主要体现在以下三方面。首先是从大量数据中挖掘出过去的潜在价值。在大数据的应用背景下，企业开始关注过去不重视或者无能力分析的数据，期望从这些数据中发掘出有用信息。郑明物流可以通过项目预研的方式，支持员工和部门探究大数据的应用方案，利用现有的各种数据以及以前未能分析的数据，通过数据存储和分析，根据预研结果择优推进。其次是从大量数据的整合创新中发掘出价值。企业可收集来自企业内部、供应链、电子商务、顾客反馈等多来源的数据，通过对这些数据进行整合分析，提炼出对公司有用的信息。最后，通过对数据再利用，将已经用过的原始数据用于新的领域，实现数据资源的增值。因此郑明物流可利用客户服务互动平台、订单运输管理系统、仓储管理系统等系统对客户、订单、运输等信息收集整理创新，挖掘出对郑明物流有用的价值，更好地

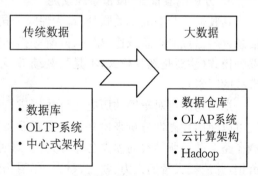

图 2.6.1 大数据与传统数据处理数据的区别

为客户服务，同时拓展新的业务领域。因而本方案的信息集成可以说是一个大数据调度管理平台。

从价值创造的维度出发，就郑明物流而言，可以从两个方向来理解大数据：一个方向是

通过提供增值服务，为顾客创造更多价值，从而间接为郑明物流创造价值；而另一个方向则是主动采集数据，将数据看做是资产，郑明物流可着手建立数据仓库或数据集市，将数据的采集、清洗、存储、分析纳入公司信息化部门的日常管理任务中，直接为郑明物流创造价值。

6.6.2 大数据的调度平台的变革

1. 变革车货匹配

通过运力池的大数据分析，公共运力的标准化和专业运力的个性化需求之间可以产生良好的匹配，结合企业信息系统也会全面整合与优化。基于大数据实现货车与信息平台及APP 的高效匹配。大数据的应用能有效解决公共信息平台上没有货源或货源信息虚假的问题。基于卫星位置信息、实时交通拥堵信息等，郑明物流可利用大数据能更加准确地预测到达时间，可减少车辆运输结果的不确定性，更加准确地实现公司和仓库、仓库和商超的对接。

对于点对点仓库运输来说，郑明物流可利用对大数据的分析，实现仓库之间的信息传递、准时预测仓库内商品的运输效率，使得对接效率更高。通过实施物流行业中的准时制，实现精益物流。

从仓储到商超等配货点的运输，往往会有铺货时限的要求，郑明物流可在大数据的基础上更准确地预测铺货的各种要求，有助于郑明物流提前做好准备，利用珍贵的铺货时间更好地为客户服务。

2. 运输路线优化

通过对货运车辆运输方向、出勤次数、运输里程、运载货物类型的综合分析，提炼反映经济走势的公路货运指数，综合分析公路货运指数。不论是去程任务还是回程任务的管理，均可使得物流运输效率大幅度提高，大数据更为郑明物流及其他物流企业间搭建起沟通的桥梁，物流车辆行车路径也将被最短化、最优化定制。

3. 分析驾驶模式、设备修理预测

驾驶模式与事故率关联分析，为保险公司差别定价提供依据，根据车载定位系统获取的信息，综合急加速、急减速、超速、偏航等指标建立驾驶员驾驶行为评价系统，识别出不同的驾驶模式（注意是驾驶模式，不是驾驶绩效，不包括超时、油量等，主要涉及驾驶中可能导致事故的因素）。

郑明物流可对车辆的历史运行数据进行深入分析，提炼出车辆设计改进建议。郑明物流可以使用预测性分析来检测自由车辆及可控社会车辆，及时地进行防御性修理。如果车辆在路上抛锚所导致的损失会非常大，若郑明物流再派一辆车，可能会造成延误和再装载的负担，并消耗大量的人力、物力、财力，郑明物流可通过对车辆的各个部分进行监测，进行预防性处理。若车辆在行驶途中损坏，只需更换损坏的零件或部位，从而节省人力、财力。

4. 供应链协同管理

随着供应链变得越来越复杂，如何采用更好的工具来迅速高效地发挥数据的最大价值，有效的供应链计划系统集成企业所有的计划和决策业务，包括需求预测、库存计划、资源配置、设备管理、渠道优化、采购计划等。

郑明物流可与供应商建立良好关系,实现双方信息的交互,使得信息传递更加准时精确。郑明物流与供应商双方建立库存与需求信息交互、VMI运作机制,将降低由于缺货造成的生产损失。而郑明物流若要部署供应链管理系统,需将资源数据、交易数据、供应商数据、质量数据等存储起来,各种数据的收集及处理保证了供应链在执行过程中的效率、成本,从而控制产品质量。郑明物流若要保证生产、运输过程有序,最佳物料供应分解和生产订单的拆分,需要综合平衡订单、产能、调度、库存和成本间的关系,需要大量的数学模型、优化和模拟技术为复杂的生产和供应问题找到优化解决方案。

5. 变革思维方式

郑明物流企业管理人员必须认识到大数据的重要性,郑明物流甚至可以设立大数据开发管理部门,该部门是总领性的规划企业数据战略,支持通过数据整合改变公司以往的低效的业务及流程。也许片段性的、短期的数据似乎并未发挥出让人立竿见影的价值,但是企业管理人员如果没有大数据的理念,就会丢失掉很多有价值的数据,譬如某专线货车价格并不完全依赖于起点和终点,也不完全依赖于千米数,而依赖于众多影响其价格变动的因素。

6.7 本章小结

本章针对方案可能存在的风险,尤其在信息安全管理、回程配货延误、整合外部平台、服务责任划分、资金投入管理、大数据的应用等方面,分别提出了采用信息加密技术、保密体系;访问控制技术;有偿使用、股份参与;签订责任划分、加强管理;考评制度;专业信息技术公司进行制作的对策。

第7章 方案总结

方案的第一部分详细分析了方案设计的背景,接着分析了郑明物流调度平台的现状,而后分析了现有调度平台的不足之处,最终得出在车辆调度平台建设上大有可为的结论。

方案的第2章首先分析了建设配送车辆协同调度平台的作用,而后介绍了全文的结构和内容安排,详细描述了调度平台的整体技术方案和功能结构,接着分析了整个文章的逻辑上的技术路线图,从技术的角度分析了信息集成和手机APP智能终端的开发对调度平台的作用,以及整个调度平台内部的逻辑结构。最后对作品的可行性在国家宏观政策、运行调度平台的基础、关键技术难点和投资回报等方面进行了分析,最后得出本方案是符合企业发展的需要,有着广泛的基础。

在信息集成环节,方案提出需要对信息进行集成,将数据纳入郑明物流的调度平台,与时俱进,充分利用"大数据"进行计算和管理。本方案首先考虑到车辆信息的采集,包括自有车辆和可控社会车辆的信息;其次对客户的信息也需要进行采集;最后对于第三方客运平台的信息进行采集,通过互联网技术实现双方平台的对接。信息集成是郑明物流调度平台为订单服务的基础。

车辆调度通过流程重构的调度平台来进行数据的计算和处理,调度平台是进行数据处理和指令下达的后方系统,包含着订单、规划和配送等环节的信息。在客户下单后,进行订单的初步筛选和确认,形成订单。通过智能路径规划算法,为车辆行驶路线进行规划,可以通过终端进行显示。驾驶员在执行中遇到的问题通过终端系统反馈,综合调度平台中会显示,调度员可立即做出处理。

调度平台的调度指令生成后,在信息的快捷传递和管理上,本案例提出充分利用移动互联网技术,开发移动客户端,为自有及社会车辆设立提供低成本的交互式车载调度平台。手机APP智能终端连接了后方调度平台和前端的驾驶员,通过路径导航、信息反馈实现指令终端的执行和反馈,保障调度平台指令的执行。

方案最后对整个作品进行了风险预估,并针对风险提出了对应的解决方案和方法。为应对大数据的风潮,方案也讨论了大数据在郑明物流调度系统的运用方向和作用,以期拥抱信息化、紧跟时代步伐。

第 3 篇
郑明物流冷链物流可视化智能信息系统优化方案

比赛名称：第一届安徽省大学生物流设计大赛

比赛时间：2015 年 11 月 6 日

比赛成绩：二等奖

指导老师：黄先军

参赛团队：Horizon 团队

团队成员：冯伟卫（队长）、王震、江小东、陈玲、刘梦

摘　　要

　　近年以来,我国进一步将互联网产业提升到国家经济建设的层面,无论是将"互联网+"写入国策,还是大众创业、万众创新的热潮,无不说明互联网经济正成为我国经济发展的一支重要力量。同时提到智能化物流,就是通过机器人、自动化立体仓库等技术,大幅提高存储密度与生产效率,有效降低人工的劳动负荷。

　　作为互联网行业中的零售业态,零售领域中的互联网形态,电商其实是一个重要的产业,而重中之重便是物流。统计数据显示,2014年我国社会化物流成本约为17%,美国为7%～8%,日本则是5%～6%,由此可见,我国社会化物流成本还是相当高的,还有很大的创新空间。因此我们可以从物流这方面进行着重优化。

　　智能化物流是利用条形码、射频识别技术、传感器、全球定位系统等先进的物联网技术,通过信息处理和网络通信技术平台广泛应用于物流业运输、仓储、配送、包装、装卸等基本活动环节,实现货物运输过程的自动化运作和高效率优化管理,提高物流行业的服务水平,降低成本,减少自然资源和社会资源消耗。

　　可视化物流是指利用RFID技术、GPS技术、GIS技术等再结合大数据智能物流等思想,让客户随时看到服务的进度与状况,同时保证生鲜食品和医药的质量,这样可以渗透到运输、配送、客户管理等各个环节,从而实现客户管理上的透明化与可视化。可视化能让企业的服务进程更加直观,使客户对于服务信息实现可视化掌握。

　　对于智能化、可视化,本方案主要选取案例1、4、7,根据我国冷链物流的发展现状并通过对郑明物流的冷链物流信息化现状及存在的问题分析研究和对物流信息系统的了解,我们发现郑明物流虽然已经具有较为完备的信息管理系统,并为其改善正在做相应努力,但与世界一流的冷链企业相比,仍然有一些差距,郑明物流冷链信息化中依然存在一些问题。通过在郑明物流冷库管理环节、运输管理环节和客户服务环节中利用RFID技术、GPS技术、GIS技术等再结合大数据智能物流等思想,进行全程的可视化优化设计,并利用采集来的数据,进行信息集成和信息融合,最后利用我们的智能化决策系统进行智能决策,为整个物流环节提供全方位的智能决策支持,最终实现物流的全程可视化、智能化。

　　希望这套优化方案可以实现保证产品质量,减少公司损失的功能,为公司在冷链物流领域的发展提高竞争力,再加上郑明物流秉承"心系所托,物畅其流"的服务理念,以优质的服务、规范的管理、领先的技术和强大的资源整合能力,将郑明物流建设成为中国冷链物流第一品牌的梦想会早日实现。

第1章 总　　论

1.1 背景介绍

　　近年来，人们对冷链食品的消费需求逐年提高，客户对冷链物流的期望越来越高，行业标准也越来越多，导致冷链物流行业运营越来越复杂。这要求冷链物流解决方案应能为客户提供量身定制的冷链物流信息化服务，可实现客户和合作伙伴间业务的高度协同，增强物流服务的适应性、应变性和监控能力，以便实时应对瞬息万变的需求变化。这不仅可以提高物流效率、降低成本，对物流运作实施统一的调度与监控，也可以通过系统实施实现运输路线最优、库存质量最佳、货物组配最合理、物流成本最低的目标，为客户提供及时准确的冷链物流服务，以保证货品质量安全。

　　作为以服务为主要产品的冷链物流行业，满足客户需求，保证产品质量安全，使自身企业利润最大化是其主要目标。信息技术的应用对保证产品质量安全起着关键作用，也与消费者的人身安全息息相关。且其还能更好地延长产品保质期，增加产品附加值，最终决定产品的价值。

　　在信息技术的应用上，国外发展相当成熟。欧、美、日早已建立了电子虚拟食品冷链物流供应链管理系统，可以对各种货物进行追踪，对冷藏车的使用进行动态监控，同时还能将全国的需求信息和遍布各地区的连锁经营网络联结起来，确保物流信息快速可靠传递。EDI系统、RFID等先进技术的应用，使食品在物流环节的损耗率大大降低。谷歌扫描眼镜等先进信息设备也已在不少企业采用，大大提高订单的拣货速度，同时降低员工的劳动强度，使拣货工作更加智能化。很多企业也已经为每个车辆配备全球定位系统、网络跟踪设备和网络账单功能，同时安装车载电脑，可以按照客人指定的准确时间送递货物，为食品公司规避了因不能按时送递货物而承担的赔偿风险。甚至，有些企业拥有一套TENFOLD的编程语言，可以通过自己的编程人员开发适合自身业务的软件。

　　如今，仓库已经开始尝试使用谷歌眼镜、自动行驶机器人等智能设备（图3.1.1），以提高接到用户订单后的拣货速度，而提高拣货速度是提高发货速度的重要环节。智能可穿戴设备和机器人参与到电商库房的工作流程中，最大的好处就是能提高订单的拣货速度，同时降低员工的劳动度。

　　另外，不少国外企业已经实现了冷库实时远程监控系统的研制和应用，集自动巡测、故障报警、故障定位、自动寻呼、自动记录、自动化管理、远程调试、冷库安装远程控制等功能为一体，该系统可以提供稳定可靠的制冷系统，具有实时监控、集中控制、自动化管理等功能。

同时,与冷库息息相关的制冷技术也有了新的突破,如氨制冷技术、二氧化碳制冷技术、半导体制冷技术以及磁制冷技术等都可能对冷库的设计产生一定的影响。比如,已有企业正在实施的 R404A/CO_2 复叠制冷系统以及 CO_2 临界制冷技术,可有效解决"氨"制冷剂泄漏对人身和食品的危害,和以"氟-R22"为制冷剂泄漏对大气层的破坏等问题,超越 NH_3/CO_2 复叠制冷,真正体现安全、环保、节能、高效。这种技术的采用,将实现冷库的自动化、智能化、低碳化、节能化以及先进性。

图 3.1.1　仓库智能设备

而相比之下,我国信息技术的应用还无法为易腐产品提供良好的低温保障环境。虽然,国内冷链物流系统信息技术体系随着冷链物流需求市场的快速发展已初步确立,各类传感技术、自动化测量温控技术、无线射频识别技术、空间定位技术、动态信息监控技术也逐步从局部尝试向更大范围推广,但国外已成熟运用的自动化测量和自动识别等技术尚未得到规模应用。

1.2　郑明物流信息系统现状分析

在信息技术方面,郑明物流成立了明杉信息公司。其主要研究在仓储管理、运输管理以及运输可视化等领域,并紧贴国内实际的操作环境,注重于仓储系统以及运输系统的自主开发。其在可视化方面,可以提供给客户以客户、订单为主的信息资料,具有优越性。同时,郑明物流在冷链物流业务上也已配备 GPS 跟踪技术、温度跟踪仪等信息技术，结合 OTM、WMS 等信息管理系统，在部分车辆和仓库已经实现了仓库和配送的可视化，并且现在正在推行移动 APP 等技术。郑明物流信息化服务业务系统架构如图 3.1.2 所示。

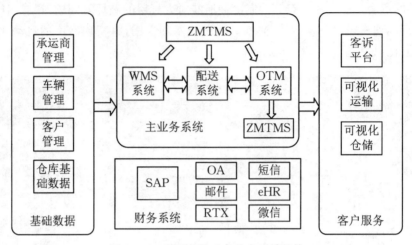

图 3.1.2　郑明物流业务信息系统架构

1. 仓储管理系统

郑明物流仓储库存管理系统具备仓库与库位资料、库位与存位管理、仓储设备管理、库存物资管理、收货入库、入库审核、发货出库、发货审核、退货入库管理、拆装管理、拆装审核、自动纠错、报警、仓库盘点、库存统计、汇总报表、条形码管理、流通加工、货物价值分析、搬运作业考核、库存使用率查询、费用管理等功能。该系统是一套以实物管理为思想，集监管与经营为一体的仓储管理信息系统。其借助成熟的物联网技术，以货物货位、货物流程及操作规程管理为重心，全面推进管理科学化、制度化、规范化，建立严格、完善的物资出入库、库存物资管理的仓储管理规章制度，提高仓储收发存管理水平及监管能力。

2. 运输管理系统

郑明物流运输配送管理系统具备运力采购管理（可以通过短信方式广播信息）、运输计划、车辆调度与运输线路计划、配送和货物跟踪、车队管理、行车统计、各配送点的业务数据下发与管理、自动拼车、回单管理、报警、运输费用管理、装卸费用管理、各类数据汇总报表管理、全球定位系统管理、出险理赔管理、承运商考核评估等功能。其支持多种调度模式合理安排运输计划，并通过跟踪看板、调度看板等方式，实现物流订单管理。从订单管理、到运输管理、到运力资源管理，基于 GPS/GIS 等技术，实现全业务流程可视化。

3. 交易管理系统

该系统采用"电子商务的业务模式＋云计算"的技术架构体系，突破原有基于 Web 技术、面向信息发布与交易撮合的简单电子商务模式，向上游产业链延伸与生产系统集成，向下与基于物联网技术的全流程监管系统和终端管理系统集成，使供应链中各个环节的信息在云中汇聚、交互，从而打造"全球最具竞争力的物流供应链"。该系统是电商平台的核心，实现卖家挂单、买家下单、撮合管理、购物车管理、客户管理、系统管理等功能，是一个 B2B 为主、B2C 为辅的大宗商品交易平台。

4. 客户关系管理系统

郑明物流客户关系管理系统具备物流合同等客户合同管理、潜在客户跟踪、客户网上查询、客户网上订单、客户资料管理、客户到期催收、客户货物跟踪服务、客户费用清单下载、客户等级评定等功能。

5. 业务结算管理系统

郑明物流业务结算管理系统具备自有设备设施产值费用统计等分类费用统计分析、成本核算、应收应付账管理、总账报表、生成客户对账单等功能。本系统是平台资金流管理的支撑系统，其与银行系统对接，能为交易双方提供线上支付结算服务，即提供线上出入金交互功能、配套财务辅助核算及总账管理，不仅为客户提供了良好的支付体验，也为平台资金安全与财务成本降低提供有效的管理手段。

1.3 郑明物流信息系统存在问题

郑明物流虽然已经具有较为完备的信息管理系统，并为其改善正在做相应努力，但与世界一流的冷链企业相比，仍然有一些差距。郑明物流冷链信息化中依然存在如下一些问题：

1. 信息化水平低

郑明物流在冷链技术以及仓储可视化、运输可视化等技术上还不能在所有仓库普及。即企业信息化能力跟不上业务发展的需求，因此，提升技术能力迫在眉睫。在信息化建设方面，尤其是 IT 信息技术的使用上，目前郑明物流还没有完全脱离传统物流。因为仅仅有 GPS、WMS 还不能算是拥有了现代物流信息系统，另外仓储可视化与运输可视化还未实现。

2. 系统对接问题

现在面临最普遍的问题就是系统对接的问题，主要是温湿度控制等问题，从仓库和配送两个方面进行说明。在仓库方面，温湿度控制基本上可以对接到公司内部系统，但是还是有一些仓库不能实现运用技术手段将温度信息反馈到系统中去；配送方面，在公司自己的车队，基本可以实现系统对接，包括追踪信息、订单交接等，但外部车辆除非运用第三方平台，其他的基本上都不能对接。

3. 设施设备及先进技术缺乏

公司主要以基础性业务功能为主，优化和智能化等技术的应用欠缺，比如扫码和 RFID 等终端数据存取设备少。

4. 预警系统不健全

公司在预警方面还是有所欠缺，比如说，用冷藏车运送一车冷冻水饺，很可能冷藏车在运输途中设备坏掉，但因为没有很好的预警系统，配送人员在途很难发现这些问题，等到货物到达目的地，饺子可能已经大部分融化，这就降低了客户的信任度，给公司带来直接和间接的损失。

1.4 可视化智能信息系统优化思路

1.4.1 可视化智能信息系统工作原理

根据我国冷链物流的发展现状,并通过对郑明物流的冷链物流信息化现状及存在的问题分析和对物流信息系统的了解,我们发现郑明物流虽然已经具有较为完备的信息管理系统,并为其改善正在做相应努力,但与世界一流的冷链企业相比,仍然有一些差距,郑明物流冷链信息化中依然存在一些问题。为此我们准备对郑明物流冷链物流信息系统在仓储、运输、客户关系环节进行具体优化,主要解决其可视化问题、预警系统问题以及系统接口等问题,通过在郑明物流冷库管理环节、运输管理环节和客户服务环节中利用 RFID 技术、GPS 技术、GIS 技术等,再结合大数据智能物流等思想,进行全程的可视化优化设计,并利用采集来的数据,进行信息集成和信息融合,最后利用我们的智能决策系统进行智能决策,为整个物流环节提供全方位的智能决策支持,最终实现物流的全程可视化、智能化。我们希望通过这套优化方案可以起到保证产品质量,减少公司损失的作用,为公司在冷链物流领域的发展提高竞争力,再加上郑明物流秉承"心系所托,物畅其流"的服务理念,以优质的服务、规范的管理、领先的技术和强大的资源整合能力,将郑明物流建设成为中国冷链物流第一品牌的梦想会早日实现。

1.4.2 全文框架图

全文框架如图 3.1.3 所示。

1.5 本章小结

本章首先对郑明物流的概况作了简要介绍,然后进一步分析了郑明物流冷链物流信息化现状及存在的问题,认为郑明物流虽然已经具有较为完备的信息管理系统,并为其改善正在做相应努力,但与世界一流的冷链企业相比,仍然有一些差距,郑明物流冷链信息化中依然存在一些问题。信息技术对于郑明物流来说至关重要,很多产品质量问题的产生都出自这里,也因此给公司造成了不少损失。因此,采用一些先进技术或根据公司经营需求研发一些新的信息技术,优化公司信息系统显得格外重要。

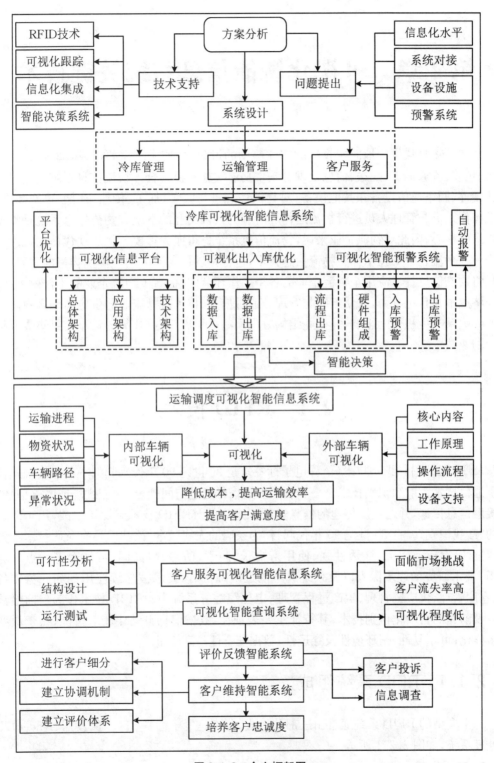

图 3.1.3 全文框架图

第 2 章　可视化智能信息系统关键技术

物流是物品从供应地向接收地的实体流动的过程,根据实际需要,将运输、储存、装卸、搬运、包装、流通加工、配送、信息处理等基本功能实施有机结合。物流信息系统是通过计算机软硬件、网络通信设备和其他设备,对物流信息进行收集、加工、传输、存储、更新和维护,实现操作人员与管理人员进行物流运作和管理的人机交互的系统。物流信息系统是整个物流信息的核心,因此对物流企业来说,物流信息系统显得尤为重要。将从现代信息技术应用到物流各个流程中的技术称为物流信息技术,这也是现代物流区别于传统物流的重要标志。通过将物流信息技术应用至物流企业的各个工作环节中,提高了物流企业的工作效率,降低了经济成本并且更省力,方便组织与管理。通过信息、技术对物流业的供应商和客户间的战略伙伴关系产生积极的影响,并建立结构方程模型显示出,企业外部的物流信息集成能提高企业的业绩。

2.1　RFID 技术

RFID 无线射频识别技术(俗称电子标签),是 20 世纪 90 年代兴起的一种非接触式自动识别通信技术。射频识别技术是一项利用射频信号通过空间耦合(交变磁场或电磁场)实现无接触信息传递,并通过所传递的信息达到识别目的。RFID 技术起源于二战,用于盟军飞机的"敌我识别"。自 20 世纪 90 年代起,作为条码的无线版本,该技术具有条码技术不具备的速度快、存储空间大、穿透性强、使用寿命长、防水、防磁、耐高温、可加密等优点。随着 RFID 技术研究的逐步深入以及系统成本的逐渐降低,该技术被陆续应用到如武器装备管理、仓库管理、供应链管理、生产过程管理、定位跟踪等系统中。RFID 技术作为目前最具潜力以及前途的自动化识别技术,其特征主要表现在:数据信息自动化获取机能;易于微型化和多样化;可重复性、耐环境性及穿透性;数据安全性与高容量。

2.1.1　RFID 系统组成

一个典型的 RFID 系统通常由三部分组成,分别是电子标签(tag)、阅读器(reader)及数据处理系统,如图 3.2.1 所示。

1. 电子标签

电子标签也称智能标签、射频标签、应答器或是射频卡,它是由 IC 芯片(包括存储单元

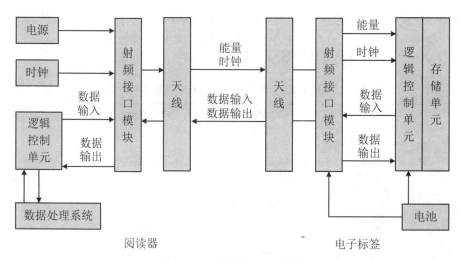

图 3.2.1　典型的 RFID 系统

和存储模块)和耦合元件(无线通信天线)这两大部分组成。每个电子标签被附着在需标识的对象上,它有唯一的电子编码存储着被标识物体的相关信息,是 RFID 系统中的数据载体。当系统运行时,通过无线数据通信阅读器实现信息的读取或改写。电子标签内部主要由天线、射频接口模块以及标签芯片等组成,各部分功能分别如下:① 天线。电子标签通过天线与阅读器进行无线通信,它是射频信号的出入口,通过它可以接收阅读器发出的信号,也可以将标签中经过射频接口模块处理后的信号传送回阅读器。② 射频接口模块。它包括有调制器、解调器、电压调节器这三部分,其作用是对数据进行射频化处理。先由调制器处理逻辑控制电路的模拟信号,将其转化后的射频信号通过天线传送至阅读器。再由解调器接收射频信号后去除载波得到模拟信号。电压调节器将从阅读器接收到的射频信号转换成直流电,然后存储在大电容中,再由稳压电路为电子标签提供电源。③ 标签芯片。用于存储信息并且将其进行编解码实现控制,它包括逻辑控制单元以及存储单元两部分。逻辑控制单元也可称为读写模块,其主要任务包括:与数据处理系统进行通信,并执行从数据处理系统发送来的指令;对信号进行编、解码;控制电子标签与阅读器的通信过程;对电子标签和阅读器相互传输的数据进行加密、解密;对电子标签和阅读器的身份进行验证;在相对复杂的系统应用中,执行碰撞算法。

根据供电方式不同,电子标签可分为有源标签、无源标签以及半无源标签。有源标签指的是 RFID 电子标签中装有专用能源——电池,电池提供 RFID 工作所需要的能源。实现 RFID 的电路供电,保证信号的采集以及发送所需能源,并且能主动发送射频信号。无源标签指的是 RFID 电子标签中没有安装电池。RFID 电子标签所需能源需要先通过阅读器发送有关指令,再通过该指令中的载体以及载波信号才能获取能源。有源标签与无源标签相比,具有识别范围大(一般可达几十米到几百米),稳定性强等优点,但由于有源标签一般配置有电池,而电池有使用寿命,因此又具有使用寿命较短、体积较大、成本较高等缺点。而无源标签因没有配置电池,从而大大降低了电子标签的体积,节省了成本,但又由于它的能源会受到信号距离及强度的影响,因此识别范围较小,一般在几十厘米到十米范围内。半无源标签指的是 RFID 电子标签中装有电池,但它只起到激活作用,被激活后电池将停止供电,这时获取能源方式与无源标签一样。这类标签的优点在于其电池消耗较少,使得其使用寿命延长,一般可维持十年以上。根据工作频率的不同,可分为低频、高频、特高频以及超高频标签。不同工作频率标签的具体比较如表 3.2.1 所示。

表 3.2.1　不同工作频率标签比较表

	低频	高频	特高频	超高频(微波)
频率	30～300 kHz	3 MHz～30 GHz	300 MHz～30 GHz	3～30 GHz
典型应用	125 kHz	13.56 MHz±7 kHz	433 MHz、2.45 GHz、866～960 MHz	5.8 GHz、2.45 GHz
作用距离	1.2 m 左右	1.2 m 左右	4 m 左右	15 m 左右
反应速度	较慢	一般	较快	非常快
潮湿环境	不受影响	不受影响	受影响	受影响
应用	门禁、畜牧业管理、车辆防盗	图书馆管理、一卡通、药品防伪	集装箱识别、铁路和航空包裹管理、后勤管理	高速公路收费、供应链管理

根据调制方式不同,电子标签又可分为主动式和被动式标签。主动式 RFID 系统指的是电子标签内部配置电池,能主动地与阅读器进行通信,它的工作可靠性较高,射频信号传送距离较远,一般指的是有源标签或半有源标签。但由于其电子标签的电池使用寿命有限,因此随着电池的不断消耗,数据传输的距离会受影响,最终导致系统无法正常工作。被动式 RFID 系统指的是电子标签内部没有配置电池,标签需要先通过阅读器发送有关指令,再通过该指令中的载体以及载波信号才能获取能源。当遇到有障碍物时,阅读器要先发指令给标签,标签响应后再发回给阅读器,这时能源就来回穿了两次障碍物,因此主动式标签多应用于有障碍物的系统中。被动式标签不会受到电池使用寿命的影响,它依赖于外部的电磁感应供电的,也正因如此,它的数据传输距离以及信号强度会受到限制,必须通过敏感性较高的阅读器才能保证数据的可靠性。随着技术的发展,电子标签的芯片功耗将越来越低,无源 RFID 系统将是未来的主流发展趋势。电子标签中的全向天线将逐渐被方向性天线取代,从而降低它所带来的辐射和损耗干扰。同时,为了提高传输信号的功率,应尽量使标签芯片的输入阻抗和天线的输出阻抗匹配。随着用户个性化需求的不断增强,单一化的产品将越来越无法适应市场需求,因此通过芯片频率、容量、天线封闭、材料等组合形成产品系列化,并很好地与其他技术相融合,使得电子标签的发展趋向于多元化,例如:与传感器 GPS 技术和生物识别技术(通过生物特征识别进行身份认证)结合,使得由单一识别发展为多功能识别。同时,为了应用的广泛性,电子标签的性能要求将越来越高,例如:尺寸更小、读写速度更快、作用范围更广、环境适应更好等。

2. 阅读器

阅读器也称读写器或收发器,它是 RFID 系统的信息控制和处理中心,是利用射频技术与电子标签进行双向通信,从而读、写标签中的数据信息的设备。阅读器主要功能包括:它可在一定的工作范围内与电子标签进行通信,发送、接收信号;它与应用系统后台数据库通信,获取电子标签相关信息,并能与计算机通信连接网络进行标签信息的共享,从而实现远程跟踪等功能;当电子标签过多时,它可运行防碰撞算法,从而实现与多个电子标签的通信;通过运行某一算法,例如CRC(循环冗余校验码)校验,从而保证接收数据的真实性、完整性。

阅读器通常由天线、射频接口模块和逻辑控制单元三部分组成,各部分功能分别如下:

(1) 天线。阅读器天线与电子标签天线进行无线通讯,阅读器天线将接收来的电磁波转换成电流信号发送给射频接口,或是将电流信号转换为电磁波发送给一定工作范围内的电子标签。阅读器天线的工作频率相对较大,形成的电磁场范围也较大,它所形成的电磁场范围就是阅读器的工作范围。

(2) 射频接口模块。一是用于调制需要发送的数据,调制后将其传输给天线,天线再将其发送于电子标签;二是当电子标签向天线发送信号时,用于解调天线接收到的数据,解调后发送给逻辑控制单元;三是通过产生高频能量后发射给电子标签,为标签提供电能。

(3) 逻辑控制单元。也称读写模块,其主要功能分别是与应用系统通信,获得该系统发送的信息,并执行该系统发出的指令;控制阅读器与电子标签的整个通信过程,并将相互传输的数据进行加密与解密;将与电子标签或应用系统通信的数据进行编码与解码;执行防碰撞算法;执行安全算法,验证电子标签发送的信息,从而实现身份验证。

根据阅读器与RFID标签之间的通信工作时序不同,RFID系统分为标签先发言和阅读器先发言。标签先发言(Tag Talk First,TTF)指的是RFID系统先由电子标签主动向阅读器发出工作指令。反之,阅读器先发言(Reader Talk First,RTF)指的是先由阅读器主动向电子标签发出工作指令。ISO标准和EPC标准一般主要采用的是阅读器先发言的RFID无源式系统,这类RTF无源式系统普遍应用在防碰撞系统中。

根据阅读器与RFID标签之间的双工方式不同,RFID系统分为全双工和半双工方式。全双工方式指的是RFID系统运行的同一时刻,允许阅读器与电子标签进行双向的信息传送。半双工方式指的是RFID系统运行的同一时刻,只允许阅读器发送信息给电子标签,或电子标签发送信息给阅读器。

随着RFID技术的发展,阅读器的发展将趋向于:多功能低成本;小型化、便携式及嵌入式;模块化,在同一个阅读器模板上可集成不同的协议;多接口应用,包括USB、RS-422/485、RS-232、红外、以太网口等;实现多制式与多频段的兼容。并且随着RFID系统性能与结构的不断提高,多阅读器协调与组网技术将是未来发展的趋势之一。

3. 数据处理系统

数据处理系统(即计算机应用系统)将通过阅读器读取到的电子标签信息进行分析、管理与传输,为电子标签和阅读器提供认证服务,将阅读器中的数字信息过滤后传送给对应的应用系统。它包含有中间件、RFID应用系统和数据库三部分。各部分功能如下:

(1) 中间件(middleware)。介于阅读器与应用系统之间,它将RFID硬件与上层应用系统软件结合,是一个独立的系统软件或服务程序,安装在服务器中。其主要任务是将阅读器发送的标签相关信息进行过滤、汇集及计算,从而减少直接从阅读器中发送给应用系统的原始数据量,增加抽象出的有意义信息量。并且可通过中间件提供的应用程序接口(API)与阅读器连接,读取标签的相关数据。

(2) RFID应用系统。根据不同行业、不同需求开发设计的应用软件。通过该软件能有效控制阅读器对电子标签信息的读写,并将最终得到的信息进行集中统计与处理。目前,RFC应用系统与许多现有的电子商务或电子政务平台进行集成,例如:ERP(Enterprise Resource Planning,企业资源计划)、SCM(Supply Chain Management,供应链管理)、CRM(Customer Relationship Management,客户关系管理)等,RFID应用系统通过与其他行业系统的集成,能更好地提高工作效率。

2.1.2 RFID技术的工作原理

大多数的RFID系统采用阅读器先发言,即先由上位机发出指令再通知阅读器读取或写入标签,在一定范围内阅读器通过天线发送射频信号,当在此范围内出现标签时,标签上的天线线圈会在电磁场的作用下产生感应电压,感应电流通过标签内部的整流电路产生稳定电流,从而为标签提供电能量,同时标签内产生电路进行工作,根据从阅读器接收来的高频载波产生标签内所需时钟信号并提供时序,标签内存储的信息经过编码调制后通过内置天线发送至阅读器;通过天线阅读器能接收到标签发送来的无线电信号,然后对信号进行解调、解码从而得到相关数据,接着通过标准接口将数据传送至数据处理系统;数据处理系统将会根据后台数据库和应用系统的相关设置,对标签进行身份验证,然后发出相应的控制命令,最终完成对标签的读写操作。

在工作范围内,当阅读器的天线发现有多个电子标签时,标签和阅读器都会执行防碰撞算法,通过该算法识别出不同的标签。RFID系统一次完整的通信过程包含有空闲、准备、防冲突、选中、停止等几种状态,工作流程如图3.2.2所示。

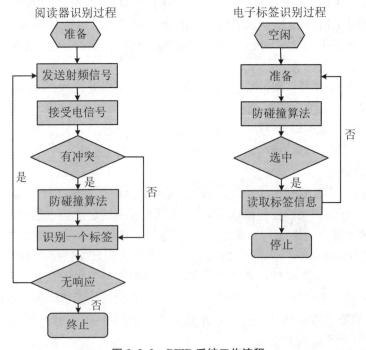

图 3.2.2 RFID 系统工作流程

2.1.3 RFID 技术在物流中的作用

由于 RFID 技术同时具备了货物标识、信息采集、货物跟踪等功能,因此在整个物流领域应用非常广泛,如仓储配送、货运追踪、信息管理等方面。

1. 仓储管理

传统的仓储管理的整个过程分为:搬运、上架、出库或入库,这些过程都由人工完成,因此整个采集过程时间长、准确度低,而且管理员难以及时了解货物当前情况,因此也导致工作效率低。RFID 技术解决了以上这些缺点,因此诸如 UPS(美国联合包裹速递服务公司)、DHL(德国敦豪快递服务公司)、FedEx(美国联邦快递集团)等国际物流公司都在积极应用该技术。借助这一技术,通过在货物上贴 RFID 电子标签,实现信息的自动采集、实时的仓储管理以及货物的追踪。从而大大降低了劳动成本,提高了服务质量,减少了仓储管理中的错误,提高了整个仓储管理的效率。

2. 运输管理

通过将包含有货物或车辆信息的 RFID 电子标签粘贴在货物或车辆上,当货物在仓库、车站、港口等场所经停时,由于这类场所安装有读写设备,会自动读取标签上的信息,由接收设备进行接收,再由接收设备将其传输至信息中心,相应的软件系统将通过这些信息对货物或车辆进行实现追踪、监控。

3. 车辆管理

将 RFID 技术应用在智能停车场中,实现对车辆的自动识别。车辆驶入智能停车场时无需停留刷卡,车辆信息会自动识别,从而大大提高车辆的流通速度。

4. 定位与跟踪技术

RFID 技术的发展为空间定位与跟踪服务提供了一种新的解决方案。RFID 定位与跟踪系统主要利用标签对物体的唯一标识特性,依据读写器与标签之间射频信号的强度来测量物品的空间位置,主要应用于 GPS 系统难以应用的室内定位领域。典型的 RFID 定位与跟踪系统包括 MIT Oxygen 项目开发的 Cricket 系统、密歇根州立大学的 LANDMARC 系统、微软公司的 RADAR 系统。该技术已经广泛应用于在矿井内对人员的定位和跟踪。

2.2 可视化跟踪技术

物流管理信息系统中的跟踪技术主要包括:全球定位系统(Global Positioning System,GPS)和地理信息系统(Geography Information System,GIS)、电子地图、无线电通信网络及计算机车辆管理信息系统相结合,可以实现车辆跟踪、车辆调度等许多功能,对于在物流中降低车辆空驶率,全程跟踪承运货物的车辆并保证其安全性,以及实时掌握车辆所在位置,提前完成相应工作安排,都非常具有现实意义的。

2.2.1 GPS

GPS 是美国从 20 世纪 70 年代开始研制,于 1994 年全面建成;是具有在海、陆、空进行全方位实时三维导航与定位能力的新一代卫星导航与定位系统。GPS 由三个部分组成:空间部分——GPS 太空卫星星座;地面控制部分——地面监控系统;用户设备部分——GPS 信号接收机。

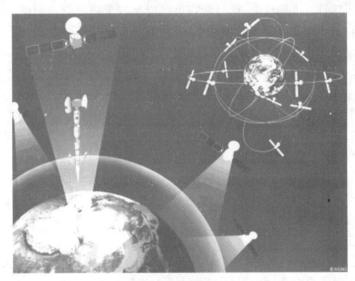

图 3.2.3　GPS

1. 空间部分

GPS 的空间部分是由 24 颗卫星组成(21 颗工作卫星和 3 颗备用卫星),它位于距地表 20200 km 的上空,运行周期为 12 h。卫星均匀分布在 6 个轨道面上(每个轨道面 4 颗),轨道倾角为 55°。卫星的分布使得在全球任何地方、任何时间都可观测到 4 颗以上的卫星,并能在卫星中预存导航信息,GPS 的卫星因为大气摩擦等问题,随着时间的推移,导航精度会逐渐降低。

2. 地面控制系统

地面控制系统由监测站(monitor station)、主控制站(master monitor station)、地面天线(ground antenna)所组成,主控制站位于美国科罗拉多州春田市(Colorado Springfield)。地面控制站负责收集由卫星传回之信息,并计算卫星星历、相对距离、大气校正等数据。

3. 用户设备部分

用户设备部分即 GPS 信号接收机。其主要功能是能够捕获到按一定卫星截止角所选择的待测卫星,并跟踪这些卫星的运行。当接收机捕获到跟踪的卫星信号后,就可测量出接收天线至卫星的伪距离和距离的变化率,解调出卫星轨道参数等数据。根据这些数据,接收机中的微处理计算机就可按定位解算方法进行定位计算,计算出用户所在地理位置的经纬度、高度、速度、时间等信息。接收机硬件和机内软件以及 GPS 数据的后处理软件包构成完整的 GPS 用户设备。GPS 接收机的结构分为天线单元和接收单元两部分。接收机一般采用机内和机外两种直流电源。设置机内电源的目的在于更换外电源时不中断连续观测。在用机外电源时机内电池自动充电。关机后机内电池为 RAM 存储器供电,以防止数据丢失。各种类型的接收机体积越来越小,重量越来越轻,便于野外观测使用。其次则为使用者接收器,现有单频与双频两种,但由于价格因素,一般使用者所购买的多为单频接收器。

对于我们运输车辆的监控调度系统,它的服务对象是普通民用车辆,这就要求成本尽可能地低,使广大客户都能接受;车载终端是安装在移动运输车辆上的,它的电源是车上蓄电池 12 V 直流电经降压处理后提供的,由于蓄电池的容量有限,因此输出功率不可能很大,这就要求 GPS 模块必须是低功耗的;车载终端一般安装在车辆的驾驶室内,里边可供利用的空间十分有限,可见车载终端的各个组成部分的体积必须尽可能的小,这就要求 GPS 模块的几何尺寸必须非常小;移动车辆的活动范围一般在市区内,市内的干扰信号是非常多的,且形式多样难以预测,而 GPS 接收机主要依赖于卫星发射的射频 GPS 信号来工作,因此它容易受到射频干扰的影响,射频干扰会降低 GPS 接收机的定位精度或使它不能跟踪 GPS 信号。这就要求 GPS 模块必须具有较强的抗干扰能力;在城市的高楼区、林荫道、隧道、立交桥下等处,GPS 卫星信号常被遮挡而造成丢失,出现不能定位的情况,这就要求 GPS 模块具有较强的抗遮挡能力;在车载终端投入使用以后,不可避免会出现一些连运营商也解决不了的故障,这种情况下只能向生产厂商求助了,因此应选用具有完善售后服务的厂商的产品。

随着客户对物流运输快捷性以及服务完善性要求的不断提高,物流业因其专业性和特殊性,成为了 GPS 技术从军用领域转向民用市场的一个着陆点。其在物流运输中的应用有以下几个方面:

(1) 对货物、车辆进行跟踪定位。许多物流公司和货主都非常关注用何种方法来确保具有高价值的货物在运输过程中的安全问题。而对于那些保了险的货物一旦发生事故,保险公司对事故赔偿责任问题也感到非常困扰,困扰的主要原因在于货主、物流公司与保险公司缺乏对这些货物在运输过程中可能出现风险的防范措施以及发生事故后的责任归属问题难以判定。采用 GPS 全球定位技术的跟踪系统能实时了解货物状况,如是否空载、是否重载,能够真正实现在线监控,避免了货物在出发后难以知道其状况的被动局面。货主和物流公司能主动查询到货物的整个运动过程和运动过程中的状态信息,解决了货物的安全性问题。

利用 GPS 全球定位技术能实现对车辆的实时跟踪,在系统地图上记录被监控车辆的运行状态,并且将这些实时位置数据保存在服务器中。通过对运动记录的存储,物流公司能实时掌握车辆动态以及货物配送情况等。

(2) 对车辆的全程导航。GPS 全球定位技术为车辆驾驶人员提供了全程详细的导航信息。特别是在车辆驾驶人员对路况不熟悉或交通复杂、拥堵等情况下,这一技术能有效地解决这类问题,驾驶人员能减少选错路,最快地选择最优交通线路,提高车辆运输的效率。

(3) 对物流监控动态调度。使用 GPS 全球定位技术可对货物运输过程进行实时监控,根据反馈的车辆行驶路线信息，为后期总体评估提供数据，从而实现全面指挥管理。通过记录行驶车辆运营信息，有助于防止驾驶人员超速、疲劳驾驶等现象的发生。物流系统管理人员将行驶车辆反馈信息收集，在某车辆还未返回车队前提早做好待命准备，减少等待交接时间，从而提高车辆周转速度，减少空车率，扩大物流公司的运输能力。

（4）对车辆、路线优选。通过GPS全球定位技术，根据一定条件筛选出在指定范围内可供调度的车辆，并且在所有可供调度的车辆中，根据最优化原则，最终筛选出最优车辆。由于GPS定位技术能为车辆驾驶人员提供全程实时的导航，选择出最为理想的行驶路线，所有可供调度的车辆都可统一调度，不需要区分车辆是本地还是异地。将货物最终目的地和车辆信息结合，从而确定整个货物运输过程中最优路线。

（5）对发生紧急救助时的处理。货物在运输过程中遇到意外情况，如车辆因故障无法行驶、货物遭受抢劫等，车辆驾驶人员能快速地通过GPS定位系统及时地向紧急援助中心反映情况，根据系统对这些情况经过分析、处理后，并且向物流管理中心发出报警，为物流管理中心提供所需资料，如地理位置、现场情况、货物资料、驾驶人员资料等，增加货物在运输过程中的安全性，尽可能地将事故所带来的损失降到最低。

2.2.2 GIS

GIS是用来处理与地球上的空间位置直接或间接相关信息的系统。GIS指在计算机硬、软件支持下，以空间数据库为基础，运用系统工程和信息科学的理论，对空间数据进行科学管理和综合分析，为规划、决定、管理和研究提供信息的技术系统。本系统为了降低开发难度，结合开源的GIS平台，在Google Maps API上做二次开发，减少开发难度，降低成本。

物流的信息系统中80%的商业数据都涉及地理因素，用价值链概念来检查地理的或空间的信息系统能否适应组织的信息战略。GIS在物流信息系统中的应用广泛，主要有：

（1）提供跟踪服务。通过与GPS的结合运用，实时跟踪货物、车辆的位置。

（2）仓库（超市）的合理选址。运用适当的软件，结合相应的空间和属性数据，可以得出最佳的仓库或超市的选址。

（3）在销售与市场营销中，GIS作为市场分析的工具，模拟新产品分销寻找目标市场并做广告。

（4）紧急情况下的路线安排。在时间紧迫的情况下，找出可替代的行车路线，适时为司机提供更多的信息，提高驾驶的安全性，寻求合理行使路线。

2.3 信息集成和信息融合技术

对于产品的供应方和需求方来说，物流过程透明化可以保证其产品服务良好的完整性和建立对第三方物流企业的信心，而对于物流企业来说物流过程可视化则是其监控的重要手段和进一步优化物流过程的基础,本节从第三方物流角度出发,提出基于 RFID 和 GPS 的物流信息系统的整体参考框架。整个信息融合系统由仓储、车载、控制中心、系统信息平台和手持智能终端五部分组成。其中仓储部分由 RFID 阅读器、边缘服务器、事件服务器和实时通信服务器组成;车载部分由 GPS 接收机、GPRS 通信模块、RFID 阅读器和主控计算机(其同时充当边缘服务器和事件服务器)构成;控制中心和系统信息平台都则由一系列的服务器(数据库服务器、中间件服务器、应用服务器、Web 服务器等)和防火墙组成;手持移动终端则采用含有移动数据库的智能通信终端。下面将着重对各个部分数据融合方式进行介绍:

1. 仓储部分

将主动 RFID(标签内部有能源)技术与传感器结合是当前的一个发展趋势。主动 RFID 具有信息实时性强、数据容量大、读写速度快、可远程读取等优点,辅以湿度、光照、温度、压力和振动等传感器,则可同时获取特定的环境信息。这种能力对于冷链、医药、高科技生物产品、石化等危险品以及高价值物流产品来说,现在以及将来都是尤其重要的。在仓储部分中借助 RFID+传感器技术,第三方物流能够精确地了解其仓储中的货物分布状况(即库存可视化)和监测重要的环境指标,以此为基础改善其自身运营状况,并根据相应的库存信息做出正确的决策。仓储部分主要由 RFID 阅读器、边缘服务器、事件服务器和实时通信服务器构成。RFID 阅读器负责读取物品上的电子标签上的信息(物品的自身信息+历史信息+传感器信息),同时它也根据信息网络上得到的信息对电子标签进行信息加工(即写入相应的信息)。边缘服务器定期轮询阅读器,以消除重复操作,并执行过滤和设备管理。另外,其还产生应用层标准事件并将事件发送到上层进行应用。事件服务器将边缘服务器收集的数据进行再过滤,并提取企业应用程序关心的事件(决定企业应用程序流程的核心事件)。实时通信服务器则将边缘服务器的信息和事件实时传送到企业的控制中心。

2. 车载部分

车载部分中,GPS 接收模块接收定位卫星的信号,包括时间、经度和纬度等实时将定位信息以串行方式发送给主控计算机。RFID 阅读器主要完成运载货物和工作人员电子标签的信息读取并传递给主控计算机,其获取在运货物编号(在物流系统中是唯一的)及其环境信息并使在运输过程中责任人和货物高度统一,而产品/服务的供应方和需求方则可通过第三方物流企业的企业门户和公开的 Web 服务接口,根据产品/服务的唯一编号实时查询交寄货物的状况和预计到达目的地的时间,以便进行相应部署处理。GPRS 模块主要接受主控计算机的控制,建立与电信运营商 GPRS 通信网的连接,并实时地将该车载系统的数据通过 Internet 传送至第三方物流企业控制中心,为物流过程的可视化管理和智能决策提供坚实的基础。另外,当在运输过程中发生意外事故或劫匪时,GPRS 模块将自动由通信模式转为短信模式,向公司管理员发送短信报告情况,并与当地的 110 或 122 建立语音联系,以确保驾乘人员和货物的安全。主控计算机是车载部分的核心(同时也兼当 RFID 边缘服务器和事件服务器),它承担着接收 GPS 和 RFID 阅读器的信息,检测运载工作具的工作状况,并控制 GPRS 模块实现数据的传送。

3. 控制中心

控制中心是第三方物流企业信息融合管理的大脑。其主要由 RFID/GIS 中间件服务器、决策服务器、数据挖掘服务器、数据库服务器(物流信息)、征信管理服务器(客户信息)、Web Services 服务器、管理中心、代理服务器(其上装有防火墙)和网络设备组成。RFID/GIS 中间件是控制中心的基石,尤其是 RFID 中间件(堪称 RFID 系统的神经中枢),它将监测 RFID 信号的硬件及后台与企业软件连接起来,并继承传统中间件在安全方面的优势,为 RFID 应用构建安全架构。其主要任务是对阅读器传来的与标签相关的事件、数据进行过滤、汇集和计算,减少从阅读器传往企业应用的巨量原始数据、增加抽象出的有意义的信息量,为随后的决策服务器提供良好的数据基础。决策服务器采用网格或集群架构,以较低的成本快速实现智能算法,根据 RFID/GPS 中间件传递的数据,实时优化智能决策企业运营。数据库服务器和征信管理服务器是物流企业的数据仓库,数据库服务器存放的货物及物流过程信息是企业日常运营、事故处理、过程改进的重要依据,也是企业进行数据挖掘提高竞争力的基础。

4. 系统信息平台

系统信息平台由电子商务服务器、电子邮件服务器、Web 服务器、认证服务器、短信中心和企业防火墙组成。其目标是为第三方物流企业建立安全高效的网上交易和上下游厂商对在运货物的实时查询和咨询投诉平台,力图使其成为物流企业良好的对外窗口。在物流的各个关键环节将按照用户的定制需求通过电子邮件、短信等形式主动向用户发送信息,也可由用户主动在网站上进行查询,实时获取其关心的信息和第三方物流企业提供的增值服务。

5. 手持移动终端

手持移动终端采用基于 Windows Mobile 的移动智能通信终端。将其引入解决方案中,主要是其能提高物流企业员工的生产率、提供对客户的响应能力,增加客户的满意度和忠诚度、减少与客户进行沟通的费用。首先,物流企业员工有大量的时间在路途中,在这段时间中通过访问控制中心的 Web Services,处理订单和各种用户需求,然后以文档、邮件、短信等形式及时进行反馈。其次,通过移动终端上的 RFID 阅读器和 GPS 接收模块,在仓储中,可以迅速及时地查找和安排货物位置,而在运输途中,则可以保证责任人随时了解在运货物状况以便进行相应处理;最后也是最重要的,员工在到达运输地点时可以在交付货物后,使用 RFID 设备阅读器及时扫描出货,并更新本地移动数据库,然后通过访问 Web 服务器,修改物流企业中的数据库,并通过电子商务服务器实时发出相应的结算信息。这样做的原因是虽然物流企业可以在自己的物流设施中安装相应的基础设施,但对合作伙伴,却不能如此,这样容易提升客户门槛,同时也不需要对方公开其内部信息供访问,因此,将 RFID+GPS+移动数据库+PDA 组成相应智能终端,形成移动的物流信息采集、处理工作站,弥补物流过程中信息处理盲点,形成物流企业信息处理的闭环。

2.4 可视化智能决策信息系统

信息融合方法的实质是处理不确定信息,该方法可分为概率统计方法和人工智能方法两大类。以图 3.2.4 的信息集成框架为基础,物流企业的信息融合可分为以下三个层次:

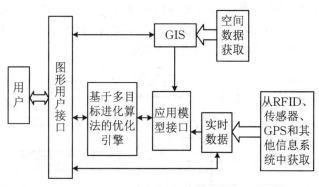

图 3.2.4　信息集成框架

1. 第一层

将来自 RFID、传感器、GPS 和移动智能终端的信息进行融合，不但可以全程准确跟踪在运货物，还能实时获得在运货物状态完整准确的描述。物流信息系统的这种能力对高价值、生鲜冷链以及医药制剂物流是至关重要的。企业能够利用上述信息融合所获得的在运货物物理和位置的上下文信息，根据物流运作的实时情况，即时调动内外部各种资源，打造随需而变的"即时精细物流"，确保货物在规定的时间内按要求到达目的地，降低运营风险，减少意外损失，提高企业在高端和特殊商品物流中的竞争力。

2. 第二层

对实时融合信息与物流企业中数据库的已有信息进行融合，随时根据用户需要生成各类在运货物的数据视图，对物流过程进行实时可视化管理；另外可以对企业运作各类商品物流的历史进行数据积累，利用数据挖掘和知识发现工具（采用基于人工智能的算法）从中发现现有运营缺陷，借鉴软件工程中软件过程能力成熟度模型的思想，以一个循序渐进的过程提高物流过程能力，规范和持续改进物流企业运作流程，实施良好的物流过程管理，从而全面提高物流企业的市场竞争力。现代物流是一个复杂系统，物流工程中的诸多优化决策问题（如背包问题、旅行商问题、车辆调度和中心选址等）为多目标优化问题，采用传统的优化方法很难在实时情况下求出相应的帕累托最优解。

3. 第三层

物流企业可将来自于物流订单、过程和企业其他应用系统的信息（如 ERP 和 CRM）进行融合，利用各种多目标优化决策算法和数据挖掘工具（即基于计算智能流运作）进行精细管理。如现有 N 个零担运输欲在 M 个城市之间完成，可以将 RFID 中间件、地理信息系统与基于进化算法的多准则决策模型相结合，形成基于进化算法的多目标空间决策支持系统（其模式如图 3.2.3 所示），迅速求解该问题，并通过企业信息网络告知相关工作人员。

鉴于此，针对物流信息在企业中融合的多个层次，组织可以较低成本建立服务器群集或网络服务器获取强劲廉价的计算资源，采用多目标进化算法或群集智能优化算法（即基于计算智能），如遗传算法和蚁群算法等，作为信息融合和优化决策的主要手段，并将相应的智能算法封装为 Web Services 供优化、决策工具和移动智能终端调用，以便持续改进物流过程和物流网络布局，寻找利润增长点。

信息集成与融合的最终目的是为了实现决策支持，而智能化是信息系统发展的必然趋势,如图 3.2.4 所示的信息集成架构的最终目标是为物流企业构建智能决策支持(Intelligent Decision Support System,IDSS),从而为企业的长远规划和日常运作提供支撑,建立物流企业的商业智能。IDSS 总体结构如图 3.2.5 所示。

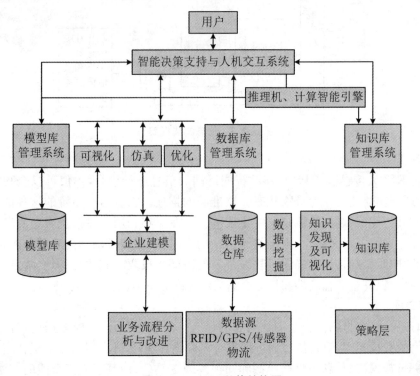

图 3.2.5　IDSS 总体结构图

在图 3.2.5 中,本文在传统的决策支持系统上充分利用数据挖掘工具,并集成人工智能(以推理机形式提供)和计算智能引擎(各类算法以 Web Services 方式提供),向企业提供一个强劲的智能规划运作平台。其中知识是智能的核心。知识的获取,一是通过组织物流行业内的专家,制定相应的策略,形成规则,录入知识库中;二是通过融合 RFID、GPS、传感器、物流信息管理系统以及企业其他管理平台(如 ERP)的数据,形成企业全面完整的数据视图,建立面向主题的、集成的、时变的、非易失的数据集合(即数据仓库),利用数据挖掘工具,进行知识发现。模型库的建立则组织领域专家对企业的业务流程进行建模,并建立和使用相应的可视化、仿真和优化工具在模型入库前反复斟酌,直至最优;而建立的优化模型反过来又改进企业运作流程。经过以上处理,企业的信息集成将上升为知识集成,以推理机和计算智能引擎为工具,将支持企业各级部门进行智能决策。对于郑明物流而言,通过这套智能决策系统,我们可以实现商品从入库开始到最终送达客户手中整个过程的智能化决策。

2.5 本章小结

本章对可视化智能信息系统的关键技术进行了分析,对 RFID 技术、可视化跟踪技术的系统组成、工作原理以及在物流系统中的作用进行了说明,并着重对物流信息的采集技术和信息平台数据集成与融合进行了分析,对可视化智能决策信息系统进行了详尽的介绍。本章节的内容为接下来的方案设计优化,提供了完整的技术支持。

第3章 冷库可视化智能信息系统优化方案

3.1 郑明物流冷库信息系统现状分析

仓库管理是冷链物流过程中的一个重要环节,对冷链物流全过程有着很大的影响。郑明物流表示要在 2015 年前将公司的冷库数量从 32 个扩张到 100 个。郑明物流积累有丰富的冷链物流运作经验,物流网络覆盖全国 90% 以上主要城市,在多个城市建有冷藏库和冻库,根据客户需求提供以干线、仓储和市配为主的全程冷链服务及其相关衍生服务,服务客户包括大型食品企业、大型超市、连锁餐饮、各种大型冷库等,如麦当劳、肯德基、光明、蒙牛、伊利、雨润、哈根达斯等都是郑明物流的服务客户。

对于郑明物流,现有仓库数十个,包括冷库、常温库和三温库等,如表 3.3.1 所示,以冷库、三温库为主要仓库,分别分布在上海、北京、重庆、广州、成都等国内一、二线城市,其五角星标示产业园面积为 10000~20000 m^2,其余平均在 6000 m^2 左右。生鲜产品主要包括水果、蔬菜、鱼类、海产类、豆制品等熟食类、奶类、冰淇淋产品等,它们的存储的方式和对温度的要求都极为苛刻。对于生鲜产品电商物流所用仓库,一般采用三温库。三温库库内包含常温区、冷藏区、冷冻区三个温带区,货物存储时可依据货物对温度的要求进行分类、分区域存储。每个区域内都有自己可控温度:常温库温度一般为 12~180 ℃;冷藏库温度一般为 0~5 ℃;冷冻库温度一般低于 −18 ℃。

目前郑明物流仓储库存管理系统具备仓库与库位资料、库位与存位管理、仓储设备管理、库存物资管理、收货入库、入库审核、发货出库、发货审核、退货入库管理、拆装管理、拆装审核、自动纠错、报警、仓库盘点、库存统计、汇总报表、条形码管理、流通加工、货物价值分析、搬运作业考核、库存使用率查询、费用管理等功能。该系统是一套以实物管理为思想,集监管与经营为一体的仓储管理信息系统。其借助成熟的物联网技术,以货物货位、货物流程及操作规程管理为重心,全面推进管理科学化、制度化、规范化,建立严格、完善的物资出入库、库存物资管理的仓储管理规章制度,提高仓储收发存管理水平及监管能力。但是,在冷链技术以及仓储可视化、运输可视化等技术上还不能在所有仓库普及。建立这么多的冷库和服务这么多家客户就需要郑明物流有一个完善的可视化冷库仓储智能信息系统。

同时对于郑明物流来说,物流仓库内运作流程也相对来说过于传统,新技术与新设备的运用比较缺乏,主要的流程如图 3.3.1 所示。

表 3.3.1　郑明物流冷库分布表

序号	冷库名称	序号	冷库名称
1★	盐城温控产业园(冷库)	26	常州冷库
2	张家港温控产业园(冷库)	27	南昌冷库
3	莱阳温控产业园(冷库)	28	南通冷库
4	徐州温控产业园(冷库)	29	太原冷库
5	上海雪佳冷库	30	宁波冷库
6	上海吴泾冷库	31	青岛冷库
7	上海民兴冷库	32	南宁冷库
8	上海虹桥冷库	33	长沙冷库
9	上海桃浦冷库	34	福州冷库
10	上海松江冷库	35	杭州冷库
11	上海闵行冷库	36	南京冷库
12	上海浦东冷库	37	银川冷库
13	北京顺义冷库	38	哈尔滨冷库
14	北京豆庄冷库	39	吉林冷库
15	天津普菱冷库	40	河北冷库
16	广州增城冷库	41	佛山冷库
17	广州番禺冷库	42	合肥冷库
18	深圳南山冷库	43	西宁冷库
19	重庆渝北冷库	44	兰州冷库
20	昆明新储冷库	45	济南冷库
21	成都双流冷库	46	郑州冷库
22	贵阳冷库	47	沈阳冷库
23	无锡冷库	48	乌鲁木齐冷库
24	武汉冷库	49	呼伦贝尔盟冷库
25	西安冷库	50	锡林郭勒盟冷库

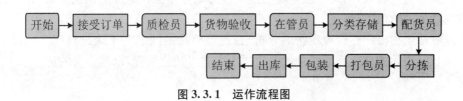

图 3.3.1　运作流程图

郑明物流的主要环节：

（1）货物验收。郑明物流接到订单后，接运货物，准备入库。此过程质检员检验产品数量、质量规格等，对货物清单进行审核，查看是否相符，同时，统计人员打印条码，并贴于货物上，标签须与账、物相符。

（2）分类存储。货物验收后，仓管员依据货物品类、属性，以及对温度要求进行分类，并存储到不同的库区，存储期间，库管应有计划地对存储货物进行检查盘点，保证质量安全，了解库存情况。

（3）分拣。接到配货通知后，按照客户订单需求，分拣货物，送往打包区。

（4）打包。打包员对从分拣区过来的货物依据其对包装的要求，选择合适的打包箱，依次打包，等待配送。

（5）配送出库。按批次对打包好的货物进行配送。

3.2 库存管理可视化智能信息系统优化

当前郑明物流在库存管理系统和条形码技术应用方面还存在一定的缺陷，在某些环节由于人工操作导致系统显示库存量和实时库存量之间不能实现同步；在条形码应用方面，现有的条形码在使用中较容易出现磨损和破坏，最终导致在读取条形码信息时出现错误或者作业时间较长。

3.2.1 郑明物流冷库管理中存在问题

郑明物流在传统的库存管理模式下，主要存在以下几个方面的问题：

上游供应商供应能力不透明，不能及时满足商品分销商的商品需求，导致安全库存水平上升。管理中某些人为原因导致商品配送不及时，商品过期导致保管成本上升。由于出库检查环节漏洞，过期商品流入市场，影响客户服务水平，且可能危及消费者生命健康。客户需求不清，分销商无法快速响应客户需求，导致分销商库存量过大或过小。在商品库存量过大的情况下，库存管理系统中缺乏可视化的管理，将会导致人力资源浪费严重，管理费用上升，供应链上下游以及节点企业内部缺乏相互协作。

可视化管理水平的落后以及作业流程的复杂，导致库存成本激增，当前郑明物流的商品种类多且价值差异较大，因此单纯以商品性质作为划分储位和储区的依据不够科学，还应该充分重视物品的价值差异。

通过对郑明物流库存管理现状的分析，目前最直接的问题在于缺乏对库存商品的可视化管理，因此，当前的首要任务就是加强公司库存的可视化管理，以提公司的运营水平。

3.2.2 库存可视化智能系统优化思路

针对郑明物流当前库存现状以及对可视化管理的要求，其可视化管理信息平台的技术方案（图 3.3.2）可从总体架构、应用架构和技术架构三个方面进行设计。

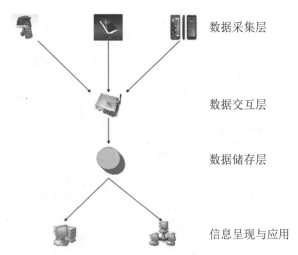

图 3.3.2　可视化管理信息平台的技术方案

1. 总体架构

考虑可视化库存管理中数据采集、处理与应用以及信息流程的要求，可构建库存可视化信息平台。其中数据采集层主要应用 RFID 无线射频识别技术对商品入库、出库和库存盘点等进行信息识别和采集（图 3.3.3）；数据交换传输层主要利用技术在供应链上下游企业之间和节点企业内部构建库存可视化系统，并实现数据的传输和交换；数据存储层主要用于对各业务环节所产生的数据进行提取和储存，并对数据进行挖掘以供各业务环节决策参考；信息呈现与应用层主要是指用户界面，方便用户进行信息输入和输出显示。

2. 应用架构

库存可视化管理信息平台的应用架构主要包括企业内部以及企业之间两个层面。在企业内部层面，利用 WMS 系统对商品基本信息进行记录并分类，郑明物流的仓储管理部门和其他部门之间应通过物流协作系统，力求实现信息处理的同步和共享并使之可视化，当库存保管商品出现意外情况，应能快速解决和处理，避免对其他部门工作产生影响；在企业之间，公司主要利用 EDI 系统在可视化信息平台上实时把握上游供应商的商品供应和下游客户的商品需求情况，对库存可视化的相关信息，如价格优惠区间、近期活动等信息，在客户订货系统中做到及时更新和响应。

3. 技术架构

（1）数据识别与采集。在数据识别和采集作业中，确保信息采集的准确性和可靠性，为库存可视化管理提供准确的数据支撑。RFID 系统如图 3.3.4 所示。RFID 系统能够实现标签信息的自动识别和采集并储存于储存器中，无需人工作业干预。

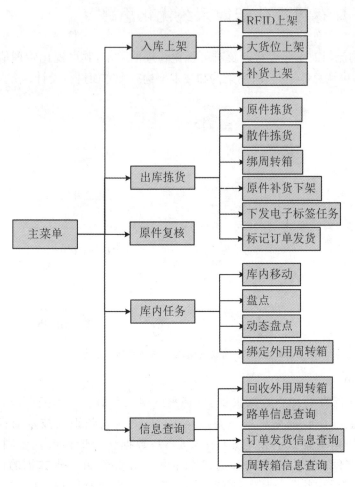

图 3.3.3 RFID 手持终端功能菜单

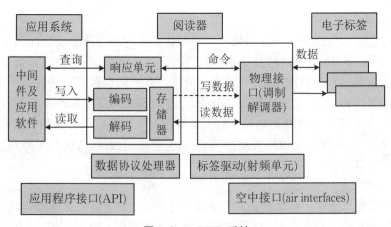

图 3.3.4 RFID 系统

(2) 数据的传输和交换。根据 EDI 系统的标注协定,电脑间的数据能够实现自动的处理和响应,能够有效减小由于人工录入导致的时间成本和降低出错率。EDI 系统的工作流程如图 3.3.5 所示。积极推动 EDI 系统应用,实现和企业内部信息系统的集成,能够大大提高接单、出货、催款作业流程的效率。

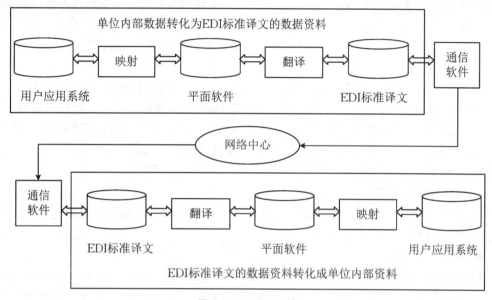

图 3.3.5　EDI 系统

(3) 数据存储。数据库可分成物理数据层、概念数据层以及逻辑数据层,不同层次之间主要通过映射关系进行转换。其中物理数据层为数据库最内层,主要用于储存原始数据,原始数据主要是用户加工的对象,由位串、字符和字组成;概念数据层位于数据库的中间层,主要对每个数据的逻辑定义和数据间的逻辑关系进行表示,是存储记录的集合;逻辑数据层即用户看不到并能够使用的数据库,主要是对一个或者多个特定用户使用的数据集合,也就是逻辑记录的集合;信息呈现相关设备,主要包括用户端能够应用的 PC、PDA、手机和平板电脑等,通过数据呈现设备能够以图形或者文字等形式对相关数据信息进行表示。

3.2.3　库存可视化平台的优化

郑明物流实施库存可视化管理最重要的环节在于库存可视化平台的建立,通过信息的实时共享实现可视化管理的目标。

综合郑明物流的商品数量以及价值,可采用 ABC 分类法对商品进行分类管理,如通过商品名、商品编号以及商品重要性将商品分成三类。对于 A 类品,下游客户需求量往往很大,且价值很高,为了减少资金占用,应尽量缩短该类商品的存储期。对于 B 类商品,其需求量往往也很大但其价值低于同类商品。C 类商品的客户需求量往往比较小,其价值也比较低,因此其存储周期可适当延长。

数据采集主要涉及商品出入库和库存盘点环节。

1. 出入库数据采集

当贴有电子标签的商品到达仓库时,无需人工扫描,入口处的读写器将自动识读标签的内置信息(如商品名、批号、单价、生产日期/保质期、出入库标志、数量、注意事项等)。根据得到的信息,管理系统会自动更新存货清单。这一过程将很大程度地简化传统的货物验收入库程序,省去了繁琐的检验、记录、清点等大量需要人力的工作。出库则与入库环节类似,可实现自动操作。由于 RFID 实现数据录入的自动化,可以实现更多的信息收集和跟踪操作,使得确定货物的位置更为精确具体。因此,借助 RFID 技术可实现精确的库存管理。

2. 库存盘点的数据采集

利用 RFID 电子标签,盘点库存时也不需进行人工检查或扫描条形码,从而降低工作量、人力、时间成本。简化的库存盘点作业方便管理者缩短原来一月一次的盘点间隔,为工作人员在库存控制方面提供了更大的自由度。这样可以及时发现潜在问题并进行预防控制。根据计算,并结合实际经验,确定每种商品库存量的上下限。与实际库存量作比较,及时补货,避免缺货或者库存积压过大。

3. 数据传输与储存

数据收集工作准备好后,可将商品库存重点信息和对商品库存问题的处理在企业内部通过"物流协力系统"进行实时信息共享。

4. 信息呈现与应用

郑明物流内部各部门之间主要利用 WMS 系统对重要的库存信息进行实时共享,各用户可通过电脑、PDA 等终端设备实时接收和处理信息,基于 RFID 和 EDI 系统的郑明物流库存可视化系统登录界面如图 3.3.6 所示。

图 3.3.6 货物实时监控系统登录界面

郑明物流基于 RFID 和 EDI 系统的库存可视化功能,为供应链上下游节点企业之间实时传递产品信息。商品供应商、分销商以及下游客户之间既是信息的提供者又是信息的需求者,最终在可视化管理平台上实现库存的可视化管理和信息的实时交互。郑明物流和供应链上下游企业之间共享库存可视化信息的传递情况如图 3.3.7 所示。

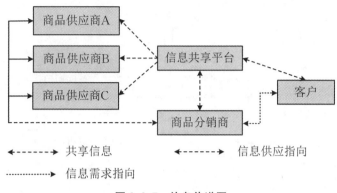

图 3.3.7 信息传递图

3.3 商品出入库可视化智能信息系统优化

3.3.1 基于 RFID 技术的系统优化原理

RFID 可以实现多目标、运动目标的非接触式自动识别,基于 RFID 的物联网强调物质与信息的交互,将 RFID 技术应用于物流业的信息采集和物流跟踪,可以极大地提高行业内服务水平。表现在:一是可以实现信息采集、信息处理的自动化;二是实现商品实物运动等操作环节的自动化,如分拣、搬运、装卸、存储等;三是实现管理和决策的自动化乃至智能化,如库存管理、自动生成订单、优化配送线路等。将 RFID 技术应用于物流管理,需要我们将物流过程从一个大系统的角度来看待,在更大范围内共享 RFID 信息,以最低的整体成本,达到最高的供应链物流管理效率。

3.3.2 基于 RFID 技术的信息数据优化

该系统结合现有设施,实行"分拣到箱、配送到户"的配送模式,考虑以后系统用户数量多、订单量小、品种分散、配送频繁。所以各个环节尽量减少人力,自动读取核对,提高效率,引入 RFID 系统。在托盘、货架、货物周转箱部署电子标签,在对应的出入口、关键点和分拣终端部署读写器,使系统管理员能够对仓库的进入库及时掌握并实施有效控制,实现信息采集并与仓储管理系统合理连接,通过有线无线相结合的方式将数据信息传输给系统存储、分析、处理,达到物流控制快速化、透明化的目的。入库数据流程设计如图 3.3.8 所示。出库数据流程设计如图 3.3.9 所示。

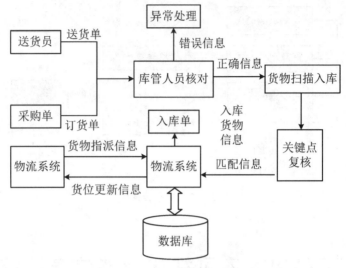

图 3.3.8　入库数据流程

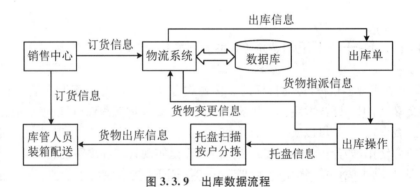

图 3.3.9　出库数据流程

3.3.3　基于 RFID 技术的出入库流程优化

送货车辆将货物送到仓库后，仓库管理人员首先对送货单进行核对，核对无误后进行入库扫码，采集商品信息传递至仓储管理系统，完成货物交接（图 3.3.10～图 3.3.12）。

若物品是托盘联运，则对通过的同一种商品进行码盘处理，叉车工作人员使用配置在叉车上的读写器对码盘完毕的托盘进行托盘电子标签扫描和商品电子标签扫描，完成对托盘信息和商品信息的匹配，匹配信息以无线方式传输至仓储管理系统。叉车将货物送至巷道堆垛机或与之相连的输送装置。

仓储管理系统依据预先设定的存储策略（如分类随机储放）、货位指派原则（如先入先出）、商品库存状态等，确定该种商品的存放位置并将分配的储位信息传输至现场控制系统，现场控制系统驱动巷道堆垛机完成入库操作。巷道堆垛机将货物送至指定货位，安装在堆垛机上的 RFID 读写器扫描货位信息并将信息传送至仓储管理系统，更新货物信息，入库操作完成。若供货方进行托盘联运，入库阶段直接可扫描托盘标签，即可获得与之相匹配的商品信息,然后用叉车搬运,巷道堆垛机实现入库。入库业务流程见图3.3.13。

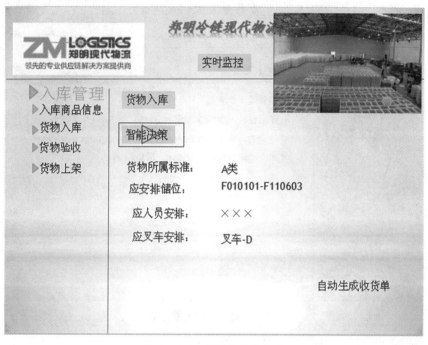

图 3.3.10 自动生成收货单

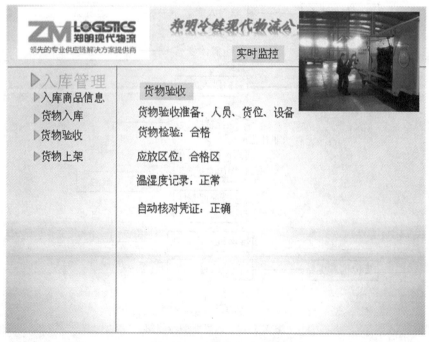

图 3.3.11 货物入库验收

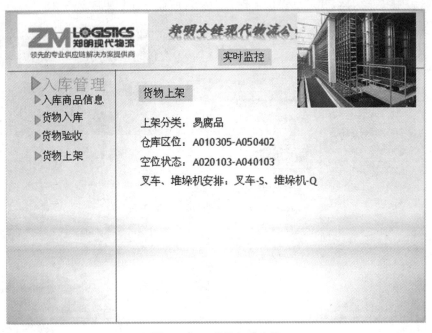

图 3.3.12 货物入库上架

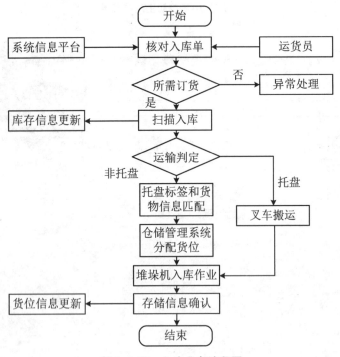

图 3.3.13 入库业务流程图

当有出库要求时,仓储管理系统根据库存状况和出库规则确定应出库货物的位置,将出库信息(如出库货物名称、数量、存放位置等,见图 3.3.14)传输至现场控制系统。现场控制系统驱动巷道堆垛机运行至指定货位，RFID读写器自动扫描货位标签，进行确认，完成货位信息更新。无误后堆垛机将货物送至分拣系统。

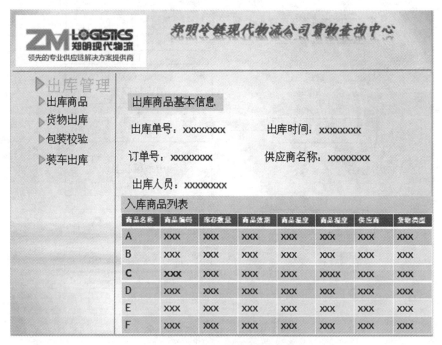

图 3.3.14　出库商品基本信息

在分拣系统进行拆盘操作，托盘归位。货物按户进行分拣扫码，扫码信息传输至仓储管理系统，完成库存数据更新。分拣工作人员对分拣完毕的货物核对无误后，在分拣终端使用RFID读写器对周转箱标签写入相应的数据，准备装车配送。出库作业完成。送货完毕，送货人员将周转箱送回仓库，仓储人员再次扫描周转箱标签，标签信息清空，以备下次使用。周转箱具有可重复利用、可折叠、可减少货损货差、环保无污染等优点。出库业务流程见图 3.3.15。

3.3.4　系统优化意义

应用 RFID 技术对货物的出入库流程进行方案设计，实现了以下功能：① 货物动态出入库管理。采用 RFID 技术，极大地提高了对出入库产品信息记录采集的准确性。② 满足客户需求。采用巷道堆垛机，取代了叉车出入库，快速反应。③ 仓库利用率提高。货架排列紧凑，提高了空间利用率。④ 灵活的可持续发展体系。为后续系统的升级改造提供良好的环境和接口。⑤ 实时仓库监控（图 3.3.16～图 3.3.18）。系统能实时显示当前库存状态、库存水平。⑥ 有线/无线技术相结合的信息传输方式。实时性信息收集和传输能有效地提高工作效率。⑦ 简化管理。降低了重复劳动，减少了人员开支。本章只是探讨了基于 RFID 的一种出入库方案，在企业管理中还应根据自身的实际情况进行调整，随着物流行业对自动化技术需求的不断提高，RFID 技术必定会有更广阔的应用空间。

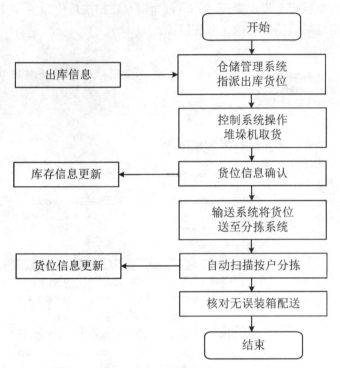

图 3.3.15 出库业务流程图

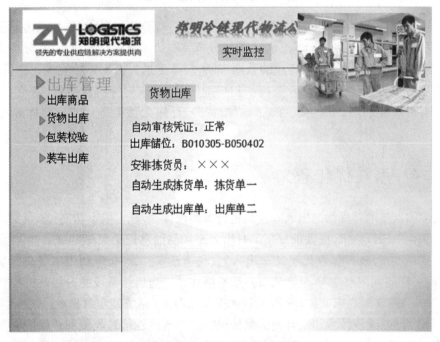

图 3.3.16 货物出库实时监控

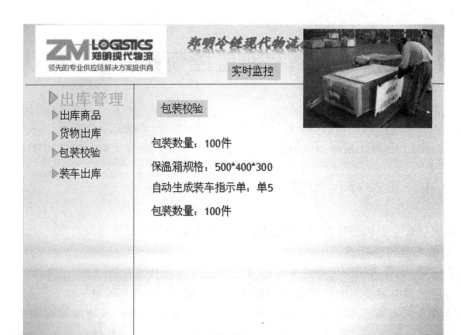

图 3.3.17　货物出库校验

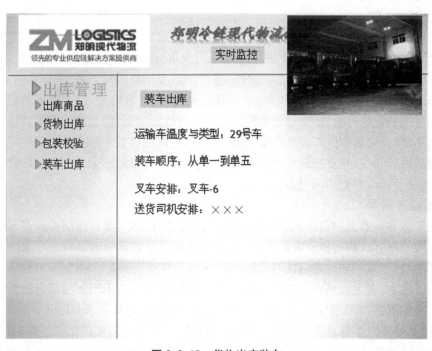

图 3.3.18　货物出库装车

3.4 可视化仓储智能监控预警信息系统优化

基于 RFID 技术的冷链物流实时监控主要应用于物流中的仓储与运输环节，同时还可实现追溯功能，切实提供商品温度信息查询和监控与预警。本节主要讨论仓储环节。

3.4.1 系统硬件组成

该系统硬件主要包括智能温度传感标签、数据采集器和智能传感器三种。

1. 智能温度传感标签

基于有源/无源 RFID 结合温度传感器的传感标签芯片是一种无源/半无源标签芯片，专门针对带单节电池供电的传感器智能标签进行了优化，从而实现在芯片上记录来自内部温度传感器或其他外部传感器的数据。该芯片支持报警系统和计算物品保存期限的功能，且可以控制是从外部传感器还是内部传感器中获取数据。对这个智能标签芯片的访问受到 3 层口令认证的保护。用户可以为其封装增加其他类型的外部传感器，以实现对震动控制、湿度或其他因素的监视。

2. 数据采集器

数据采集器是一台具有文件记录功能的 RFID 读写器，在智能温度传感标签的初始化、启动、温度数据采集、停止等环节中发挥作用。当温度标签启动并完成了温度监测后，数据采集器就可以通过射频接口将存储在温度标签中的温度信息采集下来，并以文件方式保存，同时屏幕上还可显示标签的工作状态、是否有超限报警、电池电量、保存时间等信息。如果需要进行详细的数据分析，还可以上传到计算机进行数据分析、图表打印等操作。除了上述基本操作外，数据采集器内部还具有安全模块接口，可以通过数字签名对标签的唯一性和合法性进行认证，同时还具有密钥发散、管理等功能。数据采集器由微处理器、实时时钟、液晶显示屏、按键、Flash 存储器和电源接口等部分组成。

3. 智能传感器

智能传感器一般由控制单元、能量供应模块、传感器、存储器和通信接口组成。控制单元一般由微处理器或逻辑控制电路组成，通过固化在微处理器中的软件程序来实现对传感器的数据采集、比较。同时通信接口采用 RFID 技术并结合 MEMS 技术，这样有利于产品小型化和低成本，满足大规模生产的需求。能量供应模块采用 RFID 的耦合能量来给传感器供电。传感器接口采用与 RFID 共用 EEPROM 的技术，这就要求 RFID 采用双界面卡的设计方式，并且能对数据总线进行访问仲裁。通信接口外部通信接口比较丰富，有些微处理器会自带外设通信接口，如 USB、UART、SPI 等，外部设备通过这些接口访问传感器的存储器来达到数据交互的目的。智能传感器的软件设计分为功能设计和应用设计，功能设计主要完成传感器的基本功能操作，应用设计主要面对用户接口应用。

3.4.2 入库的实时监控预警系统优化

入库商品预警界面如图 3.3.19 所示。

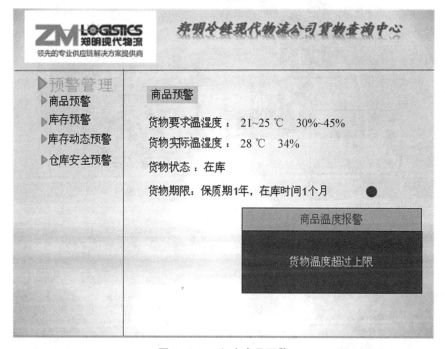

图 3.3.19 入库商品预警

优化方案如下：

（1）郑明物流接到商品生产商的订单，货物到库后，立即组织商品入库，扫描或输入订单号码至本系统。

（2）系统根据订单号码，由条码打印机打印 RFID 标签并由工作人员粘贴在包装上，由读写器自动读取数据。此时商品冷链物流实时监控正式开始。

（3）入库手续和商品清点完毕之后，完成入库并开始记录商品信息、温度及物流信息，这些信息自动上传到仓库管理系统。RFID 技术在冷链物流商品入库作业的应用流程如图 3.3.20 所示。

库存预警界面如图 3.3.21 所示。

在商品上粘贴商品身份 RFID 电子标签，并将基本信息写入商品 RFID 电子标签，实现商品本身的识别，在商品冷链储存过程中，用手持终端对商品上的 RFID 标签进行扫描，进行存储作业的存取、拣选、盘点和订单管理。RFID 的应用使得存取作业、拣货作业、库存盘点、订单管理等作业得到优化，并实现实时监控，商品品名、数量、批次、生产商、生产日期、物流企业等库存信息都能够在仓储管理信息平台和监控中心进行记录和监控。

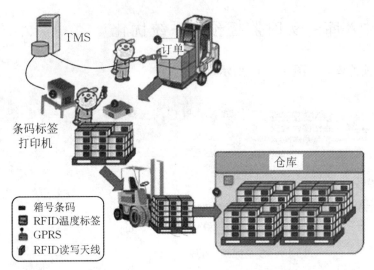

图 3.3.20　RFID 技术在入库作业中的应用

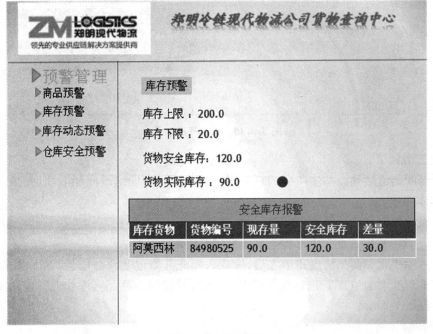

图 3.3.21　库存预警

3.4.3　出库的实时监控预警系统优化

货物动态预警界面如图 3.3.22 所示。
优化方案如下：
(1) 出库指示。仓储管理系统接到商品出库的信息，系统会根据出库指示内容，提取相应的货物准备。

（2）商品箱号与单号相对应。用条码枪扫描要出库的商品，使其运单号一致。

（3）RFID 标签与单号对应。扫描或输入 RFID 标签编号，使之与订单号对应，并将单号信息记录到 RFID 标签内，上传至实时监控预警系统。

（4）商品出库。读写器一次性读取到该批次各冷链保温箱内的所有 RFID 温度标签的信息，并自动上传到监控平台，实现了自动化管理。其在缩短时间的同时也确保了出入库信息的准确性，此时商品进入运输环节，并实时传递温度及物流运输信息。冷链储存实时监控系统如图 3.3.23 所示。

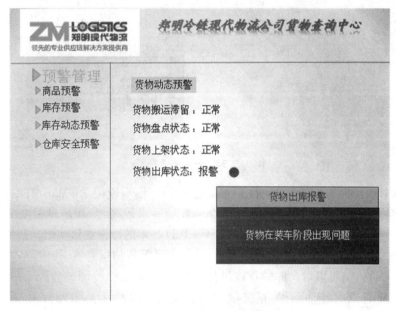

图 3.3.22　货物动态预警

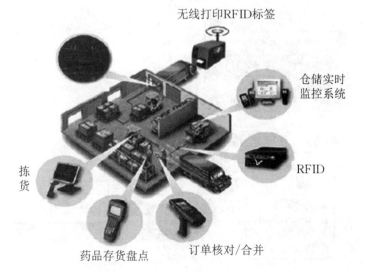

图 3.3.23　冷链储存实时监控系统

仓库安全预警界面如图 3.3.24 所示。

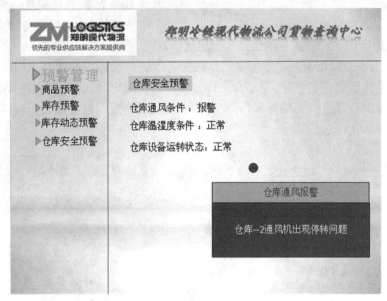

图 3.3.24　仓库安全预警

贴有 RFID 标签的冷链箱如同有了一张电子身份证,可以记录商品所有的信息,其中包括商品的实时温湿度信息。冷链商品对储存的环境要求较高,尤其是对温度的范围要进行严格的控制,否则容易使商品发生变质。基于 RFID 技术的冷链物流实时监控系统可以在商品储存环节对温度和货物信息进行有效监控,并将温度等货物信息实时地反应在监控信息系统平台,仓库管理人员可以对仓库的货物进行监控,通过对整个冷库的监控,一旦发生库存呆滞、货物缺货、库存盘点出现问题等情况,系统会自动发出预警信息,方便管理人员对冷库货物温度进行控制和调节。基于 RFID 技术的冷链储存入库预警作业流程如图 3.3.25 所示。

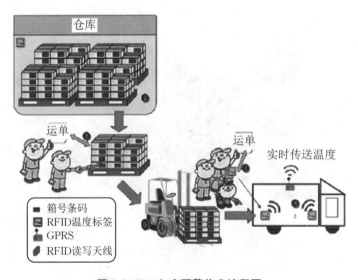

图 3.3.25　入库预警作业流程图

3.5 本章小结

通过对郑明物流现状的调查和分析,笔者发现郑明物流在冷链技术以及仓储可视化、运输可视化等技术上还不能在所有仓库普及。同时郑明物流表示要在 2015 年前将公司的冷库数量从 32 个扩张到 100 个,但是对郑明物流来说,物流仓库内运作流程也相对过于传统,新技术与新设备的运用比较缺乏。建立这么多的冷库和服务这么多家客户,就需要郑明物流有一个完善的可视化冷库仓储智能信息系统。于是本章主要从建立郑明物流的可视化冷库仓储智能信息系统出发,首先对郑明物流传统的库存管理模式进行了风险分析,发现它主要存在的五个问题。针对郑明物流当前库存现状以及对可视化管理的要求,我们可视化管理信息平台的技术方案可从总体架构、应用架构和技术架构三个方面进行设计。可视化平台的搭建,可以对整个仓库出入库的各个环节进行重新设计,于是我们在第二个部分主要对仓库出、入库的数据流程和业务流程进行了优化。在整个可视化的实现过程中,监控和预警系统的搭建起到了非常关键的作用。监控和预警系统的硬件主要包括智能温度传感标签、数据采集器和智能传感器三种。在实施的过程中主要分为出库和入库两个部分,在入库环节主要是分为三个部分,在出库环节主要分为四个部分。

第4章 运输调度可视化智能信息系统优化方案

4.1 郑明物流运输调度信息系统现状分析

冷链物流,也就是低温的供应链,为了保持新鲜食品及冷冻食品等的品质,使其在生产到消费的过程中,始终处于低温状态配有专门设备的物流网络。可见,冷链物流是以保证产品质量、减少产品损耗的一项系统工程。在冷链物流的运输配送过程中,相对于传统的配送作业,除了要考虑如顾客需求量、时间窗要求、车辆限制、车辆行驶里程等一般因素外,还需要考虑产品在配送作业过程中的温度控制措施,考虑温度对配送车辆调度的影响等。

在传统的物流配送过程中,人工操作分选活动导致工作人员身心俱惫、情绪不稳,进而很难确保产品运输的质量,此外,市场中对物品运输质量的要求愈来愈高,再加上物品的品质具有差异性,如大小、形状、温度以及特性等各有不同,普通的检测模式很难胜任。可视化信息技术具有敏感、范围较广、信息量较大、测量精准度很高、功能齐全、速度较快等优势,可以对物流定量指标进行测量。因而,其在物流技术中有很好的应用前景。

目前我国冷链物流相关企业的管理方式仍比较传统,能以信息技术为支撑,实施冷链物流供应链集成管理的企业屈指可数,即便是时效性强的过程跟踪管理,很多企业依然无法做到,诸多需要实时管理的环节仍停留在粗放式的人工管理阶段,致使冷链物流总体管理水平难以提高。信息技术在冷链物流上的良好应用,将给企业带来良好的运营效果,更好的保证顾客产品质量安全,减少损失,这也是市场需求下冷链物流发展的必然趋势。

郑明物流虽然已经具有较为完备的信息管理系统,并为其改善正在做相应努力,但与世界一流的冷链企业相比,仍然有一些差距。郑明物流冷链信息化中依然存在一些问题,运输可视化不能去全面普及、系统对接出现问题、预警系统不够健全等。在现有信息技术的基础上,郑明物流如何更好地满足客户需求,实现运作智能化,提高运作效率,以实现公司全面信息化的目标,是我们要研究的主要内容。郑明物流的运输配送优化方案见图3.4.1。

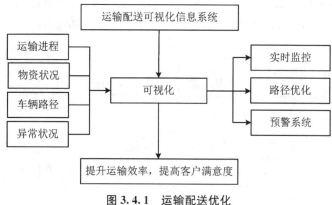

图 3.4.1 运输配送优化

4.2 运输路径可视化智能信息系统优化

4.2.1 基于物联网的系统优化思路

物联网(Internet of Things)是信息技术领域在 Internet 之后发生的根本性变革,它通过对射频识别、全球定位系统、激光扫描器、无线传感器等一系列传感设备的集成,将各种物品与物联网根据某种协议链接起来,从而达到跟踪、定位、识别、监控和管理的智能化。物联网可以通过智能传感器、泛在网络、云计算等技术使物品拥有智能化的特征,从而实现物品与物品、人与物品以及人与人之间的有机智能的衔接。

基于物联网的运输路径优化主要目标就是将路径优化方法应用于物联网运输线路调度系统中,通过对调度系统的合理设计,从而可以科学安排车辆配送路线,使货物可以按时到达顾客手中,并且配送成本最低。

首先,通过 RFID 手持终端扫描装车且运往不同目的地货物的电子标签及扫描车辆所属的电子标签,通过无线传感器网络可以将电子标签上存储的货物信息传入数据处理中心,然后数据处理中心根据获得的货物个性化信息,结合数据处理中心数据库存储的地理信息数据和路径优化算法算出车辆运送货物的最佳路径,并将最佳路径通过无线传感器网络显示到车载显示器上,最后司机根据车载显示的最佳路径运送货物(图 3.4.2)。

4.2.2 基于物联网系统的流程优化

1. 信息采集模块

每个所需运输的货物上都带有特殊的电子标签,在 RFID 手持终端扫描电子标签时,RFID 手持终端可以接收到货物电子标签所发出的射频信号,这个射频信号带有货物的详细信息,射频信号通过无线传感器传入中心数据库,在中心数据库对射频信号进行解码,根据解码后的信息可以利用中心数据库中的 ONS 服务器搜寻到货物信息在中心数据库的存储位置，然后利用中间件读取系统得到该位置所存储的具体货物信息，如图 3.4.3 所示。

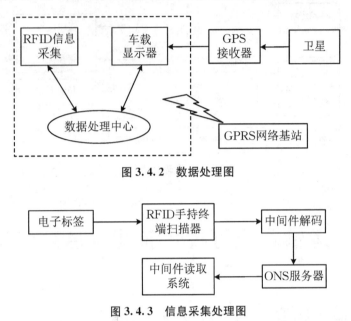

图 3.4.2　数据处理图

图 3.4.3　信息采集处理图

货物电子标签所包含的主要货物信息有：货物名称、货物运送时限、发货地址、收货地址、货物特殊要求等。车辆电子标签所包含的主要信息有：车辆编号、车型、车辆最大载重、车辆油耗、车辆最大限速等信息。

2. 车载终端模块

GPS 模块主要作用是车辆定位，实时监控车辆状态。车载终端通过 GPS 接收器接收 GPS 卫星发出的定位信号，定位信号经过控制器处理可以得出车辆的定位数据。GPRS 模块主要作用是无线数据的收发，通过 GPRS 模块将车载终端与中心数据库连接起来，一方面将中心数据库得出的关于货物运输的最优路径传输到车载显示器，另一方面可以将车辆的地理位置传输给中心数据库，以便查询车辆运输信息。

3. 无线传感器模块

无线传感器网络在系统中的主要作用就是数据传输，是整个系统可以实现通讯的关键。本系统通过 GPRS 无线传输业务实现无线数据通信网络的构建。中心数据库管理平台通过动态 IP 地址方式接入 Internet 网络，车载终端与 RFID 手持终端扫描器以 CMNET 方式接入网络，中心数据库管理平台通过拨号方式登陆 Internet 互联网，获得动态的公网 IP 地址和启动动态域名客户端。车载终端与 RFID 手持终端以 CMNE 方式连接上 GPRS 网络后，再根据各个终端参数设计的管理平台域名，从动态域名服务商获得平台服务器的 IP 地址，从而实现中心数据库与多个终端的数据传输。

4. 中心数据库的建立

地理信息系统在本系统中的作用是为了更好地了解车辆运行线路的情况以及对线路进行分析，从而可以结合最优路径算法得到合适的运输路线。

4.2.3 基于 Lingo 编程的路径优化算法

本系统采用的算法模型是基于时间窗的生鲜产品运输路经优化算法,将时间变量引入目标函数,建模时主要考虑成本因素,并且将时间约束转化到成本函数中。

1. 问题假设

配送模型是基于一个配送中心多个需求点的模式建立,并且需要满足以下条件:
① 配送中心到各个需求点的距离以及各个需求点之间的距离为已知;
② 每个客户都有一定运输时限要求,运输必须在时限范围内进行;
③ 每个需求点只能由一辆车完成运输需求;
④ 运输车的载重不得超过车辆的最大载重;
⑤ 运输车辆的起点终点均为配送中心。

2. 模型建立

模型以总成本最低为目标函数。总成本包括运输成本、基于时限要求的惩罚成本、货损成本三种。

(1) 运输成本。车辆的运输成本包括固定成本与变动成本,其表达式为

$$Z_1 = \sum_{k=1}^{k} \sum_{i=1}^{n} \sum_{j=1}^{n} (C_0 + C_{1k} d_{ij}) X_{ijk} \tag{1}$$

其中:C_0 为启动每辆车的固定费用;C_{1k} 为第 k 辆车行驶单位距离的费用;d_{ij} 为点 i 到点 j 的距离;X_{ijk} 为若第 k 辆车从点 i 开向点 j,则 X_{ijk} 值为 1,否则为 0。

(2) 惩罚成本。采用软时间窗的限制规则,即假如在顾客要求的时间窗内配送无法送到,则按照违反限制时间的长短进行一定的经济惩罚,其表达式为

$$Z_2 = C_1 \sum_{i=1}^{n} \max(ET_i - S_i, 0) + C_2 \sum_{i=1}^{n} \max(S_i - LT_i, 0) \tag{2}$$

其中:C_1 为车辆提前到达而等待予以的惩罚系数;C_2 为因为迟到而予以的惩罚系数;ET_i 为点 i 允许的最早到达时间;LT_i 为点 i 允许的最迟到达时间;S_i 为车辆到达需求点 i 的时间。

(3) 货损成本。发生货损成本的条件有两个:一是由于运送时间累积,生鲜食品腐烂造成货损;二是当车厢门开启时,由于空气流动造成的货损,其公式可以表示为

$$Z_3 = P \sum_{k=1}^{n} \sum_{j=1}^{n} \lambda_{jk} (\alpha_1 d_{ij} + \alpha_2 q_j) \tag{3}$$

其中:P 为生鲜产品单价;λ_{jk} 表示第 k 部车是否运送货物到需求点 j,若运送则 $\lambda_{jk}=1$,否则 $\lambda_{jk}=0$;α_1 为生鲜产品运送途中的货损系数;α_2 为生鲜产品装卸过程中的货损系数;d_{ij} 为点 i 到点 j 的距离;q_j 为点 j 的货物需求量。

建立的生鲜产品配送运输路径数学模型如下:

$$\min Z = Z_1 + Z_2 + Z_3 \tag{4}$$

$$\sum_{i=1}^{n} X_{ijk} = 1 \quad (k=1,2,\cdots,K) \tag{5}$$

$$\sum_{i=1}^{n} y_{kj} q_i \leqslant Q_k \quad (k=1,2,\cdots,K) \tag{6}$$

$$ET_i \leqslant S_i \leqslant LT_i \quad (i=1,2,\cdots,n) \tag{7}$$

$$X_{ijk} = 1 \quad (i=1,2,\cdots,n;k=1,2,\cdots,K) \tag{8}$$

$$\lambda_{jk} = 1 \quad (i=1,2,\cdots,n;k=1,2,\cdots,K) \tag{9}$$

$$\sum_{i=1}^{n} X_{ijk} = \lambda_{jk} \quad (j=1,2,\cdots,n;k=1,2,\cdots,K) \tag{10}$$

$$\sum_{i=1}^{n} X_{ijk} = \lambda_{ik} \quad (i=1,2,\cdots,n;k=1,2,\cdots,K) \tag{11}$$

其中,式(4)表示车辆的运输成本、惩罚成本、货损成本最低;式(5)表示每个需求点只能有一辆车配送;式(6)表示每辆车的装载容量不超过车子的最大装载能力 Q_k;式(7)表示在时间窗限制内配送;式(8)、(9)表示了决策变量 X_{ijk}、y_{ki} 的值;式(10)、(11)表示每个需求点流量守恒限制。

3. 算例分析

为验证算法的有效性,以某配送中心为 7 个需求点配送土豆为例。货车的最大运输量为 7 吨;车辆平均运输速度为 50 km/h,启动每辆车的固定成本为 80 元,每辆车行驶单位距离的花费为 3 元/km,早到的惩罚系数为 2 元/min,迟到的惩罚系数为 3 元/min,运输途中的货损系数为 0.02,装卸途中的货损系数为 0.03,白菜单价为 200 元/吨。配送点与各需求点之间的距离以及各需求点的需求量如表 3.4.1 所示。

表 3.4.1 配送距离及各需求点需求量

需求点	0	1	2	3	4	5	6	7	需求量/吨
0	0	8	14	15	10	9	11	19	
1	8	0	7	12	12	15	12	15	0.5
2	14	7	0	18	13	14	13	10	0.65
3	15	12	18	0	9	8	10	11	0.3
4	10	12	13	9	0	13	7	13	0.25
5	9	15	14	8	13	0	14	12	0.5
6	11	12	13	10	7	14	0	15	0.55
7	19	15	10	11	13	12	15	0	0.4

各需求点的时间窗限制如表 3.4.2 所示。

使用 Lingo 编程求解,求得最优解总成本为 4104.12 元,并且达到最优时配送路径为: 0—1—2—0,0—5—4—6—3—7—0。

本系统将时间变量引入目标函数,建模时主要考虑成本因素,并且将时间约束转化到成本函数中,该系统可以快速地进行车辆线路的计算和与调度优化,从而降低货物运输成本,提高运输效率。

表 3.4.2　各需求点时间窗及服务时间

配送点	时间窗限制	服务时间(h)
1	04:00—05:00	0.15
2	04:00—05:00	0.2
3	06:00—07:00	0.1
4	05:00—06:00	0.08
5	05:00—06:00	0.1
6	05:00—07:00	0.2
7	07:00—08:00	0.15

4.3　运输过程可视化智能信息系统优化

4.3.1　基于 RFID 监控技术的系统优化思路

冷链配送各个环节都要求处于冷藏、冰温或冷冻的低温环境中进行,包括在货品装卸搬运等支撑性作业中也要求对环境温度进行控制,以保证生鲜食品的质量,减少损耗和防止变质。随着物联网技术日益成熟,通过其核心技术 RFID,已实现对冷链配送货物的温度、湿度等进行全程动态实时监控。RFID 是一种采用无线射频方式,实现无限接触式自动识别和数据交换的技术。典型的 RFID 系统由电子标签、读写器、天线及应用系统构成。基本工作原理是:当电子标签进入天线辐射磁场后,接收到读写器发出的射频信号,凭借电磁感应获取能量,激活标签内置芯片,将芯片中存储的信息以射频信号模式发出,经天线调节器传送到读写器并解码后,送达上层软件系统进行相关数据处理。

本节中面向物联网的冷链配送监控是利用现代计算机术、传感技术、实时定位、射频识别技术、无线网络、互联网等技术和设备,将参与配送作业的所有物件串联为一个智能网络,对其进行识别、定位、跟踪、监控及触发相应管理事件。在生鲜食品冷链物流配送过程中,监控内容主要包含以下四个方面:

第一,货物跟踪信息。选用定位技术获取货物和车辆的位置,对货物追踪管理。第二,食品安全监控信息。采集有关温度、湿度以及冷藏车内空气中化学物质的变化(食物腐败产生二氧化碳和氢气等气体),用于食品安全溯源。第三,运输设备安全信息。在车辆的发动机、制冷装置等设备安装传感器,实时监测设备运行性能,实现设备健康管理。第四,配送业务流程自动识别。运用 RFID 智能识别功能,通过读写器快速的记录货物的装卸货等信息,实现装卸货自动化,节约人力和效率,优化作业流程。

4.3.2 运输过程监控系统优化

运输过程监控系统业务流程如图3.4.4所示。

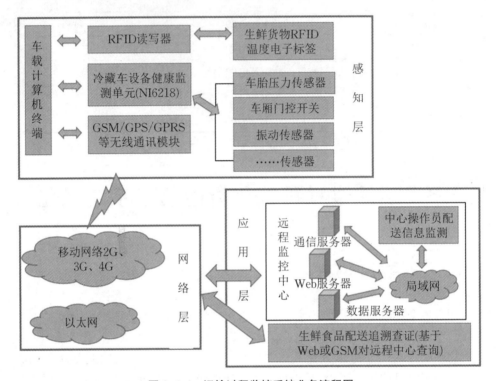

图 3.4.4　运输过程监控系统业务流程图

1. 感知层

通过电子标签,RFID读写器读取货物的温度电子标签,能自动识别货物种类、数量、温度等环境参数,采用RS232模式上传到车载计算机终端。选择美国国家仪器公司生产的数据采集卡,动态采集冷藏车发动机状态、车胎气压、油耗、车厢门开关状态、冷冻压缩机等运行性能,选用USB模式上传到车载计算机终端,实现冷藏车关键设备健康监测的数据采集。GSM/GPS/GPRS等无线通信模块通过USB与车载计算机终端建立连接,实现车辆实时定位及无线网络通信功能。当冷藏车运行参数或货物温度等监测量处于非正常状态时,车载现地单元将触发语音报警,通知司乘人员处理。

2. 网络层

车载单元通过无线通信网络与Internet连接到远程监控中心,实现对冷藏车配送信息全程实时监控。选择具备二次开发软硬件平台的4G车载智能卡,快速实现4G通信,搭建移动无线移动网络平台。采用TCP协议的形式套接字设计网络通信模块,客户端应用程序安装到车载智能模块上,在后台运行,定时发送车辆监测信息到远程中心的服务器,直到用户关闭车载智能模块。数据传输流程如图3.4.5所示。

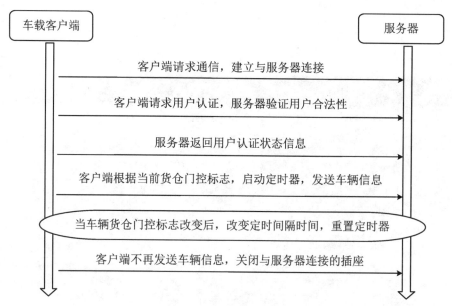

图 3.4.5 数据传输流程图

3. 应用层

远程监控中心对车辆位置和运行状态、货物种类、数量、温度等展开实时监测、分析、确定配送货物的安全状况。当配送过程中将要或已经出现不正常情形时,远程中心将向冷藏车启动报警,提示司乘人员排除险情。收货节点和消费者通过 Web 或移动通信网络,对生鲜食品的配送环节展开追溯查询,判别配送是否符合保鲜要求,最终决定是否收货或购买,提高食品安全性。远程温度查询流程为:通过网络连接到冷链配送远程监控中心,登录到货物温度查询界面,键入待查询货物 ID,实现对冷链食品的名字、生产厂家、日期、储存温度区间、保质期、配送车辆信息、配送环节是否出现报警、配送全程的温度列表和趋势图的追溯。

4.3.3 实时监控预警系统

基于以上信息我们设计了一套货物实时监控系统。图 3.4.6 为员工登录界面,员工可以根据自己的登录用户名,登录密码进行登录,进行相关工作。

输入运单号(图 3.4.7),员工可以查询到运输过程中货物车辆所处的最新位置。

图 3.4.8 为车辆的运行状态,工作人员可以据此掌握车辆状态,并达到预警功能。

图 3.4.9 为货物的实时信息,通过本功能,员工可了解到货物信息,便于数据查询。

图 3.4.10 为车辆预警阶段的商品预警,如出现情况,系统会自动报警。

图 3.4.11 为车辆预警阶段的车辆预警,员工可以在此界面看到车辆状态,如车辆出现情况,系统会自动报警。

图 3.4.12 为车辆预警阶段的车辆时间预警,员工可以在此界面看到时间状态,如出现货物延期情况,系统会自动报警。

图 3.4.6　货物实时监控系统

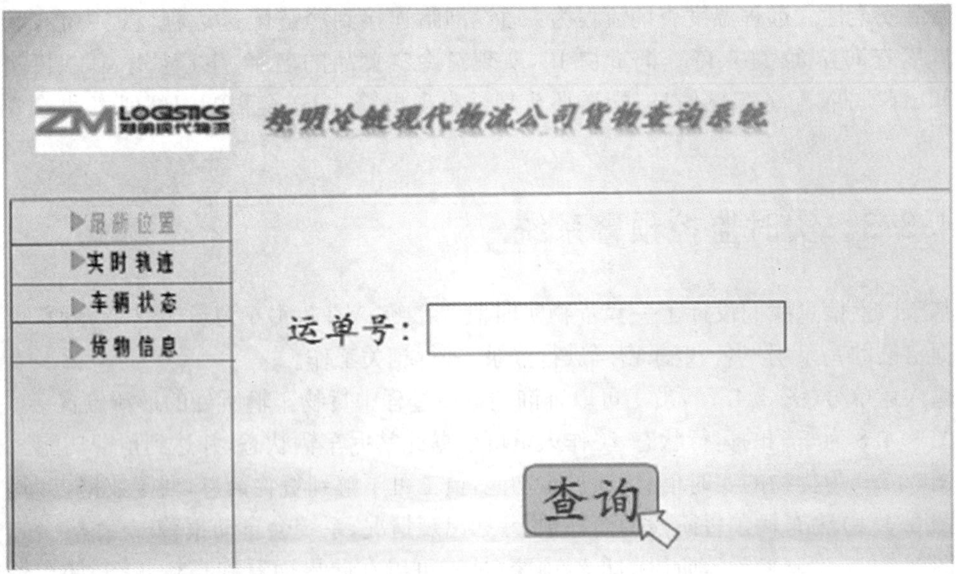

图 3.4.7　运单号

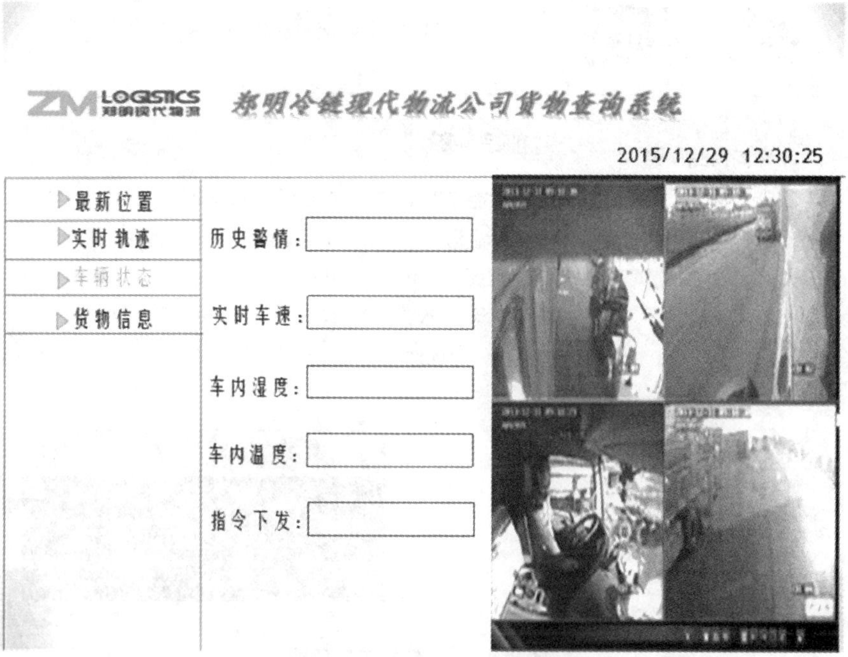

图 3.4.8　货物车辆实时位置查询

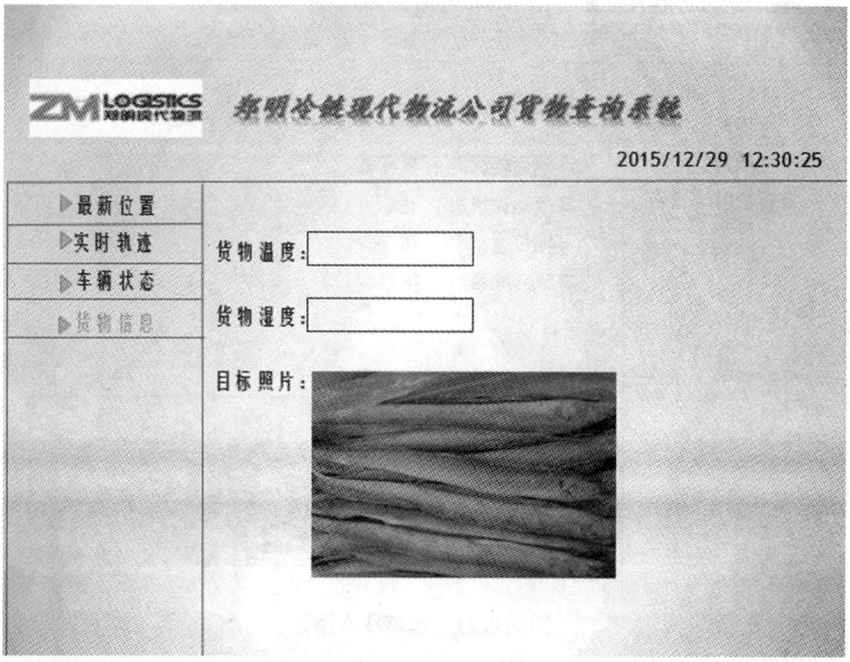

图 3.4.9　货物实时状态信息

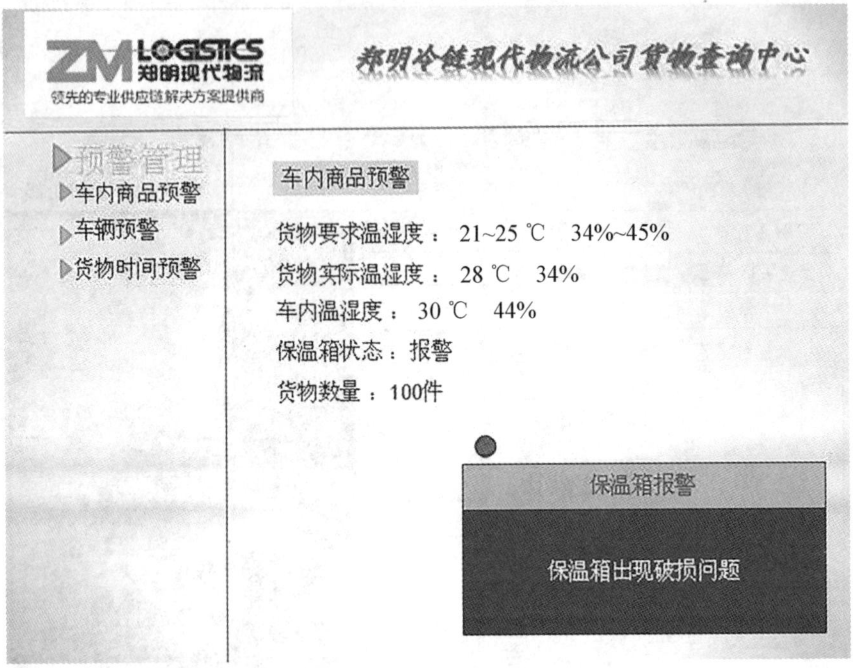

图 3.4.10　车内商品预警

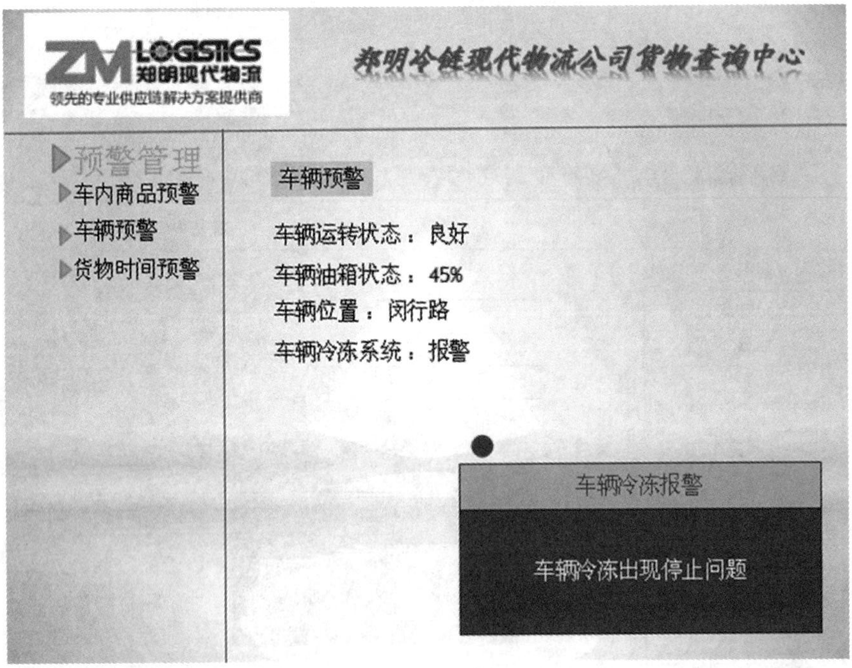

图 3.4.11　车辆冷冻预警

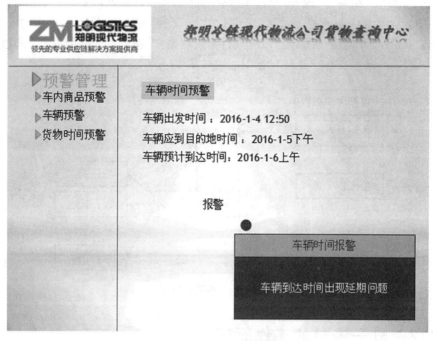

图 3.4.12　车辆时间预警

4.4　外部车辆管理可视化智能信息系统优化

截至 2016 年 5 月，郑明物流在全国已成立分公司 40 家，网络覆盖全国 90% 的重要城市，自有现代化冷链运输车辆 600 余辆，特种集装箱运输车辆 50 余辆，厢式及其他运输车辆 300 余辆，另有可控外协车近 3000 余辆，每日货物吞吐量近 5000 余吨。然而公司因运输过程中食品腐烂而造成的损失每年可达 30 万～50 万元人民币，其中大部分是由郑明物流选用的社会车辆监管不足以及冷链运输设备不完善造成的。针对郑明物流外部社会车辆监管不足这一现状，我们决定利用基于 RFID 技术的电子铅封作为优化方案。

4.4.1　电子铅封的核心内容

利用基于 RFID 技术的电子铅封，通过安装带有 RFID 阅读器的车载通信终端，实现在运输过程中对货柜的实时监控。该系统能正确、及时地记录货物施封、解封、紧急事件的时间、地点、操作员等信息，通过 GPS 系统正确记录车辆的运动轨迹以及铅封的工作状态，并将信息实时上传至后台服务器系统。当发生非正常事件使得电子铅封被打开时，能第一时间向系统发出报警信息，系统通过读取电子铅封内部存储器中信息，为发生非正常事件后的追溯提供证据资料。

该系统包含电子铅封、监控客户端、车载通信终端和后台服务器系统。若干个电子铅封可通过 RFID 无线通信与车载通信终端进行数据交换;车载通信终端选择通过 GPRS/CDMA/3G/4G/WIFI 与后台服务器系统进行无线数据交换;后台服务器系统可通过 Internet 与监控客户端进行数据交换。系统示意图如图 3.4.13 所示。

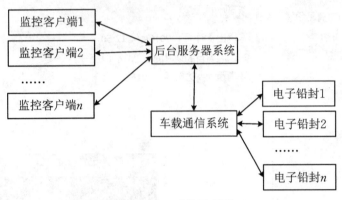

图 3.4.13　系统示意图

4.4.2　电子铅封的工作原理

基于 RFID 技术的物流安全监控及实时跟踪系统,通过安装带有读写器的车载通信终端,从而实现在运输过程中集装箱的实时监控。当电子标签进入磁场范围内后,读写器接收标签所发出的射频信号。当电子标签是无源或被动标签时,借助感应电流所获得的能量发送存储在芯片内的信息,反之,当电子标签是有源或主动标签时,则能主动发送某一频率的信号。读写器将读取到的信息解码后发送给中央信息系统进行相应的数据处理。该系统的硬件拓扑结构及系统的物理结构如图 3.4.14 所示。

基于 RFID 技术的物流安全监控及实时跟踪系统在现代物流信息化管理系统的软件分层如下:

(1) 环境层即系统的应用环境,包括系统天线、RFID 读写器、电子铅封、服务器、计算机、终端设备、网络通信设备等。

(2) 采集层即利用 RFID 技术进行信息的采集。通过读写器对电子铅封中的电子标签信息进行采集、读取、写入、发送、碰撞检测等信息预处理后发送至集成层。

(3) 集成层即对采集到的 RFID 信息进行处理、传输等操作的平台,包括资源目录服务、集成平台、RFID 中间件、信息系统、信息传输等。

(4) 应用层即系统的后端软件系统及应用系统界面,可包括企业信息管理软件、网络平台、协同工作平台等。通过应用层以满足用户个性化的需求,用于数据的分析统计与报表生成,并能提供交互信息服务,实现该系统与其他系统的协同工作。

通过以上这四个逻辑分层使各层职责更为明确,关系更为清晰,方便系统的实现。

第 3 篇　郑明物流冷链物流可视化智能信息系统优化方案

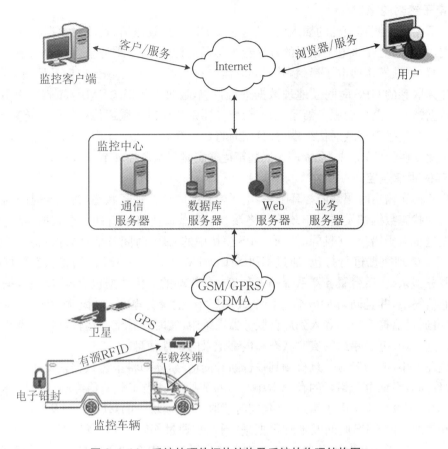

图 3.4.14　系统的硬件拓扑结构及系统的物理结构图

4.4.3　电子铅封的操作流程

基于 RFID 技术的物流安全监控及实时跟踪系统的具体操作流程如下：

1. 安装电子铅封

在一批货物上可选择安装一个或多个电子铅封，在出厂前，每个电子铅封都被烧录一个全球唯一的电子编码。在该电子铅封使用前，将此电子编码通过后台服务系统发送至对应的车载通信终端中。

2. 安装车载通信终端

在一辆车上安装一个车载通信终端，车载通信终端可选择安装在车辆的操作台上或其他地方。在出厂前，每个车载通信终端都被烧录有一个全球唯一的电子编码。在安装时，将其与车辆的车牌号进行一对一的绑定。车载通信终端预先存储电子铅封的电子编码，并用于实时监控车辆的 GPS 位置信息。车载通信终端的电子编码、车牌号、车辆信息、货主信息以及电子铅封的电子编码绑定关联信息被预先存储在后台服务器中。

3. 电子铅封的施封

当电子铅封检测到锁杆的插入信号后,通过 RFID 无线通信,将施封数据帧发送至车载通信终端,并且同时在该电子铅封的存储器中写入施封事件;车载通信终端得到施封数据帧后,将反馈数据帧发送回电子铅封,并且同时读取 GPS 模块中的 GPS 时间及地理数据;将施封信息和读取到的 GPS 时间及地理数据进行打包,通过 GPRS/CDMA/3G/4G/WIFI 网络将施封数据帧发送至后台服务器系统;后台服务器系统获得车载通信终端的上传数据包后,将反馈数据帧发送至车载通信终端,并且同时将数据存储至数据库中,记录为电子铅封施封事件。至此,施封环节完成,系统进入集装箱运输实时跟踪监控环节。

4. 实时跟踪监控

在集装箱运输实时跟踪监控环节中,电子铅封实时监控锁杆状态,在固定时间周期内将电子铅封的状态数据帧发送至车载通信终端。当车载通信终端得到状态数据帧后,将反馈数据帧发送至电子铅封,并且同时读取 GPS 模块中的 GPS 时间及地理数据;将状态信息和 GPS 时间及地理数据进行打包,通过 GPRS/CDMA/3G/4G/WIFI 网络将状态数据帧发送至后台服务器系统;后台服务器系统获得车载通信终端的上传数据包后,将反馈数据帧发送至车载通信终端,并且同时将数据存储至数据库中,记录为电子铅封心跳事件。在该环节中,货主可通过监控客户端登入到后台服务器系统中,实时查看整个运输过程中集装箱和车辆位置信息,以及电子铅封的实时状态和内部记录的事件信息。

在该环节中,电子铅封一旦检测到锁杆断开的信号,立即将报警数据帧发送至车载通信终端,并且同时在该电子铅封的存储器中写入报警事件。当车载通信终端得到报警数据帧后,将反馈数据帧发送至电子铅封,并且同时读取 GPS 模块中的 GPS 时间及地理数据;将报警信息和读取到的 GPS 时间及地理数据进行打包,通过 GPRS/CDMA/3G/4G/WIFI 网络将施封数据帧发送至后台服务器系统;后台服务器系统获得车载通信终端的上传数据包后,将反馈数据帧发送至车载通信终端,并且同时将数据存储至数据库中,记录为电子铅封报警事件。

5. 电子铅封的解封

当集装箱车辆到达目的地后,在确认电子铅封外观完好无损后,货主可通过监控客户端登入到后台服务器,并下发解封指令;后台服务器系统接收到解封指令后,通过 GPRS/CDMA/3G/4G/WIFI 网络将解封指令下发至对应车辆的车载通信终端,通过 RFID 无线通信,车载通信终端将解封指令下发至对应的电子铅封;当电子铅封收到解封指令后,将停止对锁杆的实时监控,将解封完成的数据发送至车载通信终端,并且同时在该电子铅封的存储器中写入解封事件;当车载通信终端得到解封完成的数据帧后,将反馈数据帧发送至电子铅封,并且同时读取模块中的 GPS 时间及地理数据;将解封完成的信息和读取到的 GPS 时间及地理数据打包,通过 GPRS/CDMA/3G/4G/WIFI 网络将解封完成的数据帧发送至后台服务器系统;后台服务器系统获得车载通信终端上传的数据包后,将反馈数据帧发送至车载通信终端,并且同时将数据存储至数据库中,记录为电子铅封解封事件。

4.4.4 电子铅封的设备组成

4.4.4.1 智能电子封

智能电子封或称"电子铅封",是一种高科技物流监控电子设备,在不改变传统机械铅封使用流程的基础上,应用于集装箱运输过程中实时监控货物安全运输的电子标签。它采用无线射频技术,具有唯一的身份识别号,可以存储车辆、集装箱等用户信息;通过相应的电子铅封读写器,将智能电子封信息(如施封、非法开启报警等)与车辆移动信息绑定,并实时发送传输至后台服务器系统。运输车电子铅封锁外观结构如图 3.4.15 所示。

电子铅封锁包括锁体和锁杆两部分。

锁体内部包含双锁孔锁芯、LED 指示灯、存储器、RFID 通信模块、检测装置、外部触发装置、电池和微处理器等几部分。

图 3.4.15 运输车电子铅封锁外观结构图

锁杆被安装于车辆货箱的锁臂上,通过锁孔和锁芯将电子铅封和货箱锁臂进行闭锁。锁杆的使用是一次性的,当解锁后直接从锁孔下方脱离并回收。锁体解锁后通过外部触发装置进行触发重置后可重复回收使用。

锁体中的 LED 指示灯、存储器、RFID 通信模块、检测装置、外部触发装置与微处理器进行连接。RFID 通信模块连接第一天线,车载通信设备连接第二天线。RFID 通信模块通过第一天线和第二天线与车载通信设备进行相互之间的通信。

锁体内的微处理器型号为 MSP,是 T1 德州仪器的一款超低功耗的混合信号微处理器,其内有两个 16 位定时器,10 位 A/D 位转换器和 DTC(数据传送控制器),2 个通用运算放大器,串行通信接口,3 个引脚,当然也可采用其他具有相同功能的微处理器。电子铅封的模块框图如图 3.4.16 所示。

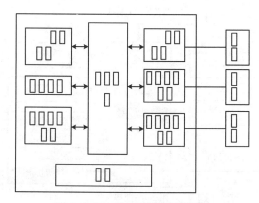

图 3.4.16 电子铅封模块框图

4.4.4.2 电子铅封阅读器

图 3.4.17　电子铅封读写器

电子铅封阅读器或称"电子铅封中继器""电子铅封读写器",它是基于主动式 RFID 技术的电子铅封的读取设备,它将与电子铅封配合使用。电子铅封阅读器外壳采用纯黑铝合金材质,如图 3.4.17 所示,被安装在车辆的驾驶室内,与车辆的车台进行相互连接。其优点是能支持多协议,通信可靠、稳定、安全性强。此外,它还自带了对电子铅封的绑定功能,不需要后台服务器操作就可自动实现在施封过程中的电子铅封与阅读器的实时绑定功能。

4.4.4.3　GPS 车载通信终端

它是一种具有 GPS 卫星定位功能并且具有通信功能的设备,如图 3.4.18 所示,通常被安装在车、船等移动目标上,实现对移动目标的监控、调度以及管理。GPS 车载通信终端与普通 GPS 手持机或是 GPS 导航仪的核心区别是通信功能,能通过特定的通信方式将自身的 GPS 位置信息发送至指定的后台服务器系统。

图 3.4.18　车载通信终端

车辆通信终端包含有 GPRS/CDMA/3G/4G/Wi-Fi 数据传输模块、数据存储模块、实时时钟模块、GPS 模块、LCD 液晶屏、按键、车辆信息检测模块、RFID 通信模块、微处理器和电源管理模块。其模块框图如图 3.4.19 所示。

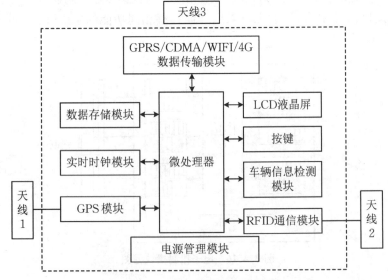

图 3.4.19　车辆通信终端模块框图

车载通信终端主要有 GPS 模块和 RFID 通信模块这两部分。GPS 模块负责对 GPS 信号的采集,而 RFID 通信模块则负责与后台系统的通信。其中,GPS 模块与第一天线连接,数据传输模块与第三天线连接,RFID 通信模块与第二天线连接。通过第三天线数据传输模块与后台服务器系统进行数据交换,通过第二天线 RFID 通信模块与电子铅封设备进行相互通信。

车载通信终端中的微处理器采用 LPC1766,是一款 NXO(恩智浦半导体公司)非常成熟的 32 位嵌入式处理器,被大量应用于通信、控制、安防等领域,当然也可采用其他有相同功能的微处理器。

4.4.5 采用电子铅封的意义

第一,可将闭锁与开锁两种状态实时发送至车辆通信终端,同时当发现非法开锁现象时能将报警信息发送至车辆通信终端以及后台服务器系统,从而实现全程安全监控,达到预警的目的。

第二,高可扩展性、高抗干扰能力。将车载通信终端作为核心,各个电子铅封的节点作为终端,形成了一个星状网络,能做到对集装箱车辆的多个物理量的检测。通电后的电子铅封将通信请求发送至车载通信终端,车载通信终端接收到请求后将通信时隙和通信信道分配给发出请求的电子铅封,从而使得电子铅封与车载通信终端相互建立通信连接。系统采用时分频分通信方式,因此能包含有多个电子铅封,并具有相对比较高的抗干扰能力。

第三,可重复使用,降低了企业成本。电子铅封的锁体内部采用双锁孔锁芯方式,从而使得锁芯的上锁及开锁具有检测功能。锁杆和锁体均是单独分体,锁杆的材料采用低成本、通用性强的钢丝,可单独交由施封人员,在电子铅封使用时将钢丝两端分别插入至锁体内。同时,锁芯的上锁采用的是单向行程方式,因此一旦插入锁住后将不能反向拔出,但还是可朝内正向插入,锁芯的下方采用的是通孔的方式,当开锁时,锁杆被剪断后两端分别从各自的锁孔通孔处脱落,从而与锁体分离,能实现锁体的回收再利用,而锁杆是一次性使用。

第四,该系统添加有锁体回收再利用的复位功能,电子铅封内包含检测锁杆上锁及开锁的装置。当锁杆插入锁芯后,系统将自动检测到此动作发送施封信息。当锁杆被剪断脱离后,系统也将自动检测到此动作并且判断该动作是否为合法剪断,如合法,将发送解封信息,如非法,则发送报警信息。当系统检测到锁杆已被剪断后,系统将自动复位到初始状态,只有当外部触发装置被启动后,该系统才能还原到施封前的状态即回收再利用状态。

第五,可实现实时远程跟踪,实现外部车辆的可视化管理。

4.5 本 章 小 结

本章通过分析出郑明物流在运输可视化不能全面普及、系统对接出现问题、预警系统不够健全等,在现有信息技术的基础上,对郑明物流在运输进程、物资状况、车辆调度和异常状况进行优化。基于RFID信息技术对运输过程实现可视化，进而实现车辆的实时监控、路径优化和预警系统。这样更好地满足客户需求，实现运作智能化，提高运作效率，实现公司全面信息化的目标。通过建立物流配送信息查询系统，我们可以实时监控物流动态，对货物跟踪信息、食品安全监控信息、运输设备安全信息、配送业务流程的自动识别实现可视化。对于内部车辆，我们实现了一套完整的可视化管理信息系统，但在外部车辆管理的过程中，公司因运输过程中食品腐烂而造成的损失每年可达30万～50万元人民币，其中大部分是由郑明物流选用的社会车辆监管不足以及冷链运输设备不完善造成的。针对郑明物流外部社会车辆监管不足这一现状，我们利用基于RFID技术的电子铅封为郑明物流解决外部车辆监管的优化，完成了对社会车辆的有力监管，减少损失，提升公司名誉。

第 5 章　客户服务可视化智能信息系统优化方案

5.1　郑明物流客户服务信息系统现状分析

郑明物流一直以来与客户相互之间比较了解,合作比较愉快。公司的冷链设施设备不断升级,服务上也越来越精细,客户服务水平不断提高和完善,大多数客户对服务的满意度很高。公司冷链服务比较规范,对老客户的信息和服务有一定基础。

但是,现在行业竞争激烈,有价值的客户很多服务商都想获得,而且在客户合同快到期的时候,会提出很多诱人的条件挖走老客户,另外客户投诉次数比较多,增加了客户流失的可能性。近来客户体验差、反馈差也成了公司客户关系的一个瓶颈,冷链的客户服务评价比较单一,温度没有达到客户的需求,对承运商冷藏车的管理不够,导致了运输过程中的很多问题,客户满意度下降。和老客户的交流比较少,对老客户的需求挖掘不够。

5.1.1　仓库和运输可视化程度不高

公司客户想实时了解冷链货物在车辆和仓库中的状态,能否给客户提供实时的冷链物流信息是客户比较关注的。很多老客户对郑明物流在未来的合作中能否提供这样的可视化服务持有疑问,因为郑明物流之前在可视化这方面比较薄弱。

5.1.2　系统对接不健全导致客户流失

客户投诉的次数增多,存在系统对接问题,客户系统和公司系统不能对接,这边将回单扫描之后传输过去,客户在这个时间内接收不完,这是投诉率增加的主要原因。客户服务的满意度也有所下降,还有一些客户存在着流失的可能性。

5.1.3　新的冷链市场开发面临挑战

郑明物流想要实现由单一的冷链运输商转型为集商流、物流、信息流和资金流为一体的供应链集成商,就要制定完善的公司战略服务。针对冷链市场情况,郑明物流应如何做好冷链物流的客户关系管理,会采取什么样的对策来消除客户的物流服务后顾之忧,构建何种物流服务体系及物流服务模式来巩固已有的市场地位,以及来开拓新的冷链市场,这些都是郑明物流必须面对和解决的问题。

经过我们对郑明物流当前客户关系现状的仔细分析与研究发现,可视化是其和客户尤其重视的问题,如果郑明物流能很好地解决这部分问题,对提高客户服务水平有重要意义。这个针对客户设计的可视化物流查询系统实现的功能概括来说有:预测系统满足承诺客户的交付日期的能力、有关发货日期的信息、在库产品的承诺提前期的长度;预警系统履行订单的准确性、运输延误的提前通知;客户投诉反馈平台对客户服务投诉采取行动等,这些都是客户服务的核心内容。所以,针对郑明物流客户关系现状和隐患,我们为郑明物流冷链物流整个过程专门建立了智能化的客户可视化系统,希望我们的设计可以让郑明物流在客户可视化这方面的问题得到一个好的解决。货品在库和运输的可视化是客户最想看到的,解决了这部分问题,等于解决了郑明物流关系的主要障碍,为提升客户信任和忠诚度奠定了基础。

5.2 客户查询可视化智能信息系统优化

5.2.1 可行性分析

5.2.1.1 查询系统设计环境分析

郑明物流在冷链行业物流企业中发展较迅速,信息化水平较高,是一个具有很好发展前景的企业。经过二十多年的发展,郑明物流经济化水平高,资金充足,有足够的资金支持信息系统的进一步完善,另外随着现代化水平的提高,信息化水平的高低是制约企业发展的重要因素;在科学技术日新月异的今天,技术水平是信息化水平的支撑,而郑明物流的现有信息技术有足够的基础支撑这个查询系统的建立与优化;郑明物流走在物流客户服务水平的前面,会为其他物流公司提高客户服务水平提供很好的借鉴作用,为提高整个行业水平作出贡献;近年来,国家对冷链物流产业给予高度关注,并相继出台政策予以扶持。如 2010 年发改委颁布的《农产品冷链物流发展规划》提出,到 2015 年,建成一批运转高效、规模化、现代化的跨区域冷链物流配送中心。而《物流标准化中长期发展规划(2015~2020 年)》明确了物流业在中国国民经济发展中的基础性、战略性地位,极大地提升了产业地位,也对冷链物流业发展提出了新的要求。

5.2.1.2 查询系统可实施性分析

随着 RFID 等信息技术的发展,现代物流业正迈入信息化、智能化、可视化的发展时代,从而 RFID/GPS/GIS 技术在物流业中的应用,在冷链物流未来发展中起到至关重要的作用。基于 RFID/GPS/GIS 的物流追踪信息系统可以实现货物的自动化;信息化管理实现了节点内部物流作业执行情况全程跟踪,如对订单执行情况的全程可视化管理;订单复核智能化替代了目前的人工复核作业;配送全程监控在关键点实现了自动复核与告警。这个包括入库、出库、库存、运输、客户服务的全程可视化智能信息系统,运用了现在运用极为广泛的 RFID 技术以及 GPS/GIS 定位技术,在这个以大数据、互联网＋、4G 时代等高端信息技术发展的时代,要实现在物流全程智能可视化的目的不是一件难事。

5.2.1.3 查询系统优势分析

冷链物流有别于传统物流,无论在时间、质量还是服务上都对物流企业提出了更高要求。对郑明物流这样一个综合的冷链物流企业的重要性不言而喻,而实际操作过程中,运用信息系统管理对库存、出入库、运输、结算等各环节进行有效管理和监督,在客户服务方面,能够全方位、多层次的提供查询功能,客户可以在任何时间、任何地点查询任何自己的货物信息,如货品的当前状态、当前温度和湿度、当前位置信息等等,包括智能化的预测系统,对客户的货物进行决策分析,从而提高客户的满意度,有利于减少老客户流失的隐患,提高物流全程工作效率,为客户加强对自己货物的监督与管理提供了便捷,从根本上提高了客户服务的水平。

5.2.2 系统体系结构设计

下面对系统包含的五个层次分别进行介绍,系统的体系结构如图 3.5.1 所示,图中 VO 为值对象,即 sct 和 get 方法实现的对象。

1. 客户层

客户层即系统表达层,提供用户和系统交互的界面,包含面向客户的应用,这些应用在最终用户的计算机系统的 Web 浏览器中运行,Web 服务器层会对 Web 用户(浏览器)发出的 HTTP 请求进行响应。

2. 表示层

Web 服务器接收客户端发出的 HTTP 请求,并通过 JSP/Servlet 进行响应,利用 JSP 可以方便地实现客户的各种个性化界面,对于页面结构中的通用部分可以抽象出来建立成 Web 组件,提高页面开发的效率和可维护性;同时,Web 层负责从业务层调用逻辑模型组件来实现用户提出的预测目标;Web 服务器层会根据用户指定的预测对象,调用业务层的 JavaBeans 模型组件,并通过组件访问数据库中的相关数据,将结果输出到客户端;Web 层是连接客户层和其他层的纽带,负责控制整个系统各个模块的运转。

3. 业务逻辑层

业务逻辑层是系统架构中体现核心价值的部分,它的关注点主要集中在业务规则的制定。业务流程的实现等是与业务需求有关的系统设计,也即是说,它是与系统所应对的领域逻辑有关。业务逻辑层在体系架构中的位置比较关键,它处于数据访问层与表示层中间,起到数据交换中承上启下的作用。由于层与层之间的依赖是向下的,底层对于上层而言是无知的,改变上层的设计对于其调用的底层而言没有任何影响;如果在分层设计时,遵循了面向接口设计的思想,这种向下的依赖也应该是一种弱依赖关系;因而在不改变接口定义的前提下,理想的分层式架构,应该是一个支持可抽取、可替换的抽屉式架构;正因为如此,业务逻辑层的设计对于一个支持可扩展的架构尤为关键,因为它扮演了两个不同的角色,对于持久层而言,它是调用者;对于表示层而言,它却是被调用者;依赖与被依赖的关系都纠结在业务逻辑层上,如何实现依赖关系的解除,则是除了实现业务逻辑之外留给设计师的任务。

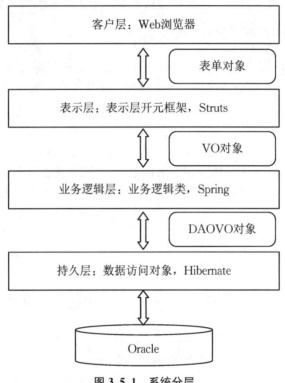

图 3.5.1　系统分层

4. 持久层

持久就是对数据的保持,即对程序状态的保持。持久层是一个相对独立的逻辑层面,专注于数据持久化逻辑的实现;通常通过数据库构建的持久层,是把数据库实现层当作一个独立逻辑拿出来;由于对象范例和关系范例这两大领域之间存在"阻抗不匹配",所以把数据持久层单独作为 J2EE 体系的一个层提出来的,原因就是能够在对象-关系数据库之间提供一个成功的企业级映射解决方案,尽最大可能弥补这两种范例之间的差异;持久化的实现过程则大多通过各种关系型数据库来完成;如果持久层判定标准表示层发生变化,需要从 JSP 迁移,数据持久化代码是否需要重新编译;如果业务逻辑层发生了变化,那么数据持久化逻辑代码是否需要重新编译;如果底层数据持久化机制发生了改变(如更换数据库类型),系统中的部分代码(包括表示层、业务逻辑层)是否需要重新编译。

5. 资源层

资源层用来存储和管理系统所需的数据资源,包括数据库管理系统和其他形式的数据源;本层考虑采用 JNDI(Java 命名和目录接口)为系统提供命名和目录服务,避免方程式中对数据源的硬编码,将配置文件放在 Web 服务器的数据源连接文件下;系统基于 J2EE 的多层应用架构和组件开发方法进行构建,提高了整个系统的开发效率;J2EE 基于组件的方法使应用功能以独立的软件组件形式进行编码,系统开发人员可以专心于应用系统的业务逻辑的开发,编写特定功能的预测模型组件即可,不必考虑系统的整体结构;系统的设计人员也不必关心组件之间的协同和消息传递,只需编写相应的启动和调用代码即可;组件是独立的程序功能单元,使系统的维护和升级更加容易;开发人员可以根据需求增加或升一级组件,而不会对系统中的其他组件产生负面影响;每个组件都映射到特定的应用功能上,提高代码的复用率,系统可以根据不同需求选择组件进行快速搭建。

5.2.3 系统运行测试

1. 登录主界面

用户登录主界面如图 3.5.2 所示,该登录界面由两部分组成:① 用户名输入区。郑明物流的每个客户都有一个唯一的用户名。② 密码输入区。每个用户名都有对应的唯一密码。该登录界面是客户进入查询系统的唯一路径。

图 3.5.2 客户查询系统

2. 货物跟踪界面

进入系统后,界面左侧为功能菜单项,如图 3.5.3 所示,点击货物跟踪模块,显示查询界面,客户根据运单号查询货品,输入框内输入运单号之后点击查询。

3. 货物状态界面

客户进入查询某个货物界面之后,如图 3.5.4 所示,显示货物的名称、状态、当前温湿度、根据预测系统给出的结果、实际完成的情况以及相应的补救措施。

4. 实时监控界面

点击界面右上角的摄像头,可查看货物出入库、在库、运输等实时状态视频,起到监控作用(图 3.5.5、图 3.5.6)。

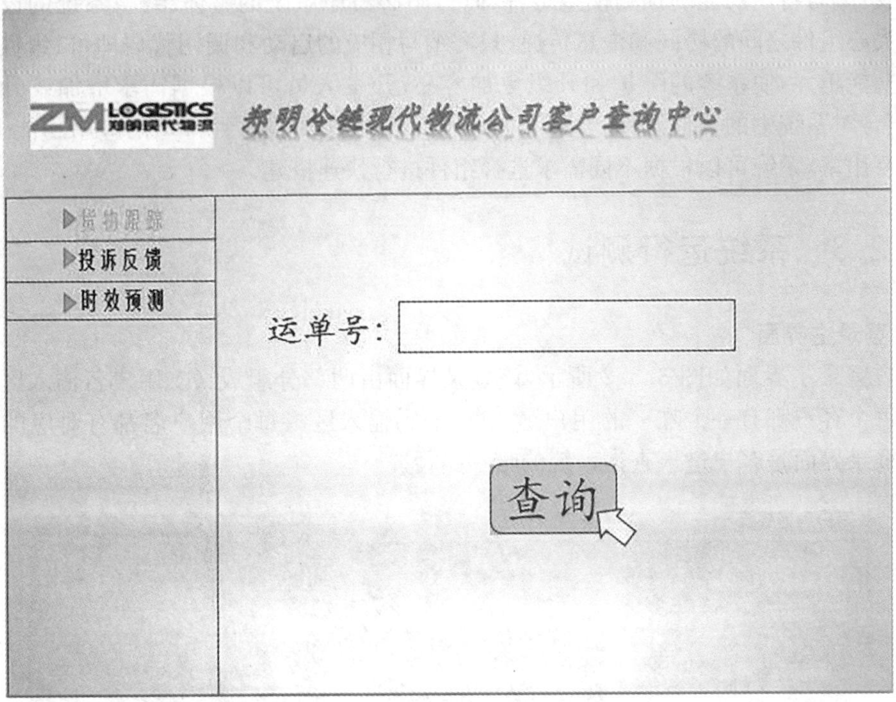

图 3.5.3　运单号

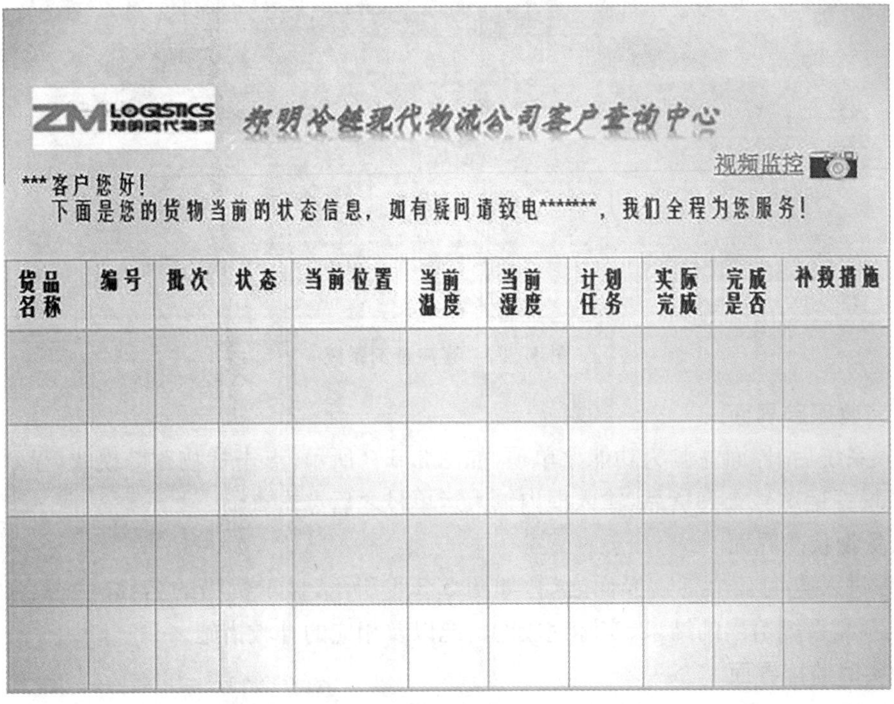

图 3.5.4　货物状态客户查询系统

图 3.5.5 客户查询中心

图 3.5.6 货物状态客户实时视频查询系统

5. 投诉反馈界面

点击投诉反馈模块,如图 3.5.7 所示,显示投诉者的信息、投诉货品信息等。

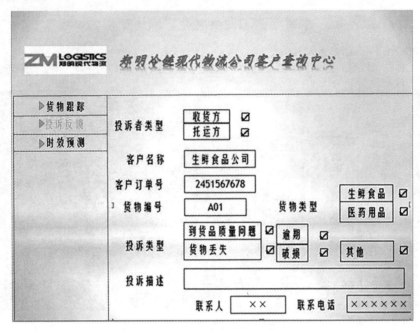

图 3.5.7 货物客户信息反馈系统

6. 时效预测界面

点击时效预测模块,如图 3.5.8 所示,客户根据自己想要的输入信息按下按钮。

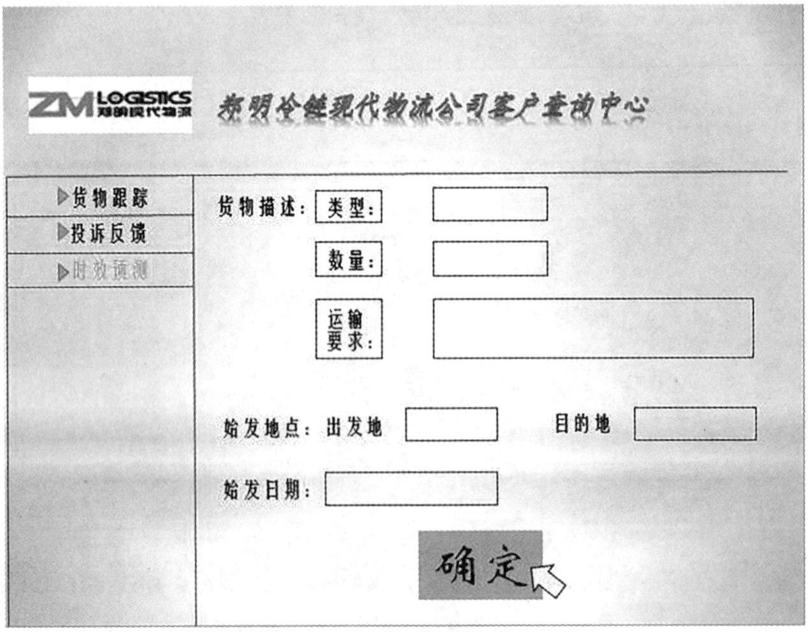

图 3.5.8 货物运输时效预测

7. 预测结果显示界面

点击"确定"之后，如图 3.5.9 所示，智能系统会根据客户输入的信息自动匹配显示出预测结果。

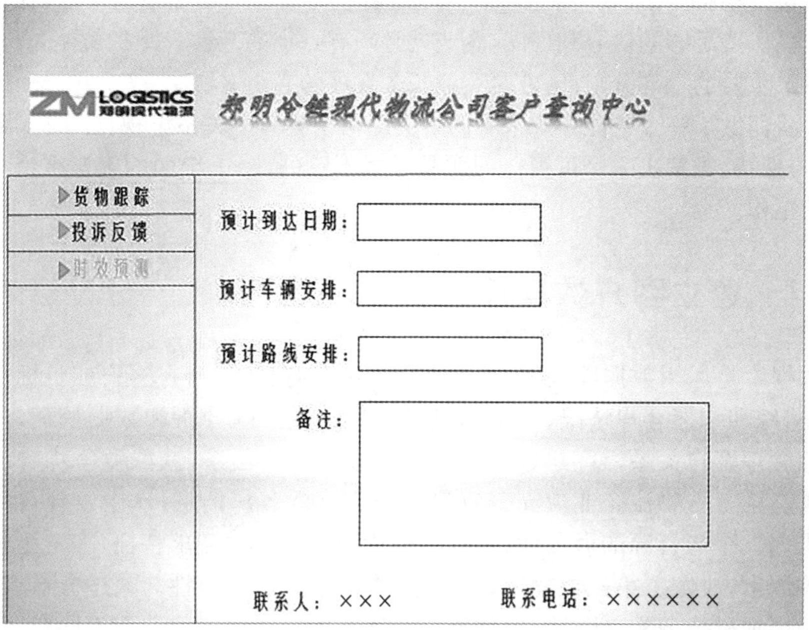

图 3.5.9 货物时效运输预测信息

5.2.4 运行结果评价

这个可视化查询系统为客户提供了实时的货品状态信息，预测系统满足承诺客户的交付日期的能力、有关发货日期的信息、在库产品的承诺提前期的长度；预警系统履行订单的准确性、运输延误的提前通知；客户投诉反馈平台对客户服务投诉采取行动等。为客户提供实时信息，大大加深了可视化程度。让客户了解到自己想要的信息，是提高客户服务水平的有效途径。

5.3 客户关系维护智能信息系统优化

随着市场竞争的日益激烈和客户价值选择的变迁，当今企业市场竞争的性质已经发生了革命性的变化。"开发十个新客户，不如维护一个老客户"，这是一条销售的黄金法则。稳定的老客户资源不仅可以使工作变得更加有效率，而且也是保持业绩稳定的重要方式。维持长期的客户关系，可以为企业能够带来稳定的经济利益，因为老客户的维护成本要远低于新客户的开发成本。新客户开发时，首先要对其进行大规模的市场调查，了解客户各个方面的感受,然后对调查结果进行总结分析,根据分析结果制定相应的广告宣传,同时还要不定期地进行大规模促销活动来提醒消费者购买。以上每一个环节都需要大量的财力、物力和人力支持,这样一来,单位产品成本大幅度提高,企业盈利相对就会减少,而对原有老客户,让他们进行再次购买则不需要上述环节。但是要想让老客户继续进行交易,让他们对自己的企业和产品保持足够的信心和好感,企业就必须有一定的老客户维护策略,真正认识到老客户是企业最重要的一部分财产,才是企业长久发展的必由之路。

上一节我们做了一个智能系统来专门解决郑明物流客户关系可视化问题,当然,想要做到、做好客户保持,光解决一个可视化问题是远远不够的,一个全面的客户维持系统还需要很多方面的工作。

5.3.1 建立客户数据库

客户数据库是运用数据库技术,全面收集关于现有客户、潜在客户或目标客户的综合数据资料,追踪和掌握客户情况、需求,并进行深入的统计、分析和数据挖掘,从而使企业更加科学地管理客户关系。客户数据库是企业维护客户关系、获取竞争优势的重要手段和有效工具。第三方物流企业应充分收集、整理、分析客户信息,从中发现自身能力相匹配的发展机遇。企业资源的有限性、客户多样化和差异化的需求特征、客户为企业带来不同的价值等因素,决定了第三方物流企业进行客户细分的必要性。通过分析客户数据库,使客户细分更加科学务实,使第三方物流企业针对不同客户价值分配不同资源,分别满足客户不同的需求。下面我们针对郑明物流的具体情况分别制定了客户信息管理表、客户忠诚度矩阵,提供了针对不同忠诚度客户的管理办法以及用 RFM 分析模型维持有价值的客户。

5.3.1.1 制定客户信息管理表

客户信息管理表如表 3.5.1、表 3.5.2 所示。客户忠诚度矩阵如图 3.5.10 所示。

表 3.5.1 客户等级分类表

序号	AAA 级			AA 级			A 级		
	公司名称	经营品种	客户代码	公司名称	经营品种	客户代码	公司名称	经营品种	客户代码
1									
2									
3									
4									

表 3.5.2 客户忠诚度分类管理方法

客户类型	管理方法
忠诚型	① 提供 VIP 和定制服务。 ② 寻求增值服务,为客户降低成本,提高利润。 ③ 展开战略合作。 ④ 全面提升客户的满意度和忠诚度。
对公司抱有期望	① 及时跟进客户,重点收集客户对产品的意见和建议。 ② 将客户意见和建议反馈给产品开发部。 ③ 根据客户对产品的特殊需求,提供产品定制服务。 ④ 教育和引导客户,提高客户的满意度。
易遭竞争对手争抢	① 及时跟进客户,重点收集客户对服务的意见和建议。 ② 根据客户对产品的特殊需求,提供个性化服务。 ③ 教育和引导客户,提高客户的满意度。
破坏性	① 分析客户对产品和服务不满意的背后原因,做好教育和引导工作。 ② 教育和引导仍然无效的情况下,选择放弃该类客户。
相关说明	

图 3.5.10 客户忠诚度矩阵

5.3.1.2 用 RFM 分析模型维持有价值客户

在客户关系管理过程中,商家不断追逐获得客户的信息,而客户往往不愿意主动透露自己的信息或意图,除非客户能立即看到这样做给自己带来的好处。即使商家使出浑身解数,获得的往往也是一些外在的客户行为数据,对于客户内心真实想法及消费趋势,商家仍然知之不多。为了得到客户的"心"(如客户满意度、忠诚度等),从客户那里获得更大的生命周期价值,CRM 提供了许多分析模型和预测模型,RFM 模型是一种相对简单可行且行之有效的方法。RFM 中,每个英文字母代表一种相对容易获得的已成交客户的行为参数:R(最近,recency)表示客户最近一次购买的时间距当前有多远,也就是停止采购的时间,例如 20 天、8 周、3 个月等;F(频率,frequency)表示客户在最近一段时间内购买的次数;M(货币价值,monetary value)表示客户在最近一段时间内每次购买的平均金额。比如我们把郑明物流的客户最近一次购买日期到当天的天数算出来,得到 R 这个参数。然后进行分级,$R \leqslant 7$ 天的为 $R1$ 级客户;8 天$\leqslant R \leqslant 30$ 天的为 $R2$ 级客户;$R \geqslant 30$ 天的为 $R3$ 级客户,针对不同等级的客户采取不同的销售方法。具体实施步骤如下(下面部分信息及数据均为假设):

步骤一 分别计算出过去 12 个月所有已成交客户贡献的总采购金额,可以利用以下公式进行计算:

$$M \times F = TM(\text{Total Monetary Value},总采购金额)$$

其中,M 为过去 12 个月内的平均采购金额;F 为过去 12 个月内的采购次数。

总采购金额也可以通过其他统计途径获得。计算出各个客户的总采购金额后,可以利用 Excel 将客户名单按总采购金额进行降序排列,把郑明物流 200 家客户中最前面的 1% 约 2 家客户定义为顶端客户,把其次的 4% 约 8 家客户定义为高端客户,把再次的 15% 约 30 家客户定义为中端客户,其余的 160 家客户归入低端客户。表 3.5.3 是降序排序后两家高端客户的情况。

表 3.5.3 依据总采购金额给客户排名

序号	等级	客户编号	客户简称	M 平均采购金额(元)	F 购买次数	TM 总采购金额(元)
01	顶端	DL90483	K公司	37147	15	557220
02	顶端	CA48954	L公司	65850	8	526800

步骤二 把客户关系保持的重点首先放在前高端及中端用户那里,因为顶端客户的忠诚度高、客户份额高,再额外花精力的话边际效益不明显;低端客户数量多、贡献小,暂时没有太多精力照料。对于高端和中端的约 38 家客户,分别计算出它们过去 12 个月每次购买到下次购买的平均周期,公式为

$$365(\text{天}) \div F = P$$

其中,F 为过去 12 个月的采购次数;P 为平均采购周期。

分别计算出这 38 家客户最近一次购买日期 D 到今天的天数:

$$\text{Today} - D = R$$

其中,D 为最近购买日期;R 为停止采购天数。

将 P、D 和 R 依次填写到步骤一制作的客户列表中,并利用 Excel 的公式计算出两者的差 $\Delta(P-R)$:

表 3.5.4 对比客户停止采购天数和平均采购周期

序号	等级	客户编号	客户简称	M 平均采购金额(元)	F 购买次数	TM 总采购金额(元)	P 平均采购周期	D 最近购买日期	R 停止采购天数	Δ $P-R$
03	高端	CA48911	M公司	23384	21	491056	17	2015-10-15	43	26
04	高端	DG08383	N公司	51865	11	460510	33	2015-10-25	33	0
05	高端	ZS48183	O公司	24566	17	417623	21	2015-11-21	6	15
06	高端	SZ66001	P公司	17766	22	390860	17	2015-11-19	39	−22

从表 3.5.4 可以看到:$\Delta > 0$,即停止采购的天数小于平均采购周期的有 M、O 两个公司;

Δ=0,即停止采购的天数等于平均采购周期的有 N 公司;Δ<0,即停止采购的天数大于平均采购周期的有 P 公司(表中只截取了部分数据)。

M、O 两个公司在安全警戒线范围内,暂时可以不用关注。而 P 公司需要立即引起关注,因为它们已经有些日子没有按照过去的行为习惯继续采购了。超过了其平均采购周期,而且超过的天数比平均采购周期还大一倍以上,这说明这个客户流失的风险比较大,需要重点关注。统计员发现此类情况后,应立即指派工作任务给负责维护 P 公司关系的销售代表,让销售代表采取必要的方式了解客户暂停购买的原因。

RFM 模型不是完美的,但它是一种改进客户关系管理策略的实用方法,只要能给企业解决问题,那就是有用的。这个模型可以帮助郑明物流更简便地得到客户价值较高、流失风险较大的客户记录列表,并针对列表的客户记录,直接建立和分派跟进任务,将有价值客户的流失消灭在萌芽状态,甚至做到防患于未然。

5.3.2 建立服务质量评价指标体系

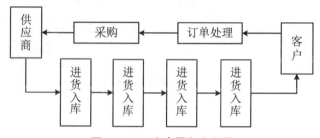

图 3.5.11　客户服务流程图

1. 提升冷链物流服务水平

伴随着冷链物流的发展,人们越来越认识到客户服务的重要性,它已经成为冷链物流系统乃至整个物流行业成功运作的关键,成为提高企业产品和服务竞争优势的重要因素。从具体服务内容来看,郑明物流作为第三方冷链物流公司,它的物流服务包括基本服务和增值服务。基本服务即提供冷链仓储、运输、装卸搬运、包装、配送等,而增值服务是为客户提供基本服务之外的服务。为客户提供的物流服务应是个性化的,而且要实时创新,通过优化服务流程、提升服务水平等手段,根据客户细分的结果,与核心客户建立紧密联盟关系。

2. 建立冷链服务质量评价指标体系

众所周知,生鲜食品本身具有一些特性,如易腐性、季节性、地域性等,这些特点都会对最终物流服务质量的形成产生影响。专家指出生鲜食品本身质量的高低是影响冷链物流服务质量的关键因素。因此郑明物流在探究建立评价指标体系时,应根据我国生鲜食品冷链物流的发展现状,从综合角度出发,关注物流服务结果和服务提供过程的同时,也要充分考虑研究对象的特殊性。因此,在生鲜食品冷链物流服务质量评价指标的选取上,应该充分考虑以下三个方面的内容:一是关于物流企业应当具备的服务能力评价指标,二是关于物流企业提供物流服务过程的评价指标,三是关于物流对象本身质量的评价指标。根据前人的研究成果,我们将所要建立的评价指标体系分为目标层、准则层和方案层,对影响生鲜食品冷链物流服务质量的因素进行分类,然后构造一个各因素之间相互联结的层次结构模型。模型的初步构想如图 3.5.12 所示。

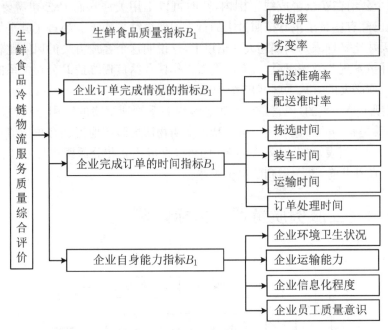

图 3.5.12 模型初步构想图

在建立物流服务质量评价指标体系时,除了确定各项评价指标外,对各项指标进行量化、构造关系矩阵、确定指标权重,也是一项十分重要的工作。这些指标中既包括定量指标,也包括定性指标,并且这些指标由上到下具有一定的层次结构,以前人们大多采用层次分析、模糊评价或者将两者相结合等方法对物流服务质量进行综合评价,但这些评价方法都没有考虑到方案层的各个指标之间可能存在相互影响这一问题,而忽略这一问题有可能会使我们所得出的结论缺乏科学性。因此,在建立生鲜食品冷链物流服务质量评价指标体系时,除了运用层次分析方法(AHP)外,也要考虑综合运用其他分析方法,如网络分析法等。具体的实施过程中,首先要确保准则层的各项准则是彼此独立的,且只受目标层的支配,准则层中的每个准则的权重可用传统的层次分析法或模糊层次分析法获得;其次,方案层的各项指标不仅要受准则层的支配,而且要充分考虑方案层各指标之间的相互影响,构造方案层内部的网络结构,运用相应的方法进行分析。

5.3.3 建立争端协调机制

郑明物流客户关系管理过程中,必须建立有效沟通机制,应重视基层部门与客户的有效沟通,更要重视与客户高层的战略沟通。由于主观或客观因素的影响,郑明物流与客户之间会经常出现承诺与期望不一致、沟通效果差等现象,因此在认真分析客户企业文化的基础上,与客户共同制定争端协调机制,发生分歧或出现问题后,根据争端协调机制所规定的程序,按计划和步骤进行谈判协商解决,从而实现沟通的有效性。对于一个成熟的企业来说,要有一套完善的客户服务体系来避免和挽回老客户的流失。

1. 实施全面质量营销

客户追求的是较高质量的产品和服务,如果我们不能给客户提供优质的产品和服务,终端顾客就不会对他们的上游供应者满意,更不会建立较高的顾客忠诚度。因此,企业应实施全面质量营销,在产品质量、服务质量、客户满意度和企业赢利方面形成密切关系。

2. 提高市场反应速度

要善于倾听客户的意见和建议,客户意见是企业创新的源泉。很多企业要求其管理人员都去聆听客户服务区域的电话交流或客户返回的信息。通过倾听,我们可以得到有效的信息,并可据此进行创新,促进企业更好的发展,为客户创造更多的经营价值。

3. 分析客户流失原因

部分的企业员工会认为,客户流失了就流失了,旧的不去,新的不来。而根本就不知道,流失一个客户,企业要损失多少。一个企业如果每年降低 5% 的客户流失率,利润每年可增加 25%~85%,因此对客户进行成本分析是必要的。建立投诉、建议制度和预测系统,为客户提供有价值的信息。

4. 与客户建立关联

通过为客户建立档案、利用客户关系管理系统(CRM)、建立客户资源数据库或管理中心等手段,可以对客户资源进行有效的管理,帮助出口企业鉴别、吸引和留住有价值的客户。利用客户关系管理系统,不仅能有效地控制因业务人员流动导致客户流失的情况,而且,企业能利用该系统搜集、追踪和分析每一个客户的信息,从而知道他们是谁,他们需要什么,并把客户想要的送到他们手中。CRM 还能观察和分析客户行为对企业收益的影响,使企业与客户的关系及企业盈利得到最优化,从而最大限度地满足客户需要和最大限度地降低企业成本。

5.3.4 培养客户忠诚度

客户满意度是由客户的期望与物流服务的价值决定的,客户的期望与其自身发展能力和市场竞争状况有关,虽然客户的期望是不可控的,但郑明物流应运用客户数据库深入分析客户的需求特征,准确把握客户的期望。物流服务的价值即服务水平的提升取决于郑明物流的发展实力,如何在自身成长中取得客户的信任,与客户一同成长,建立合作伙伴关系,是郑明物流发展的永久课题。客户获取的物流服务价值与客户所付出的成本之间的差额即是客户让渡价值,因此通过提升物流服务水平,不断降低客户成本、提高客户让渡价值是达到客户满意的两个途径。客户满意到客户忠诚更是一个质的飞跃,客户让渡价值的不断提高,必然会促进客户忠诚度的提高。笔者总结了一些提高客户让渡价值的方法:

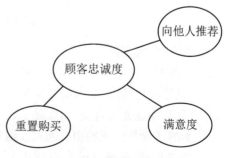

图 3.5.13 顾客忠诚度分析

1. 采取切实措施，提升客户收益

想要加强市场分析、控制和维护，提高把握市场的能力，一是要采集零售户进、销、存以及市场价格数据。二是建立价格监控和分析制度，建设市场监测系统和市场预测系统，加强市场监测，提高市场控制和维护的准确性。要建立覆盖各经营业态、商圈类型、经营规模的市场信息监测网，加强市场预测分析，准确把握市场变化规律，加强市场控制和维护。三是要开展客户需求预测，推进"按客户订单组织货源"工作。加强品牌管理，努力改进品牌赢利状况。

2. 准确细分市场，差别化、精准地满足不同客户的需要

以"多维计分、动态测评、适度引导、有效培育"为原则，推行和完善上下游客户品牌贡献价值计分制度，结合冷链行业经营的诸多因素，形成较为系统的品牌评价体系，进而准确划分细分市场，精准满足客户需要。

3. 全面拓展服务空间、提升服务满意水平

要把为客户提供优质服务贯穿于市场营销的全过程，以打造"七彩"服务品牌为契机，从被动服务向主动服务转变，从粗放服务向精益服务转变，全面提高营销队伍素质，打造优质服务品牌。

5.4 客户评价反馈智能信息系统优化

对于郑明物流来说要增加公司业务，促进发展，就要守住客户，核心方法就是做好客户评价及反馈工作。为提高服务质量，树立企业形象，促进与客户的信息交流，对客户做到事事有落实、件件有结果，特制评价反馈系统（图 3.5.14）。

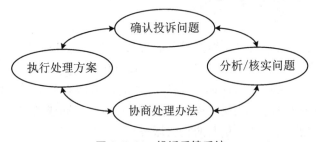

图 3.5.14 投诉反馈系统

一般而言，大多数企业公司一年至少需要做两次客户反馈。比如：年中一次，年尾一次，或者是在跟客户完成了一次非常大的交易后，尽快做一次客户反馈。但是对于郑明物流来说，其提供的服务特殊，则有必要每个季度做一次客户反馈。另外，提供的服务，对于客户而言，是否称心如意尤为重要，因此除了收集客户的反馈信息外，更要慎重处理客户接受服务之后给予的评价及出现的相关问题。通过采集客户的评价与反馈，有利于郑明物流找出与竞争行业的差距，发现自己存在的服务问题，明确之后提供服务的方向，从而促进自身的发展。

5.4.1 信息调查管理

就郑明物流来说,做好客户的评价反馈工作尤为重要。公司成立信息部专门负责客户的评价反馈信息工作。信息部根据公司的业务设计专用的信息调查表,包括服务评价表和信息反馈表。客户只需在公司官网上输入指定链接即可进行评价和信息反馈。为保证信息搜集的完整性,此信息调查表作为客户与本公司合作服务的最后一项任务,信息的填写代表此次业务的终结。具体的操作为:客户打开指定链接,网页会自动弹出本次服务的信息调查表。客户在"信息调查表"登记着本次接单业务的具体信息。点击"客户信息调查表"—"新增",出现服务评价表和信息反馈表(表3.5.5),客户可自行根据相关提示进行填写。

表 3.5.5　客户评价表和信息反馈表

客户名称				联系人	
合作时间	年	月	日	联系电话	
合同签订人				签单负责人	
货品质量及服务评定					
项目(请在相应的下面画√)	满意	较满意	一般	不满意	备注
到货时货品质量					
全程服务					

您对我们的服务有何意见和评价:

保管、运输服务及工作评定					
项目(请在相应的下面画√)	满意	较满意	一般	不满意	备注
保管是否完好					
运输是否及时					
运输人员的工作态度					
服务质量是否到位					

您对我们的运输、保管工作有何意见和评价:

注意:"客户的单位名称"为必填内容,如果为空,那么保存时系统会弹出提示对话框;在本次的服务过程中,随时会有专门的客服与客户方保持联系,提供其想要的信息。填写完整后点击"提交",待工作人员进行信息确认后,页面弹出"本次业务完整结束,感谢您的大力支持",客户即可退出网页,代表此次合作的终结。

5.4.2 客户投诉管理

(1) 安排客服人员处理客户方出现的一切售后问题及疑问。若客户对本公司的服务不满甚至提出投诉,公司的客服人员须填写客户投诉单,售后负责人审批客户投诉单,被指派的人员办理客户服务表。

(2) 处理客户投诉单。工作人员接到客户投诉的电话或者信件后,需要对客户的投诉问题和需求进行登记,填报客户投诉单。其中,"客户名称"和"投诉主题"为必填内容。提交保存后,该投诉单会流转到相应负责人手中。如果该问题还没有解决,那么负责人需要指派一位服务人员来解决该投诉单的问题。指派完成后,被指派的服务人员那里会有一个客户服务单等待办理。办理时,"服务人员"和"完成度"为必填内容。

5.5 本章小结

本章对郑明物流客户服务信息系统现状进行了分析,并针对其存在的问题及风险提出了解决的问题的思路。在对客户可视化智能查询系统的可行性分析基础上建立并实施,基本上实现了客户想要的可视化;在客户关系维持方面建立了全面的智能维持系统,将客户进行细分,在智能系统的分析下,针对不同忠诚度客户采取不同措施,提高客户服务质量,并在客户评价反馈方面做好了信息调查管理和客户投诉管理工作。通过本章节的问题分析及优化方案,望能顺利解决客户服务的可视化问题,提高客户服务水平以及客户忠诚度。

第6章 方案总结

  根据对我国冷链物流的发展现状以及郑明物流的冷链物流信息化现状及存在的问题分析,我们发现郑明物流虽然已经具有较为完备的信息管理系统,并为其改善正在做相应努力,但与世界一流的冷链企业相比,仍然有一些差距,郑明物流冷链信息化依然存在一些问题。为此我们对郑明物流冷链物流信息系统在仓储、运输、客户关系环节进行了具体优化设计,主要解决其可视化问题、预警系统问题以及系统接口问题等,通过在郑明物流冷库管理环节、运输管理环节和客户服务环节中利用RFID技术、GPS技术、GIS技术等,再结合大数据智能物流等思想,对其进行全程的可视化优化设计,并利用采集来的数据进行信息集成和信息融合,最后利用我们的智能决策系统为整个物流环节提供全方位的智能决策支持,实现物流的全程可视化、智能化。我们希望,这套优化方案可以起到保证产品质量,减少公司损失的作用,为郑明物流公司在冷链物流领域的发展提高竞争力。

  本文首先分析了郑明物流信息系统的现状和存在问题,并且从宏观上阐述了可视化智能信息系统的工作原理,紧接着介绍了信息系统中所需要的各种技术,如RFID技术、GPS/GIS技术等,并着重介绍了可视化智能决策系统,分析了智能决策系统的工作原理、IDSS构架等,通过以上分析对优化方案的技术进行了全面的概括和介绍。

  郑明物流在仓储方面主要存在冷链技术以及仓储可视化、运输可视化等技术还不能在所有仓库普及的问题。同时对于郑明物流来说,物流仓库内运作流程也相对过于传统,新技术与新设备的运用比较缺乏。建立这么多的冷库、服务这么多家客户就需要郑明物流拥有一个完善的可视化冷库仓储智能信息系统。于是本文主要从建立郑明物流的可视化冷库仓储智能信息系统出发,针对郑明物流当前库存现状以及对可视化管理的需求,首先对可视化平台进行搭建。该平台主要包括总体架构、应用架构和技术架构三个方面。通过对整个可视化平台的搭建,我们对郑明物流的传统流程进行改进,重新设计了新的数据出、入库流程和新的出、入库作业流程。在整个可视化的实现过程中,监控和预警系统的搭建起到了非常关键的作用。通过对监控预警系统的搭建,我们可以对整个冷库的实时状况和整体数据进行了解,同时对冷库的出现的状况能够自动的报警,从而及时地安排人员处理。

  通过分析发现,在运输调度环节中郑明物流存在运输可视化不能全面普及、系统对接出现问题、预警系统不够健全等问题。在现有信息技术的基础上,我们对郑明物流的运输进程、物资状况、车辆调度和异常状况进行优化,基于RFID信息技术对运输过程实现可视化,进而实现车辆的实时监控、路径优化和预警系统。这样更好地满足客户需求,实现运作智能化,提高运作效率,实现公司全面信息化的目标。通过建立物流配送信息查询系统,我们可以实时监控物流动态,对货物跟踪信息、食品安全监控信息、运输设备安全信息、配送业务流程的自动识别实现可视化。对于内部车辆,我们实现了一套完整的可视化管理信息系统,但在外部车辆管理的过程中,郑明公司因运输过程中食品腐烂而造成的损失每年可达30万~50万元人民币,其中大部分是由郑明物流选用的社会车辆监管不足以及冷链运输设备不完善造成的。

通过对郑明物流客户服务信息系统现状进行分析,我们针对其存在的问题及风险提出了问题的解决思路。在对客户可视化智能查询系统的可行性分析基础上建立并实施,基本上实现了客户想要的可视化;在客户关系维持方面建立了全面的智能维持系统,将客户进行细分,在智能系统的分析下针对不同忠诚度客户采取不同措施,提高客户服务质量,并在客户评价反馈方面做好了信息调查管理和客户投诉管理工作。

本方案由五位本科生和两名指导老师经过数月的分析研究,广泛收集相关资料与信息,认真研究案例,撰写而成。本方案凝聚了五位同学和老师的心血与智慧,但由于水平有限、比赛经验不足等原因,方案可能存在一些问题和不足,希望各位评委老师能够悉心指导,我们会在接下来的时间里继续调研与优化。